LOCUS

LOCUS

LOCUS

LOCUS

mark

這個系列標記的是一些人、一些事件與活動。

mark 127
絳紅廢墟

作者：唯色（Tsering Woeser）

責任編輯：潘乃慧

封面設計：三人制創

校對：呂佳真、唯色

法律顧問：董安丹律師、顧慕堯律師

出版者：大塊文化出版股份有限公司

台北市10550南京東路四段25號11樓

www.locuspublishing.com

讀者服務專線：0800-006689

TEL：（02）87123898 FAX：（02）87123897

郵撥帳號：18955675　戶名：大塊文化出版股份有限公司

版權所有　翻印必究

本書照片除署名外，皆為作者唯色拍攝

總經銷：大和書報圖書股份有限公司

地址：新北市新莊區五工五路2號

TEL：（02）89902588　FAX：（02）22901658

初版一刷：2017年1月

定價：新台幣420元

Printed in Taiwan

ཤེར་མོའི་རྣ་ཕྱལ

絳紅廢墟

唯色 Tsering Woeser ——— 著

目錄

前面的話

帝國壓迫的主要特徵之一是對語言的控制⋯⋯後殖民聲音的出現有效地拒斥了這種權力。」「語言作為權力媒介，其關鍵作用就是要求後殖民寫作通過掌握帝國中心的語言，並且將它重置於一種完全適應於殖民地的話語中，從而實現自我界定。」「通過挪用過程，語言可以被拿來『承載』自己的文化經歷，或者⋯⋯『用不屬於自己的語言來傳達自己的心靈』。

——摘自《逆寫帝國》*

---

* 《逆寫帝國：後殖民文學的理論與實踐》，（澳）比爾‧阿希克洛夫特（Bill Ashcroft）等著，任一鳴譯，北京大學出版社，2014 年。

第一部

> 那麼，我像什麼呢？是不是，我像一個隱密的、並不專業的考古愛好者，也像一個著了魔的廢墟收藏者，更像是這個被占領的老城裡的流亡者之一，懷著許多個前世的記憶流亡著？

那大洋，多得像下雨

下雨了

大洋，是銀元的俗稱，但不知為何要把銀元叫作「大洋」，跟大洋彼岸的「大洋」有什麼關係嗎？藏人也把銀元叫作「大洋」，不過發音不太一樣，那「洋」從口出，音調往上飄，就像躍躍欲飛，顯然不是藏語，而是漢語進入圖伯特（包括安多、衛藏、康、嘉絨等所有藏區）之後發生變異的例證之一。當然，圖伯特是有自己銀元的，叫作「章嘎」。很早的時候，拉薩就自己做章嘎了。尼泊爾的章嘎愈做愈偽劣，滿清的章嘎刻著皇帝的年號，多麻煩啊，還不如自己做章嘎，想怎麼做就怎麼做，我的地盤我做主。

忘記是在哪本書上看到，還是聽哪位長輩提及，說中共軍隊進入圖伯特時，隨軍攜帶無數銀元，帶不動就讓飛機跟著，隨處空降一箱箱銀元，傳說有幾箱扔錯了地點，徑直掉到洶湧澎湃的金沙江，被激流吞沒。一路上，所遇藏人，不分高低貴賤，只要歸降，那撒出去的大洋啊就跟下雨似的。

想想看，那是怎樣的場景？一卷卷銀元，突然被撕去密封的硬紙，拋向空中，又從天而降，在陽光下叮噹作響，紛亂砸在藏人們的頭上，「多得就像下雨呀！」有了貪欲的人們眼花撩

亂著，歡呼雀躍著，張開了過於熱情的雙臂。但有一個人，他冷眼看著，冷靜地說：「無非是刀刃上的蜜，你們去舔吧，舌頭會被割掉的。」他是尊者達賴喇嘛的長兄塔澤仁波切[1]，他的這句話，我是在《雪域境外流亡記》[2]上讀到的。還有一個叫扎彥洛卜的娘戎[3]人，後來在逃亡路上唱著這樣一首悲歌：「起初用甜言蜜語和閃閃發光的銀子／後來用槍和死亡／他們掠走了我的田地和家畜／對我虔誠信奉的神聖寺院放火、掠奪、破壞／他們殺人如同碾死螻蟻／殺害了我的朋友、親人、喇嘛，和我深愛的人們……」[4]

　　還是舉幾個事例來看看那大洋雨下得有多麼瓢潑吧。為「爭取愛國上層人士」，外來的「解放者」在拉薩狂撒大洋。不少大貴族、大喇嘛和商人見錢眼開，忙不迭地，又是賣自家大屋，又是賣土地，又是賣存糧，又是賣羊毛，而且只要合作就能獲得豐厚俸祿。當時拉薩街頭流傳著這樣兩首歌謠諷刺這些藏人：

1　仁波切：藏語，珍寶，通常專指藏傳佛教中乘願再來的修行成就者，藏語又稱「祖古」。塔澤仁波切，Taktser Rinpoche，尊者達賴喇嘛的長兄，安多大寺袞本賢巴林（即青海省著名藏傳佛教大寺塔爾寺）的主持，一九五〇年代初期因中共進入圖伯特，去往印度成為流亡者，後在美國印地安那大學任教，二〇〇八年圓寂，是西藏獨立運動的倡導者。塔澤仁波切又被寫成「當彩活佛」。

2　《雪域境外流亡記》，（美）約翰‧F‧艾夫唐（John F. Avedon）著，尹建新譯，西藏人民出版社，1987年。

3　娘戎：藏語，意為林間的河谷。又名瞻對。位於藏東康地，即今四川省甘孜州新龍縣。清末，被血洗娘戎的趙爾豐改名為「懷柔」、「瞻化」。

4　轉自《洋刀揮舞在圖伯特》，（日）楊海英著，中譯本即將由台灣大塊文化出版。

中國人從中國來時，

我們稱他們為「共產分子，共產分子」。

中國人分發大洋時，

我們稱他們為「慷慨的老爺，慷慨的老爺」。

* * *

感謝我們的父母共產黨，

因為他們揮金如土（或者，大洋像雨一樣落下來）。[5]

　　一位名叫陳宗烈的攝影師，從北京派往新成立的《西藏日報》就職，多年後回憶說[6]，出身顯貴的副主編噶雪·頓珠，當時每月工資就有一千多塊大洋，每次發工資，都得叫傭人來，把幾十封沉甸甸的大洋裝滿口袋吭哧吭哧扛走，也許是用氆氇[7]編織的那種很結實的口袋吧。不過他閉口不提這位貴族副主編在文革時上吊自盡的下場[8]。算算看，享用大洋的好日子並不長。五六年、五七年，但凡就讀於拉薩小學和拉薩中學的學生，無論哪種家庭出身，在學校創辦初期，統統每月都能領到三十塊大洋，這都是為了培養革命接班人下的賭注，不可謂不慷慨，只是沒過多久就愈來愈少，到文革前，一級助學金才十五元人民幣。

5　《西藏現代史第二卷：暴風雨之前的平靜》，（美）梅·戈爾斯坦（Melvyn Goldstein）著，吳繼業譯，香港大學出版社，2014年，頁262。

6　《尋訪舊西藏的貴族莊園》，見 http://news.163.com/06/0629/10/2KPFON2800011229.html。

7　氆氇：藏語，屬於西藏特有的手工生產的一種羊毛織品，可做床毯、衣服等。

8　引自《殺劫》頁115，澤仁多吉攝影，唯色文字，台灣大塊文化，2006年。

　　甚至在最早與金珠瑪米[9]的戰鬥中被俘的康地士兵，非但沒被虐待，還被親切地稱為「階級兄弟」，又送哈達又贈大洋，一律釋放回家。金珠瑪米是解放軍的藏語發音，與革命的藏語發音「殺劫」，都屬於「新西藏」新造的詞彙。有位老人跟我講過，昌都戰役之後，對被俘的藏軍士兵，每人發五塊大洋；若帶有家屬和孩子，再增加三塊大洋。中共隨軍記者即時拍下了這些神情困惑的藏人不知所措地表示感謝的鏡頭，這在至今常有、展現西藏人民獲得「解放」的展覽中，還可以見到。當然，一九五九年三月，發生在羅布林卡[10]那場血腥屠殺的慘狀，是不會出現在展覽中的。

　　這就要補充一個故事了。數年前，拉薩紛傳在金珠西路新建的格桑林卡小區鬧鬼，據說原因是那裡埋葬過當年在羅布林卡被殺的許多藏人，類似於那種萬人冢，結果在修房子挖地基時挖出白骨累累。除了白骨，說是挖到的還有「矢」，即現在所說的價值昂貴的九眼石或天珠；還有進口手錶，可能是華時針、勞力士之類吧，已經永恆地中止在某個特殊的時刻了；還有一些生鏽的大洋，擦去鏽跡後說不定吹口氣還能發出響聲……這從另一方面，是不是說明了當時的金珠瑪米還真的不拿藏族群眾的一針一

9　金珠瑪米：藏語，指中國軍隊，即漢語的解放軍。

10　羅布林卡：藏語，珍寶園林。始建於七世達賴喇嘛時期，距今已有三百多年的歷史，為後來歷代達賴喇嘛的夏宮。一九五九年三月十七日深夜，十四世達賴喇嘛由此踏上流亡之路。在中共軍隊的炮火中，眾多保衛達賴喇嘛的藏人在羅布林卡被殺被俘。羅布林卡因此成為西藏歷史上一場劇變的無言見證之一。

2009年，翻拍於北京民族文化宮的西藏主題展覽，圖為解放軍給藏人俘虜發大洋。

線呢？說實話，我相信挖到了累累白骨，但不太相信有挖到這些財寶，即便有，也早就沒收充「公」了。

鄉巴佬進城

　　我從小見過大洋，是我那喜愛收藏舊物的父親保存的，其實是當年他在西藏軍區服役時領的薪水，只剩了幾塊。我還知道他

的一件往事，一九五○年代中期，他用軍用斜背包裝著沉甸甸的大洋——那是他積攢了兩年的軍餉，在帕廓著名的夏末嘎波店買了一台 120 的蔡司伊康相機。當文化大革命如同暴風驟雨席捲拉薩時，他用這台相機拍攝了祖拉康[11]被砸的慘狀、「愛國上層人士」被批鬥的下場。如今相機已留給了我，拿起來略沉，純皮的棕色外套布滿歲月的痕跡，連機器本身也有磨蝕的印跡，那是父親在那麼多年裡反覆使用的證明。打開鏡頭，而鏡頭是向前伸出去的，發出輕微卻乾脆的響聲。閉上左眼，讓右眼從小小的取景框裡看出去，難道我能夠看見他目睹的「殺劫」嗎？至少應該讓我看看，到底要用多少塊大洋，才能買到這樣一台品質不錯的德國相機？

想當年，金珠瑪米以及隨後湧至的加米[12]剛進拉薩時，一定像鄉巴佬進城，被琳琅滿目的商品晃花了眼。有個於一九五六年進藏的地質工作者，在他的回憶錄中這樣描寫帕廓：

雖然街道不過六百米長，還是鵝卵石鋪成的，但是這裡卻雲集了世界各地著名品牌。商店裡到處可見琳琅滿目、各式各樣、五顏六色的名貴商品，市面所見著名品牌有：瑞士的名錶勞力士、歐米茄、浪琴；德國的高檔照相機康泰克斯以及勃朗寧手槍；芬

---

11 祖拉康：藏語，佛殿。這裡指大昭寺，位於拉薩，又稱覺康，被達賴喇嘛譽為「全藏地最神聖的寺院」。由圖伯特君主第三十三代贊普松贊干布於西元七世紀初修建，但在文革中，古老佛像基本被毀，徒留受損建築，直至一九七○年代末才重建。

12 加米：藏語，漢人。

蘭的匕首；美國的派克筆；荷蘭的菲利浦收音機；義大利的毛毯以及珠寶、金銀首飾、毛料、呢絨、毛線等世界各地大、小商品，應有盡有。這些商品在國內市場上很難見到，所以我們帶著獵奇心情，不緊不慢，逐間商店進進出出，經過一番調查，這裡的商品還算貨真價實，價格比內地市場便宜得多，只是不用人民幣而用銀元（俗稱「袁大頭」）。我們粗略的瞭解了部分物價：名貴手錶一五〇至一七〇元；高檔照相機一五〇至六〇〇元；派克筆一〇至二五元；毛線一磅六元；呢絨、毛料一米八元。所有物價都比內地市場和香港市場便宜。[13]

　　甚至一九五六年，中共開國元勳陳毅率領浩浩蕩蕩八百人組成的中央代表團慰問拉薩駐軍，也為物質豐富的帕廓震驚，索性不顧面子，大肆狂購，以至於「代表團」真的成了「戴錶團」，據說幾乎每個人的兩隻胳臂上都戴滿了世界名錶，為的是給親朋好友送禮。當然，那都是用大洋換來的。

　　忍不住要囉唆一句。難道，當時圖伯特社會那麼多的名牌，全都是窮奢極侈的「三大領主」在消費嗎？一般市民應該也過著殷實的小日子吧。至於如今各種「憶苦思甜」的展覽中，那些黑白舊照上的淒慘乞丐，我在如今的拉薩街頭也多多見過啊。

　　沒多久，那像下雨一樣撒遍進軍路上的大洋，開始衝擊圖伯

13　《到達目的地——西藏首府拉薩》，見 http://xxyll001.blog.qhnews.com/article/120135.shtml。

特的金融市場。「通貨膨脹揚起，這是過去從未有過的現象，我的人民不懂為什麼青稞的價值隔夜就倍漲。」[14]「記憶中的第一次，拉薩人民被推進了饑荒的邊緣。」[15] 尊者達賴喇嘛在他的兩部自傳中，都這麼回憶過。闖進家園的外來者與原住民的蜜月，勉強維持了一段時間，終於結束了。

生產大洋的陳伯伯

人生中充滿了不可思議的際遇。我怎麼也不會想到，王力雄的義父陳伯伯竟然是製造，不對，應該說是生產，成批成量的大洋的人。

初見他時，他已八十多歲。得知我是藏人，他笑呵呵地說：「我跟你們西藏有緣啊。知道『袁大頭』不？當年，你們西藏人用的『袁大頭』還是我造的呢。」

這下輪到我驚訝了。「袁大頭」是銀元的又一俗稱，因那銀元的正面刻著滿清末期及之後的大軍閥袁世凱[16] 穿戎裝的側影，他巨大的光頭、濃密的鬍鬚與肥碩的耳朵閃閃發亮，成為典型標誌。許多關於萬惡的舊社會的電影裡，常有那時候的中國人用指尖捏著「袁大頭」，放在嘴邊吹一下，再飛快地拿到耳邊聽聲響

---

14 《達賴喇嘛自傳——流亡中的自在》，康鼎譯，台灣聯經出版事業公司，1989 年。

15 《我的土地和我的人民——十四世達賴喇嘛自傳》，香港支持西藏之亞太廣場出版，1990 年。

16 袁世凱（1859-1916），清末民初的軍事和政治人物。清末頭號權臣，北洋軍閥。辛亥革命後，中華民國成立，袁氏成為首任大總統，甚至於一九一六年稱帝，但終歸失敗。

的鏡頭，據說那是辨別銀元真偽的方式，看來造假的歷史源遠流長，人人都須得練就火眼金睛加上好聽力的工夫。

部長級幹部的陳伯伯是資歷很長的老革命、在延安窯洞裡住過多年的八路軍。我一直想聽他講講怎麼生產「袁大頭」的往事，卻耽於疏懶，一拖再拖，直到他去世前四個月，才很幸運地補上了這一課。

九十一歲的陳伯伯說起過「袁大頭」依然興致不減。那是一九四八年底，中共元帥林彪以戰死國共兩軍五十餘萬、餓死長春百姓三十餘萬等生命的代價，取勝了遼瀋戰役。於是，早在三年前便從延安去長春、哈爾濱給解放軍造紙幣的陳伯伯，又轉道瀋陽，從蘇聯紅軍手中接管了瀋陽造幣廠。陳伯伯用了比較多的時間，給我講述了解放軍自造紙幣，人打到哪裡，票子就用到哪裡，還回憶了成立於滿清末代的瀋陽造幣廠，跟滿洲國、日本人、張學良、東三省的關係，但我興趣不在此，也就略過不提。

而這個瀋陽造幣廠，歷史上就造過「袁大頭」，那些模具一直保留著，正好派上用場。造幣設備從廢鐵堆裡挖出來了，造幣技工也差不多都找回來了，萬事俱備，就差銀子。陳伯伯說，當時中國許多地方已經被我們解放了，到處都在「打土豪，分田地」，這個你懂不懂？不到一個月，從全國各地源源不斷地運來了黃金白銀。用火車運，用汽車運，全拿麻袋、大筐裝著，全是金銀元寶和各種金銀用具，像燭台、碗筷、酒杯，甚至女人的首飾，什麼頭上插的簪子、髮夾，手上戴的戒指、手鐲，還有耳環，

連著翡翠、瑪瑙，很好看的，全都一股腦兒給沒收了。當然，那都是地主老財的，這叫作「挖地三尺打老財」。

金子歸銀行，銀子歸造幣廠。先用大爐子火化，那爐子特別大，兩、三個人抱不過來，燒得火紅，把銀子化成水，做成磚頭那樣，入庫、化驗。當時有規定，銀子成色不能低於三個九，也就是要達到九九‧九％，成色高了也不行，得兌紅銅重化，必須得是九九‧九％。而且，還特意將模具上「袁大頭」那稍有磨損的肩章，重新做了修飾。因為我們造銀元是政治任務，為大軍南下做準備。西南、西北都習慣用銀元，少數民族只認銀元不認紙幣，我們造的銀元要用在那些地方，所以就得保持良好的信譽。

檢查完了，就熔化成一米長的條，再壓成厚薄一致的片，再熔化，再壓成一個個圓餅，用鹽酸、硫酸洗出銀子的本色，又用機器沖出圓餅周邊的齒輪，然後用「袁大頭」的模具上下一壓，正面是袁世凱的大光頭，反面是「中華民國三年」，再倒在熱炕上，燻上五、六個小時的蒸汽，這樣的話，銀元才會一吹就有響聲。最後，要用專門的紙，將五十個銀元紮成一卷，裝箱，釘死，箱子編號，運走。那時候人的素質都很高，從來沒有過貪污，真要貪污也沒地方藏。

說穿了，我們的「袁大頭」主要就是給少數民族造的，我們要解放少數民族地區嘛，需要少數民族的幫助，要講政策嘛。陳伯伯聲音朗朗地做了總結。

「這意思是不是說拿『袁大頭』收買人心呢？」我小心翼翼

地問。

陳伯伯笑而不答。

「難怪運到西藏的大洋跟下雨那麼多，說不定藏人還以為是袁世凱那時候的大洋呢，原來都是陳伯伯您造的啊。」

「可是我們的含銀量超過了真正的『袁大頭』！」

我很想再說一句，共產黨起先打家劫舍，是衝著自家人；搶了自家人的東西，再去騙鄰居，結果最後都成了他的「冤大頭」。當然，我終究忍住沒說。

陳伯伯多年前就想去拉薩。他聽西藏歌，看西藏書，王力雄還帶他去吃北京的藏餐，每次看見我都要聊西藏，甚至臨終前，還在讀王力雄新版的《天葬——西藏的命運》[17]。他是不是漢人當中年歲最高的西藏發燒友呢？而這一切，是不是緣於幾十年前，為圖伯特的人民特製過「袁大頭」呢？

一位從未聽說過「袁大頭」傳奇的漢人朋友，瞭解到「袁大頭」在圖伯特所向披靡、戰無不克的成績之後，對我驚嘆道：「這哪裡是中共解放了西藏人民，分明是北洋軍閥袁世凱解放了西藏人民啊！」其實，現如今，這一收買人心的政治任務依然在圖伯特貫徹、執行著，只不過，「袁大頭」換成了毛澤東頭像的紙幣罷了，所針對的不僅是「愛國上層人士」，更有納入體制的各色人等以及編外遊民，只要馴服、聽話，那撒出去的大洋啊就跟下

---

17 新版《天葬——西藏的命運》，王力雄著，台灣大塊文化，2009 年。原版於一九九八年由海外明鏡出版社出版。

雨似的。

熔化在佛像裡的大洋

一九六六年八月二十四日，援藏教師陶長松[18]、謝方藝等帶領拉薩中學的紅衛兵，高舉毛澤東畫像和「徹底砸爛舊世界！我們要做新世界的主人！」的標語，直奔祖拉康去破「四舊」。除了中學生，還有以居委會為主的拉薩各單位的「革命群眾」。

數小時後，祖拉康的露天庭院堆滿了殘破不堪的佛像、法器、供具以及其他佛教象徵物，金頂被砸，經書被焚，千年來繪製的壁畫像挖泥巴一樣，被揮舞的鐵鍬、鎬頭從牆壁上挖掉了。

原本供奉在圖幾拉康[19]的十一面千手千眼觀世音塑像，據記載由贊普[20]松贊干布[21]採集各大聖地之土親手所塑，有一千三百多年的歷史，也毀於史無前例的革命行動。其中的五個頭像殘面、數根折斷的佛指和一些散失的「聳秀」[22]，卻被虔誠藏人暗藏，

---

18 陶長松：江蘇揚州人，一九六〇年於華東師範大學畢業，自願進藏，分在拉薩中學教漢語文。文革時期，他是拉薩紅衛兵的組織者和領導人，是拉薩造反派組織「造總」的總司令，當過西藏自治區革委會副主任，後在西藏社科院工作，現已退休，據聞住在成都。

19 圖幾拉康：千手千眼觀世音菩薩佛殿，位於大昭寺一樓左側。

20 贊普：藏語，君王。

21 松贊干布：圖伯特歷史上最偉大的君主，第一位以佛法治國的法王，西元七世紀初，圖伯特（吐蕃）王朝第三十三代君主，統一圖伯特疆域，統一沿用至今的藏文，制定以皈依佛、法、僧三寶為主的一系列法律和制度，遷都拉薩，修建布達拉宮等等。

22 聳秀：藏語，裝藏，即指佛像內裝置的金銀珠寶、靈丹妙藥、甘露香料、五穀雜糧等，被認為是神聖之物，而佛像不裝藏，不具神聖意義。

包括一位曾為僧人的「卡擦熱」[23]。現為台灣達賴喇嘛西藏宗教基金會董事長的跋熱・達瓦才仁，在我寫作《殺劫》這本關於文革在西藏的歷史影像及其評述一書時，來信講述了這個感人的故事：當「紅衛兵摧毀這一切時，有個藏、尼混血的卡擦熱原為下密院僧人，還俗後成為紅衛兵，他在一次行動中悄悄地將佛像的頭顱藏在家中──因為他是卡擦熱，不是西藏人，因此不會搜查他們的家，他們在西藏享有比西藏人更多的特權或優惠……這個人身分雖是外邦，卻忠誠於自己的信仰，他後來設法把佛像頭顱等帶出國境，獻給了嘉瓦仁波切[24]，目前供在達蘭薩拉[25]的大昭寺」。嘉瓦仁波切被藏人尊為堅熱斯的化身，堅熱斯即千手千眼觀世音菩薩，而圖伯特被認為是觀世音菩薩的聖境。

　　據悉，五個頭像殘面是分兩次祕密送往達蘭薩拉的。由尊者達賴喇嘛親自著述的《達蘭薩拉大乘法苑祖拉康史志》[26]記載：「藏人以一個傳一個的方式，將五位天成觀世音菩薩的一尊忿怒頭像與一尊寂靜頭像，於一九六七年透過尼泊爾迎請至印度。一九六八年，又一尊忿怒頭像與無量光佛頭像也透過尼泊爾迎抵印度。」

---

23 卡擦熱：指藏人與尼泊爾人結合生下的混血子女，通常為尼泊爾籍，因此在文革中享有遠多於藏人的權利。

24 嘉瓦仁波切：藏語，是藏人對歷代達賴喇嘛的敬稱，意為法王，至尊之寶。

25 達蘭薩拉：位於印度北部，達賴喇嘛於一九五九年三月出走印度之後，與西藏流亡政府迄今的駐錫之地。

26 《達蘭薩拉大乘法苑祖拉康史志》，收藏於印度北部達蘭薩拉的大昭寺。作者為聖尊達賴喇嘛本人，共九頁，於一九七〇年十月十五日完成。本文引述的中文由尊者達賴喇嘛的中文祕書長才嘉翻譯。

　　一九六九年，在達蘭薩拉與拉薩祖拉康同名的佛殿塑造一尊十一面千手千眼觀世音造像時，嘉瓦仁波切召見塑像師，將從拉薩帶出來的五個頭像殘面交給塑像師，要求將其中三個殘面安置在重塑的造像頭上。正如《史志》第七頁記載：「裝藏依據經典開示為準，並在頭像裡裝了五位天成觀世音之三面頭像，因此，信眾可觀此為拉薩祖拉康五位天成觀世音無分別之心供拜。」另兩個殘面則無須修復，放置於重塑的造像旁邊，以示對文革浩劫的警示。而那些散失的「聳秀」皆放入重塑的造像內部，數枚折斷的佛指則由尊者親自收藏。

　　尊者還交給塑像師一袋大洋，散發著陳舊歲月的味道，恰恰來自於數十年前，猶如瓢潑大雨一般，降落在雪域眾生頭上的「袁大頭」。據說是一位逃亡到印度的藏人獻給嘉瓦仁波切的供養，而尊者的意思是將其用於重塑的造像。有兩種說法，一說這袋大洋被熔解後，化作了觀世音造像那千隻救度眾生的手臂；一說這袋大洋被換成印度銀錠，塑造了觀世音造像那晶瑩剔透的美妙身體。

　　塑像師們順利完成了觀世音造像及佛陀釋迦牟尼造像、蓮花生大士造像的塑造。據尊者著述的《史志》記載：「十一面千手千眼觀世音於西曆一九七〇年、藏曆鐵狗年新建，其頭部裝有五位天成觀世音（來自拉薩）之三個殘面。」緊挨新塑的造像，兩個傷痕累累的頭像殘面安放於上下兩層的木匣內，由具有密意的黃色哈達包裹圍繞，象徵浩劫與無常，卻充滿莫名的悲傷。木匣

之上，則是一幀往昔拍攝於拉薩祖拉康的舊照，相傳由著名貴族擦絨・達桑占堆拍攝，他喪生於一九五九年被占領之後的拉薩獄中。舊照展示了三個尚未被破壞的觀世音頭像，佩戴著價值連城的珠寶，驚人地美麗，不忍卒睹。下方兩行藏文寫的是：「圖博法王松贊干布時期建造於拉薩大昭寺之主聖～大悲觀世音菩薩五位天成之法相。」[27]

　　還有一個故事，也與這尊觀世音塑像有關，講述的是原安放在其心臟部位的一尊蛇心旃檀天成觀世音像，是贊普松贊干布在建祖拉康時從尼泊爾迎請，後來他的魂識化變為光芒射入其中，「有一千三百年的時光未經攪動」[28]，卻遭紅衛兵毒手，拋扔於遍地殘破不堪的佛像堆裡，但也被虔誠藏人悄悄拾起，小心暗藏，於一九八九年尊者獲諾貝爾和平獎之時，冒死翻越雪山，輾轉帶往達蘭薩拉做了因緣具足的奉獻，並留在尊者身邊，由尊者親自供奉。據美國記者湯瑪斯・賴爾德（Thomas Laird）講述[29]、一九九八年的一次訪談中，尊者達賴喇嘛給他展示了這尊失而復得的聖像。尊者的「淚水奪眶而出，他的臉如同兒童般，充滿了光輝，這尊雕像對他來說非常珍貴，因此他用布包住自己的口鼻，以免自己的呼吸傷及雕像」。尊者對他說：「寧結[30]，我第

---

27 中文由尊者達賴喇嘛的中文祕書長才嘉翻譯。

28 《西藏的故事：與達賴喇嘛談西藏歷史》（*The Story of Tibet: Conversations with the Dalai Lama*），（美）湯瑪斯・ 賴爾德（Thomas Laird）著，莊安祺譯，台灣聯經出版公司，2008 年，第 33 頁。

29 同 28。

30 寧結：藏語，意為可憐。

重塑於達蘭薩拉祖拉康的
觀世音像，其中屬於拉薩
大昭寺被砸觀世音頭像的
是：第一層三面頭像；第
二層的中面與左面；第五
層的單面；頂層的單面。
（攝影：丹增彭措）

一次看到這尊小木雕佛像時，只感到滿心的慈悲。」

　　在我有關西藏文革的口述記錄《西藏記憶》[31] 中，住在木如
居委會的老婦人久吉（化名）也講述過這個故事。她說：

　　達蘭薩拉當年修建大昭寺，在塑圖吉欽波（十一面千手千眼
觀世音）像時，每次塑到一半就做不下去了，總是這裡那裡有毛

31　《西藏記憶》，唯色著，台灣大塊文化，2006 年。

病似的，沒法順利地塑造成功。於是，就說可能是沒到時機吧，先放下再說。當西藏這邊發生文化大革命時，大昭寺的圖吉欽波被砸了，當時正好印度那邊又重新塑佛像，沒想到這一次很順利，很快就塑好了。後來，當文化大革命結束以後，西藏這邊的人去印度時，說起這件事，居然時間是一致的，這表明西藏這邊佛像的靈魂去了那邊。

　　沒有比這更合適、更美妙卻又飽含無常之苦的結果了，讓我想起在文革中苟活的老人說：「人活這麼大年紀幹什麼？連菩薩的死都看見了，還有比這更不幸的事情嗎？」然而受難的菩薩靈魂不朽，這是否成為一個在世時反轉的當下將孽緣轉化為順緣的隱喻呢？據說銀元熔解後的純度並不夠，但我還是更傾向用那袋「袁大頭」塑造觀世音像的說法，遐想著，中國的銀元與印度的泥土，以及虔信者置生死於度外帶出失地拉薩的佛像殘面，在異國他鄉合成這尊已然復活的觀世音像日日夜夜面向著圖伯特，其中所蘊含的精神意義，將會在未來怎樣的契機下顯示呢？聽說在一次重要的法會上，嘉瓦仁波切充滿感情地說，當有一天流亡異國的博巴[32]重返圖伯特，這尊在劫後重生的圖吉欽波將會與我們一起回家。

　　　　　　　　　　　　　　寫於二〇一〇年一月，北京
　　　　　　　　　　　　　　修改於二〇一六年九月，北京

---

32 博巴：藏語，藏人。

沖賽康與「清政府駐藏大臣衙門舊址」

　　二〇一三年五月二十九日中國西藏新聞網報導[1]：「清政府駐藏大臣衙門舊址修繕工程正緊鑼密鼓地進行。據瞭解，該工程在保護古建大院原有風貌的同時，把群眾日常生活中存在嚴重安全隱患的危房進行仿古修建，建成後將作為清政府駐藏大臣衙門復原陳列館。」

　　所謂「清政府駐藏大臣衙門舊址」，指的是位於八廓北街，約在十七世紀末至十八世紀初六世達賴喇嘛時期建造的頗章[2]建築——沖賽康。最早名為平措繞旦班覺，六世達賴喇嘛倉央嘉措曾住過。故而「有寺院和高貴宅院的結合風格：沿中心線嚴格對稱，且為從下至上按等級的（最上層樓上有大陽台和富麗的內部裝飾）」[3]。在屋頂，有染成絳紅色的邊瑪牆做條帶，「表明其

1　http://www.vtibet.com/news/2013-05/29/cms343265article.shtml。
2　頗章：藏語，宮殿。
3　轉自西藏文化發展公益基金會（THF）報告。該基金會是一個在柏林註冊的非營利性組織，擁有廣泛的國際成員及支持者。該組織的宗旨是保護和發揚光大西藏文化遺產，促進國際社會對西藏文化的瞭解，增加國際間的合作。一九九六年，西藏文化發展公益基金會啟動了拉薩歷史建築的修復計畫。透過與當地政府及社區合作，該組織先後投資並組織實施了二十四個舊址的修復工程。西藏文化發展公益基金會的另外一項工作，就是研究西藏傳統並編撰相關文獻。二〇〇二年，該基金會在拉薩的工作被中國政府中止。

居住的是喇嘛住宅的意向用途。」[4]

而之後的歷史，自更名為沖賽康就變得複雜了。雖然意為看得見街市的房子，簡稱「臨街之廈」，卻成了激烈的歷史事件不斷上演的場所。需要強調的是，這些交織著特殊意義的歷史事件，藏史與漢史的相關敘述及評價完全迥異。

圖伯特歷史上，外力的介入導致外族的進入往往與很多複雜的因素有關。比如五世、六世、七世達賴喇嘛時代，為鞏固達賴喇嘛政教合一的權力，或者早在迎請達賴喇嘛轉世靈童等過程中，蒙古人（如和碩特部與準噶爾部等）與滿洲人及漢人都趁虛而入，實際上「一直未能脫離攝政時期詭譎多端與危機四伏的政治局勢」[5]。而六世與七世達賴喇嘛期間，藏事紛亂，滿清雍正皇帝趁機派出第一任駐藏大臣，這是一七二七年。

需要說明的是，所謂「駐藏大臣」的說法只見於中文史料。藏文史料稱其為「安班」（ཨམ་བན་）。而「安班」是滿語大人的音譯，專指派駐蒙古、青海、圖伯特、新疆等地的滿洲皇帝代表，又稱駐劄大臣，一般由滿洲人、蒙古人充任，也偶爾有漢人充

---

4 同3。

5 引述自夏格巴·旺秋德丹所著《西藏政治史》。一九六七年耶魯大學出版社在美國出版英文單卷本《西藏政治史》，一九七六年西藏文化出版社在印度達蘭薩拉出版藏版《雪域政教雙具之大博國政治史明鑒》，二〇一〇年博睿西藏研究圖書館在荷蘭出版兩卷本英文版《十萬明月：高階西藏政治史》。中國統戰部下屬的中國藏學研究中心將藏文版翻譯為中文，名為《西藏政治史》，屬於供批判的內部資料。此處引述的是該內部資料譯文。下同。

任，基本是副職。在滿清中葉以後，不少安班「是因事掛職被貶職人員」。在圖伯特民間則流傳這樣一種說法：「安班」是英語Ambassador（大使）的藏語發音，不是什麼大臣，而是大使。但這個說法被認為是附會，卻流傳甚廣，反映出藏人集體意識中對外來者的抵觸。大臣也罷，大使也罷，不過是鞭長莫及的滿清皇帝委派的官方代表。

一度控制拉薩的和碩特首領拉藏汗曾下榻平措繞旦班覺。因趕走蒙古準噶爾部在衛藏的勢力，立下大功並任甘丹頗章[6]首席噶倫的康濟鼐，也以平措繞旦班覺為府邸。就在兩位安班開拔拉薩的路上，康濟鼐被其他三位爭權奪利的噶倫於大昭寺內謀殺，他的兩位妻子則在平措繞旦班覺府內被殺。

之後，另一位噶倫頗羅鼐將三位謀殺康濟鼐的噶倫擒獲，並成了攝持藏政的攝政王。即將抵達拉薩的第一任安班（即駐藏大臣），藉口護送七世達賴喇嘛，與引狼入室的頗羅鼐合作，攜軍而入。並在布達拉宮前的修赤林卡[7]，以凌遲方式當眾處死三位噶倫；拉薩人從上至下從未見過凌遲這種酷刑，精神上備受驚嚇與折磨。頗羅鼐餘生為之懺悔，在大昭寺供金燈為死者祈禱，而

6　甘丹頗章：意為兜率宮，本指藏傳佛教格魯派至上領袖達賴喇嘛在拉薩哲蚌寺的寢宮，一六四一年，五世達賴喇嘛執掌政教大權，甘丹頗章成為圖伯特政府的稱謂，有「甘丹頗章政權」之說，包括和碩特汗國（1642年－1717年）、第巴政權（1642年－1720年）、噶倫聯合執政時期（1720年－1727年）、西藏郡王政權（1727年－1750年）、噶廈政權（1750年－2011年）。今流亡西藏政府更名藏人行政中央，由民主選舉的內閣總理執政。

7　林卡：藏語，林苑。

由安班帶來的若干外來刑具日後卻成了中國政府痛斥舊西藏如何殘酷的「證據」。圖伯特歷史學家夏格巴‧旺秋德丹所著的《西藏政治史》如是評說頗羅鼐：「為了保存自己的權力，過分與中國和好，造成滿洲的安班和以所謂（七世）達賴喇嘛警衛為名的中國軍隊進駐藏地，致使政務出現了如珠之脫串般的許多失誤，曲解藏漢供施關係的原義，最後造成了至今存在於漢藏之間的仇恨和爭鬥，使藏地不得安寧」[8]。

　　散發著死亡氣息的平措繞旦班覺府，被攝政王頗羅鼐改名「沖賽康」，贈與安班，成為安班最早的住處，漢史中寫「通司岡」，有六或七任安班住過。

　　一七五〇年，由於頗羅鼐之子、繼續攝持藏政的攝政王達拉巴圖爾‧居美朗傑（中文史籍寫「珠墨特那木扎勒」），因要求清帝撤回在圖伯特不斷滋事生非的安班及其軍隊，結果被兩位安班——傅清和拉布敦設計在沖賽康卑鄙誘殺，引發藏人憤怒，圍攻沖賽康，安班傅清自殺，安班拉布敦及其隨從、漢商百多人被殺，沖賽康再度成為血腥之地。

　　漢史卻把安班的卑鄙誘殺稱之為「正法」。而在夏格巴‧旺秋德丹所著的《西藏政治史》裡，攝政王居美朗傑「是一位敢於為西藏佛教和政治犧牲生命的膽識過人的國家英雄」，因為他在四年執政期間，「能使其父親時期因失策而引來的中國人官兵大

8　同5。

部撤走，並從滿洲皇帝那裡得到了留下的官兵也不准對圖伯特的內外政治進行任何干預的文件。不僅如此，還致力於將留下者在短時期內驅逐，並一直主張在本土建立必要的武裝力量」。喋血沖賽康、喪命自家門口的攝政之王居美朗傑，根本不是被中文史籍、今朝御用學者百般詆毀的那種「餘孽」、「叛首」。

兩個安班的暴死，使得之後的安班再也不敢囂張。繼任的安班來到拉薩後，在沖賽康的南面修建了一座小佛堂，以紀念殺人反殺己的兩位滿人安班，稱其為「雙忠祠」，「肖像以祀」，歷任安班「春秋致祭」。或許繼任的安班不敢再住血腥彌漫的沖賽康，而是搬至名為桑珠康薩的宅院，屬於被前任安班誘殺的攝政王居美朗傑遺下的府邸，可能有雪恨之意吧。

一七九二年，清將福康安受邀入藏與尼泊爾廓爾喀人作戰獲勝，而後為他的叔叔——誘殺攝政王居美朗傑的安班傅清立碑，據記載是六塊碑碣，分別鑲嵌在沖賽康入口門廊東西兩側的石壁下部，有介紹說，用滿文、漢文、蒙文、藏文四種文字記載了攝政王居美朗傑被安班「正法」、安班「殉難」的事蹟。直至一九九七年拆毀沖賽康時，還有五塊碑碣猶存。隨後，碑碣被挪走，收藏於拉薩市文物局。有資料說其中三塊漢文、兩塊滿文，字跡有的清楚有的不存，未提及有蒙文和藏文。這五塊碑碣，如今都被中國政府派上了「愛國主義教育」的新用場。

隨福康安入藏、時任安班的和琳，用桑珠康薩換下位處大昭

寺西南方的梅朵吉彩[9]，屬拉薩貴族多仁的林卡。在此修建了自
稱的「衙門」，並在門口立了一對石獅，故被藏人稱此地為朵森
格，即藏語的石獅，類似普通地名，並無敬畏之意。一九五九年
被中共設為軍區警衛營駐地。一九八〇年代，改成了西藏軍區第
二招待所。據說安班在拉薩的遺址還有幾處，一處在今天的西藏
自治區政府大院（古為今用，倒也算是繼承衣缽），一處在今西
藏話劇團後面，當年那可是雜草叢生的野地。安班還住過扎基寺
附近的駐軍營地，可能就是今天的扎基監獄所在地吧。

　　沖賽康在安班搬走之後作了何用？沖賽康最初只有一座大庭
院，由於有三個院門，所以有東院「節古夏」、中院「節古幾」、
西院「節古魯」之稱，而東西兩院相通，中院之門最大。據知，
西院曾是從屬西藏的不丹王國官方代表每年來拉薩致敬和獻貢的
住所。東院為郵政驛站，故沖賽康又被稱為「扎康」，即郵局之
意。一樓有尼泊爾人或尼泊爾藏裔開的商店。

　　一九一一年中國爆發辛亥革命以後，噶廈政府立即將在藏
漢人驅逐出境，被稱「驅漢事件」，沖賽康改為拉薩警察營。
一九五〇年代以後，沖賽康主要為民居。一九六〇年代以後是居
民合作社所在地，劃給居委會管理。到最近實行拉薩老城區「整
治」前，沖賽康內約有百戶人家居住，僅西院就有四十多戶人家。
靠北的沖賽康市場，只是挪用其名而已。

9　梅朵吉彩：藏語，意為鮮花遊樂園。

在進行「清政府駐藏大臣衙門舊址修繕工程」之前，沖賽康
是掛著「拉薩古建築保護院」標牌的大雜院，但事實上，沖賽康
歷經多次「舊房改造」，早已被毀去三百年前的原有風貌。除文
革之前及文革中的破壞，由當局多次主持的「舊房改造」所造成
的破壞，據相關記載大致有：

一九九四年秋天，據目睹者廖東凡（原《中國西藏》主編）
記錄，「拉薩舊房改造，沖賽康老屋已經拆得差不多了」[10]。

一九九七年，據致力於保護拉薩老城的國際組織──西藏
文化發展公益基金會（THF）的記錄，經西藏自治區一位副主席
批准，在拉薩市規畫辦公室的主持下，沖賽康「被莫名拆除，
一九九八年新建，此建築如今主要用於居住」。「其院落的主要
部分還是在一九九七年被拆毀了──只留下沿八廓街的立面。在
原建築立面的後面，一九九八年建造的一座四層住宅公寓代替了
原來建築的一部分和院落區域……」儘管在成立 THF 的德國建
築學家安德烈‧亞歷山大（André Alexander）[11] 及同事們的努力
下，修復了少量房間、窗戶和院門，但「古建大院」沖賽康還是

---

10 三條老街感受新舊拉薩：http://tibet.blog.sohu.com/159715059.html。
11 安德烈‧亞歷山大（André Alexander），一九六五年一月十七日出生於柏林，是著名的
   建築學家、人類學家、藏學家。一九九六年與葡萄牙人萍萍‧阿澤維多等人在拉薩成立
   西藏文化發展公益基金會（THF），致力於「研究和保護歷史名城拉薩」的工作，修復
   了拉薩及附近七十六座歷史性的傳統建築。但二○○二年，THF 被中國政府逐出拉薩。
   之後，THF 投身到其他藏文化地區的建築保護工作中，包括宗教建築和世俗建築。修復
   項目涵蓋了東部藏區（中國青海省和四川省的一部分）、蒙古、拉達克和錫金，還有包
   括涉及北京老城三個居民區的一個保護項目。二○一二年一月二十一日，安德烈‧亞歷
   山大因突發心臟病在柏林去世。

遭遇了無可挽回的毀損，新建的公寓是混凝土鋼筋附加外表上描摹的藏式裝飾。

　　沖賽康內的東院、中院和西院，所居住的近百戶原住民基本都是拉薩本地人，有些人家數十年前就居住於此，一九九七年沖賽康拆除時遷走了一些人家，多數人家未被遷。當時，三個院門的其中一個舊門被堵，改成商店，但舊門的印跡仍可見。一九九八年又新開了一個門，其位置正好是過去的郵政驛站。

　　二〇一〇年下半年，沖賽康被大規模地、成本不菲地「維修和加固」，僅存的三百多年老建築的外表立面被拆毀，不過還沒有遷移原住戶。這幾年，有的人家將房子租借給、甚至轉讓給漢人和回族商販，而轉讓費在這幾年飆升，有回族商人欲出資百萬元來求購一樓的店面。沿街的一個個店鋪有賣地毯的、賣日用品的、賣工藝品的，還有畫唐卡和賣唐卡的畫室，其中由漢地遊客開的畫室，被稱為「藏漂」[12] 集散地。

　　二〇一二年底，拉薩老城區又開始了一番成本不菲的「整治」，而這一次，沖賽康近百戶原住民全部被要求搬遷至拉薩西郊、東郊等地的「安置房」或廉租房，且受到包括居委會在內各部門的警告，不得不拿著很少的補償費迅速搬遷，否則會被當作

---

12 藏漂：漂流藏地的西藏發燒友，以拉薩聚集最多。一位久住拉薩的香港網友在網上描寫：「很多外地人以為，『藏漂』是一個中性名詞，以為在西藏長住的人，就成了所謂的『藏漂』。其實不是的，在本地人的口中，『藏漂』某程度是帶有貶義。例如你頭髮亂了一點，朋友會開玩笑說：『怎麼你頭髮亂亂的，好像藏漂一樣？』總之，被人叫藏漂，多半不是好事情。」

政治問題處理。有幾家漢人和回族的商店不肯搬遷，聲稱曾付出高價轉讓費，但像他們這樣的「釘子戶」，沒有藏人敢當，據悉他們最終遂願而遷。

二〇一三年五月十四日的《西藏日報》發表了一張沖賽康施工現場的圖片，並註明：「圖為拉薩市城關區八廓辦事處八廓社區內的施工人員對駐藏大臣衙門舊址進行施工修繕。」看得出來，這一次，連「沖賽康」這個有著近三百年歷史的舊名、藏名都消失了，取而代之的是——「清政府駐藏大臣衙門舊址」。

而這個已被騰空的沖賽康，這意味深長的血腥遺址，將「作為清政府駐藏大臣衙門復原陳列館」，實際上與布達拉宮下面改建的那個名為「雪城」的「愛國主義教育基地」一樣，是又一樁改寫圖伯特歷史的浩大工程，且更加添油加醋，無中生有，如官媒所報導的：「駐藏大臣衙門的復原陳列，可全面展示和介紹駐藏大臣制度的緣起和歷史發展，以及歷任駐藏大臣在維護祖國統一、鞏固祖國邊防、促進西藏社會發展進步方面的積極作用。」

從十八世紀至辛亥革命的安班之歷史，正如王力雄在新版《天葬——西藏的命運》一書中所寫：

在長達一百八十五年時間裡，先後進藏的一百三十五位駐藏大臣（據該陳列館介紹是一八五年間約一百多任總計一三八人）……不可能在西藏掌握實際權力。

北京方面一直宣稱駐藏大臣是中國對西藏具有主權的標誌，

是代表中央政府對西藏地方實施主權管理的官員，但是藏史及藏人認為，歷任安班「不過是滿清皇帝（及中國）的大使，負責傳遞消息而已，頂多對西藏政務充當一下顧問的角色，從來沒有實際權力」。「表面上，西藏官員對駐藏大臣表現得恭敬服帖，所謂『外示誠樸』，實際行動卻是『陰實抗違』，完全按自己的而非中國人的意志對西藏進行統治。」

也即是說，清代的駐藏大臣制度，作為北京伸向圖伯特的一個「接口」，事實上是被圖伯特「架空」，「完全不聽從，甚至隔斷『接口』」的。

但是，一個「古為今用」的政治故事，隨著拉薩老城的「整治」被重新包裝，精心安排，已經華麗登場。既然如此，建議那些用強權敘述故事的人，務必於其中添加自一九五一年以降，圖伯特被「解放」之後中共歷任駐藏大臣的生平業績、輝煌歷史。怎麼能忽略黨的歷任駐藏大臣呢？他們一定比封建王朝的駐藏大臣（曾被黨唾棄、其實從來被黨藐視的腐朽之物）更加愛國，更加「維護祖國統一、鞏固祖國邊防、促進西藏社會發展進步」。抑或追認封建王朝的歷任駐藏大臣為中共黨員吧，這樣才能證明愛國的傳承一以貫之，否則從歷史的垃圾堆裡搬出滿洲駐藏大臣為中共占領、統治圖伯特的合理性背書，儘管這才是目的，但有點忘恩負義啊！

而且，如果真的懷念「清政府駐藏大臣」，那麼應該將「清

2013 年，拉薩帕廓街上改寫歷史的「清政府駐藏大臣衙門舊址」。

政府駐藏大臣衙門」歷史最長的遺址——「朵森格」，即今天住滿「維穩」軍隊的西藏軍區第二招待所，設成「清政府駐藏大臣衙門復原陳列館」，而不是將位置選在衙門歷史既短命又血腥的沖賽康，這顯然很不真誠，顯然又在造假，顯然醉翁之意不在酒。

而且，如果真的懷念「清政府駐藏大臣」，那麼應該搞清楚，「清政府」究竟是屬於誰的。正如研究清史的哈佛學者歐立德（Mark Elliott）所寫：「我們可否不經質疑地直接將清朝等於中國？難道我們不該將其視為是一『滿洲』帝國，而中國僅是其中一部分？」「大清帝國與中華民國（更不用說與中華人民共和國了）是有不同政治目標的不同政治實體。即使在人口與地理上，

清朝與現代中國明顯重疊，兩者間也非密合無縫，而事實上有許多參差衝突之處。」[13]

另外，需要說明的是，被改設為「清政府駐藏大臣衙門舊址陳列館」的沖賽康，在一九九七年毀滅性的「舊城改造」中，正是安德烈‧亞歷山大及 THF 基金會如虎口奪食般，從瘋狂的推土機下拚力搶救出部分古蹟，否則，沖賽康很可能早就淪為被改建成「索康商場」的索康府，如今再想變身為陳列館就相當有難度了。當局應該感謝他們的工作，但荒唐的是，早在二〇〇二年就將他們永遠驅逐出拉薩了。於去年（二〇一二）初韶華去世的安德烈若健在，目睹他曾竭力保護的沖賽康而今淪為政治用場，他一定會落淚痛惜的。

　　　　　　　　　寫於二〇一三年七月二十三日，拉薩
　　　　　　　　　修改於二〇一六年六月，北京

13　清代滿人的「中國認同」：http://www.xiexingcun.com/dushu/HTML/9985.html。

山寨布達拉宮與文成公主神話

今日拉薩：各種仿古、改寫歷史的工程正在此起彼伏、大興土木的大舞台，各種休閒裝裹身、甚至手裡把玩著念珠的便衣蹲守在寺院，或穿行於街頭巷尾的大舞台，各種想方設法地掩飾哪怕竊竊私語也無法驅除內心恐懼的大舞台……

傍晚，透過相機鏡頭看見與布達拉宮遙遙相對的山腳，隔著拉薩河，與飽含滄桑的布達拉宮遙遙相對，一座山寨布達拉宮已然成形，那是被當作「西藏自治區、拉薩市的『一號工程』」[1]，正在日夜建設的「《文成公主》和美大型實景劇劇場」，初期投資七·五億元。

有關文成公主的巨大神話在政治與經濟雙作用下，終於要化作洗腦之利器，以「最先進的聲光電技術，彰顯『盛世』氣韻」。只是這個「盛世」是往昔之大唐盛世？還是今日之大中華盛世？抑或是古今中國之「盛世」？從而藉無以復加的文成公主之神話來實現偉大的「中國夢」——確切地說，這是漢化之夢。

據官媒報導，西藏自治區若干官員多次來視察號稱「目前國內投資最大、規模最宏偉的實景劇《文成公主》」[2]。顯然，「西

1　http://www.xizang.gov.cn/fzdt/65886.jhtml。

2　http://www.xizang.gov.cn/fzdt/65886.jhtml。

藏自治區、拉薩市的『一號工程』」是一項承載著以戲說歷史來「證明」今日當局統治之合法性的政治任務，需要官員們在政治上嚴格把關，一再視察。

這之前，黨的官員們已經在拉薩舉辦了「首屆文成公主主題論壇」，據介紹，「旨在通過中國西藏文化旅遊創意園區的文成公主主題公園及《文成公主》和美大型實景劇，邀請學術界、藝術界、傳媒界和企業界的菁英，以西藏歷史文化為背景，以『文成公主』文化形象為主題，圍繞『文成公主進藏、藏漢人民團結』，高起點、高層次地展開研討。」[3]

又據官媒報導：目前，《文成公主》和美大型實景劇已進入合成排演階段，七月二十日將進行首次試演。八月一日，中國人民解放軍的「建軍節」正式開演。為何要選這一天首演？文成公主跟解放軍有什麼關係？有人說其意象徵軍事勝利，成功占領。是這樣嗎？一千多年前，儘管唐朝被說成「大唐盛世」，卻不得不把「和親」、「聯姻」當作交好鄰國、穩定邊疆的政治行為，讓十六歲的纖弱女子來承負一國軍隊的任務，其實並不光彩。

該劇官方微博介紹：《文成公主》實景劇五百多人參演，首演季門票五百元。

黨在神話文成公主，諸多醉翁之意不在酒之人也在神話這位文成公主。讓我們來看看萬能的文成公主給只知道茹毛飲血、比

3　http://www.57uu.com/tibet/tibetNews/10_06_35_570.shtml。

野犛牛還野犛牛，甚至於連人都不算的藏人帶來了什麼樣的本事
吧——

一、布達拉宮是「藏王松贊干布為迎娶文成公主而興建的」；

二、「文成公主是藏傳佛教的主要奠基人」；

三、拉薩東邊的神山朋巴日是文成公主命名的；

四、「唐卡」是文成公主發明的；

五、藏語「扎西德勒」等是文成公主及其隨從所傳授；

六、青稞是文成公主從漢地帶來；

七、糌粑是文成公主手把手教藏人用石磨、水磨等磨出來的；

八、等等，等等。

　　總之，在關於圖伯特傳統文化如何構建的重新敘述中，由於
權力者的強勢話語改變了整個故事，使得一位古老的漢人女子擔
負起統一大業的重任。其實她入藏時不過是十六歲的少女，但在
不容置疑的重塑與重述中，她比孫悟空還神通廣大。她會這個會
那個，會那個會這個，天下就沒有她不會的本事，似乎是全靠她，
未開化的圖伯特才有了文明，問題是，果真如此？問題是，你信
嗎？出於各種用心，這位少女被神化得已不成人樣了。

　　事實上，這是一種改寫歷史、「洗白」一個民族的文化和記
憶的浩大工程。其實持續多年，如今在權力與金錢的支持下，更
是遍地開花，所向披靡。可以預見，在這個山寨布達拉宮進行的

2013 年，大型實景劇《文成公主》現場。

商業化演出，將屬於以後來拉薩旅遊的遊客必看的節目，既可以洗腦又可以賺錢，但遭到損害的卻是任被改寫的歷史與任被宰割的藏民族。

關於唐朝皇帝把宗室之女當成公主嫁往圖伯特，王力雄在他關於西藏問題的研究著作《天葬——西藏的命運》中的「公主神話」一節中寫道：

很多中國人都是通過文成公主的神話認識中國與西藏的歷史關係，似乎中國把公主嫁到哪，哪就從此屬於中國了。這是一種有些可笑的邏輯。事實上當時的西藏非常強大，勢力範圍向西越過帕米爾高原，波及阿拉伯和土耳其控制區，向北到今日的中國新疆和甘肅的河西走廊，向東曾經占領中國四川、雲南的大片領土。那個時期的藏民族以征服者的姿態，在整個中亞到處安營紮

寨。唐朝開國的李氏家族本身帶有突厥血統和文化背景，把聯姻當作一種平定邊疆的政治行為——可想，嫁一個公主遠比調遣大軍來得便宜。王室的女兒多得很，何況帝王並不嫁自己的親生女兒（文成公主亦只是宗室之女）。唐朝前後嫁到「諸蕃」的公主有十五人之多……

不知是因為松贊干布態度倨傲，還是因為那時唐太宗對西藏沒給予充分重視，反正一開始唐太宗沒同意。松贊干布大怒，帶領大軍先討伐吐谷渾，繼而攻入唐境，並致書唐太宗：「若不許嫁公主，當親提五萬兵，奪爾唐國，殺爾，奪取公主」，何其豪邁。

固然，以唐朝之強，不至於屈服松贊干布的武力，不過雙方打了一陣互有勝敗的戰爭，足以使唐太宗認識到吐蕃（西藏的古名）不可輕視。當松贊干布再次緩和姿態，撤兵並重派使者帶禮物到長安求婚時，唐太宗便立刻同意將文成公主許配給松贊干布，連其所派的求婚使者都被賜予了琅邪公主的外孫女為妻，可見太宗撫慰吐蕃之心的迫切，所以文成公主進藏在一定程度上應該算是無奈。

文成公主之所以比其他外嫁的公主更留名，大概主要是因為她被嫁得最遠、嫁到最荒僻的地方，一去三十九年，至死沒回中原，因而從惜香憐玉的角度更值得同情。她在去吐蕃的路上哭得連河都改變了流向（青海境內倒淌河之名的來源），此傳說足以反映後人對她的憐憫。文成公主死後三十年，唐朝又有一位金城

公主（註：亦是宗室之女）被嫁到吐蕃。她的傳說就更慘了……

不能說中國的公主進藏對發展中國與西藏的關係沒有作用。比如松贊干布自打娶了文成公主，吐蕃十年沒有再對唐朝用兵。然而十年在歷史長河中不過是一瞬間。松贊干布死後，文成公主守寡二十九年，其在世之時吐蕃與唐就不斷發生衝突。以後的百年期間中國幾無寧日。有人歷數那一時期吐蕃與中國的大規模戰爭如下：

唐高宗咸亨四年（公元六七三年）命薛仁貴率師十餘萬以討吐蕃，為吐蕃大將欽陵所敗；武后如意元年（六九二）吐蕃入寇，武后遣武威將軍王孝傑大破之；萬歲通天元年（六九六）吐蕃寇涼州，官軍敗績；長安二年（七〇二），吐蕃入寇，四役皆破之；玄宗開元十二年（七二七）吐蕃入寇，王君奐大破之；十六年蕭嵩敗吐蕃於祁連；代宗廣德元年（七六三）吐蕃寇長安，郭子儀擊敗遁；德宗貞元二年（七八六）吐蕃入寇陷鹽州等地；貞元五年（七八九），韋皋大破吐蕃，隔年又連破吐蕃，獲其大將論贊熱；貞元十六年（八〇一）吐蕃又大舉入寇。

……

講了這麼多公主，為的是說明以一廂情願的立場，距離事實真相可能遠到怎樣程度。固然，正經從事史學研究的人還不至於把嫁公主當成國家主權的證明，但是過分誇大文成公主對西藏的重要性，卻是一種相當普遍的現象。似乎是因為文成公主進藏才使西藏有了文明，包括醫療知識、技術工藝、烹調知識、蔬菜種

子，甚至西藏的佛教都是文成公主帶去的。就算這中間有若干真實，然而過分強調，就成了一種民族自大的傾向，似乎只要漢民族嫁出去一個女兒，就能改變另外一個民族的文明和歷史，並且成為兩個民族世世代代不可分割的根據。事實已經證明這不過是一廂情願的神話。

附帶補充一段歷史：圖伯特君主松贊干布娶有五個王妃，前三個是藏人：芒妃墀嘉、象雄妃勒托曼、木雅茹妃嘉姆增；第四個是尼泊爾的墀尊公主，最後一個是唐朝文成公主。文成公主主要負責贊普松贊干布的生活起居，相當於侍者。最早的吐蕃史料都把她排在五位王妃的最後一個，如今殘留的壁畫和塑像中，也可以見到她如侍女奉茶碗恭敬位於贊普身後的形象。

松贊干布為五位王妃都建有佛殿或神廟：芒妃墀嘉的神廟建在東郊扎耶巴山谷；象雄妃的神廟建在大昭寺北的梯布廓水泉附近；木雅妃的神廟建在甲波日（藥王山）東麓，即保留至今的查拉魯普洞窟廟；尼泊爾的墀尊公主的佛殿即大昭寺；中國的文成公主的佛殿即小昭寺。

更重要的是，松贊干布與芒妃墀嘉生王子貢松貢贊，延續吐蕃贊普王統，與其餘四位王妃無子。

寫於二〇一三年八月六日，拉薩
修改於二〇一六年六月，北京

「八廓古城」這一場域

　　於二〇一三年夏天竣工的「拉薩老城區保護工程」[1]，不只是將環繞大昭寺的帕廓及周圍街巷命名為「八廓古城」這麼簡單，不只是將布滿不規則的圓形帕廓的所有攤位遷出這麼簡單，也不只是將住在兩處老院子的居民遷走而改建成紀念館這麼簡單。多次走過圍滿軍警的各個安檢門進入「八廓古城」，你會知道，這其實是國家權力打造的商業化與移民化的場域，也是重新修改歷史、建構國家認同的場域，其中的暗喻，包括把以藏人為原住民的老城區「少數族群化」。

　　帕廓的歷史原本久遠。我在十多年前的散文中寫過：「在從前修建祖拉康的時候，觀世音的化身松贊干布帶著度母王妃們，就住在這朝暮可聞水聲的吉雪臥塘湖畔，壁畫上猶如堡壘似的石屋和篷帳是帕廓最早的雛形。像曼陀羅一樣的房子建起來了，無價之寶的佛像住進去了，自稱赭面人的藏人像眾星捧月，環繞寺院，紛紛起帳搭房，把自己的平凡生活和諸佛的理想世界緊緊地聯繫在一起，炊煙與香火，錙銖與供養，家常與佛事，從來都是相依相伴，難以分離……」[2]

1　原味老城──拉薩老城區保護工程實錄：http://www.tibet.cn/xzt2013/lcywgz/index.html。
2　引自《西藏筆記》，唯色著，中國花城出版社，2003 年。此書被當局認為有「政治錯誤」

　　依據一九五○年以前進入拉薩的外國人的文字和影像記錄，
我這樣描述過帕廓：「其中有出售絲綢、珠寶、器皿、茶葉，甚
至騾馬的生意人，有以種種手藝為生的裁縫、木匠、畫師、地毯
紡織工、金銀煅造匠、木石雕刻工等手工藝人，也有帶著本地特
產，從遠方近郊趕來、打算以物易物的農夫和牧民，正是這些人
使這條不規則的圓形之街琳琅滿目，充滿生機。還有托缽的雲遊
僧、虔誠的朝聖者和快樂的吟遊歌手，還有四處流浪的乞丐和戴
枷放風的罪犯，以及被人瞧不起的鐵匠、屠夫和天葬師」[3] 等等。

　　所以，「帕廓不僅僅是提供轉經禮佛的環行之街，而且是整
個西藏社會全貌的一個縮影。」[4] 首先它作為轉經道，受到大昭
寺主供佛覺仁波切[5] 如向心力的吸引，圍繞之，歸順之，虔信之。
而大昭寺也依賴帕廓的氣場愈顯重要，兩者是共生的。帕廓除了
具有神聖的宗教意義，也有著世俗生活的意義，比如富有拉薩民
間味道的囊瑪樂隊，會在每天傍晚右繞帕廓歌唱。這裡還有太多
的民俗活動，一年四季，周而復始，不斷強化。而這一切，都與
藏人的自我世界息息相關。

　　如今，在藏人眼中，帕廓依然是環繞祖拉康的主要轉經路，
所以依然會一圈復一圈地右繞，或步行或磕長頭；依然會挨肩接
踵地，在祖拉康門前此起彼伏地磕長頭，甚至會延伸到燈房周圍

　　遭查禁，我為此被解除《西藏文學》雜誌編輯的職務，從此成為獨立寫作者。

3　同2。

4　同2。

5　覺仁波切：藏語，指釋迦牟尼佛及造像。

的石板地上。但是，在已經變成了旅遊景點的「八廓古城」，男女老少的藏人構成了一種特殊的異域景觀，吸引遊客駐足、獵奇。以中國遊客為主，紛紛用各種鏡頭追拍藏人，經常是很不客氣地將鏡頭貼近了被拍者的身體，根本不顧被拍攝者是不是在履行佛事，或者願不願意被拍。而這些遊客，可以改動《憂鬱的熱帶》[6] 裡的一段話來形容：他們在西藏各地旅行，最先看到的是他們自己的垃圾，丟擲在人類的顏面上。

「八廓古城」實際上成了「我們」與「你們」之間的間隔。

「太陽漸漸上升了，大昭寺門前的香爐裡冒出的桑煙依然裊繞不絕。帕廓街似乎每天都一樣，似乎今天也和昨天一樣，似乎中間從未有過中斷：轉經的轉經，遊蕩的遊蕩，買賣的買賣（這些角色常常是會相互轉換的）……」[7] 這也是我在十多年前的散文中寫過的片斷。其實並非如此，從一九五〇年代迄今歷經了種種革命的帕廓，早已成碎片。

而打造「八廓古城」最突出的動作之一，是將布滿帕廓的兩千六百多個攤販遷走，這其中多數是藏人攤販，以善於經商的康區藏人為主。表面上，這是依據市場需求來重新包裝，以統一美化的方式來顯示整潔、美觀，所以會將歷史上即有、沿轉經路擺

6　《憂鬱的熱帶》，（法）克洛德・列維－斯特勞斯（Claude Levi-Strauss）著，王志明譯，中國人民大學出版社，2009 年。

7　同 2。

攤的傳統取消，遷移到專門在老城東北角、即原城關區政府所在處改建的「八廓商城」裡，集中做生意。然而，對小型生意的驅趕，實則已經觸及到了公共記憶的問題。

新生的「八廓古城」像一個巨大的 MALL，將低端服務搬出，卻歡迎漢人和回族人經營商鋪或較為高端的餐廳等，官商合作的巨大商場接踵開業，各種打著西藏工藝品旗號的假貨成了主要商品，結果連本地藏人也對這樣的帕廓感到陌生。藏人店主愈來愈少，掐指可數。那些聲稱自己是青海藏族的回族商販，或聲稱自己是半藏半漢的漢人商販，會以天花亂墜的說辭，讓顧客花高價買所謂的老天珠、真寶石，其實都是假冒偽劣。中國各地遊客熙熙攘攘，每天這裡都上演著欺騙與被欺騙或者說願打願挨的戲劇。

新生的「八廓古城」打造成了一個迎合遊客的旅遊景點。對此，我們熟悉的已有類似麗江古城、平遙古城、香格里拉古城等等所謂的「古城」。而「八廓古城」這個旅遊景點，是以藏式房屋為背景、主要突出「中國特色」的中國式場景：一幅幅「中國夢」宣傳畫、一串串亮晃晃的紅燈籠、一個個漢文大於藏文的招牌，以及一些大的商場門前鮮紅的充氣塑料圓柱，或金色的充氣獅子在風中炫耀著暴發戶的粗俗和入侵。血紅色的五星紅旗則必須插在每間店面醒目的高處。有一次，在大昭寺對面、有狙擊手駐守的房頂上，一面五星紅旗居然被倒掛了整整一天，被細心人發現拍下，上傳了網路。而這些部署在多個轉角的藏房上面的狙

擊手，自二〇〇八年三月的抗議之後即設崗於此，起先穿武警、
特警制服，後來常常因形勢需要改換服裝：如運動服、休閒裝等
等。所謂的形勢需要，指的是有外交官或外媒記者被允許訪問拉
薩這樣的新聞事件。

　　對了，去年（二〇一四）夏天我注意到，掛滿帕廓的上百個
監視器被加上了頗具藏式風格的偽裝：是用模仿轉經筒樣式的圓
形盒子，套住真正的攝像頭，並在這假轉經筒的外表印上六字真
言，一般人會以為是佛教用具，卻不知是「老大哥」從那後面在
看著你。

2014 年，拉薩帕廓街，紅旗上方的是被「化妝」後有了藏式風格的攝像頭。

在老城改造的名義下，包括帕廓在內的沿街藏式建築，一概東拆西補，重新塗抹上色，反而加劇了人為建構異域景觀的效果。拉薩本是有著一千數百年歷史的古城，作為全藏的政治中心、文化中心，尤其是宗教聖地，如同世界上為數不多的古老首府，有著沉澱已久的濃厚底蘊，所以這個城市的基色是深色的、純色的，正如寺院佛殿頂層的絳紅邊瑪牆；正如民居窗戶四周的純黑邊框與白牆。可是，重新修飾的結果卻是用極其鮮豔的色彩大肆塗抹，就像是換上了邊地藏區如康區的建築用色。若用人物來比擬，就像是一個雍容典雅、敬語多禮的拉薩美人，突然變成了潑辣豪爽、口無遮掩的康區女子。

正如拉薩網友在微博上評論：「拉薩老城失去了聖城厚重文化的樸實性，換來的是邊城華麗空洞的外表。」「新修之後的富麗堂皇，不倫不類的香格里拉。」「拉薩老城的老照片是能找到的，如果『修舊如舊』者們不知道拉薩的『舊』是怎樣的『舊』。一九五〇年代以前的老照片，老房子的老照片，都是有的，找得到的，盡可以照此修舊如舊。而不是，如現在這般的半真半假，舞台化，非拉薩化。」

拉薩失去了自己的風格。但新的風格在一無所知的外人眼中，會以為是拉薩的本地風格，這又是面向遊客的某種迎合，卻不是為了祖祖輩輩生活在這裡的拉薩人而營造、恢復原本屬於拉薩的地方感。看上去模仿了藏式，只不過體現在所謂「穿衣戴帽」的外表，其實質還是殖民化的：鋼筋水泥，瓷磚玻璃，並由來自

中國各地的包工隊草率地付諸於建築。

　　二○一二年起，當局正式將「護城河」這樣的含有帝國、封建制色彩的詞彙，用在文件和公告裡：各級公安檢查站被合稱為「護城河」。這顯示權力者無意將城市賦予絲毫民主風格，因為他們要把拉薩變成防禦其他地區藏人的隔離區，而非對於藏人來說的神聖家園。實際上，「護城河」是士兵和警察、便衣和線人的隱喻。他們組成了比網際網路的防火牆還要凶悍的牆。

　　花巨款的「保護工程」，貌似重視了藏文化、宣揚了藏文化，但卻是被「放在我們的既定框架中」，藏人文化、民俗與歷史的呈現，是必須附屬於「中國價值」的，而不可能自主地表達，反而宣示了權力者的國家意志，以至於拉薩變成了一座主題公園：專門提供給中國遊客消費、展示「拉薩最幸福」的主題公園，有著異域景觀點綴、卻更多充斥著「中國表達」的主題公園。

　　與此同時，原本生活在帕廓的許多藏人被遷居，原來的生活空間被改作他用，成為政治化的場地。新增加的兩個紀念館即如此。一個是「清政府駐藏大臣衙門舊址」，一個是「根敦群培紀念館」，都是權力者重新敘述的歷史故事，只是前者更為赤裸裸，後者比較含蓄。滿清駐藏大臣被塑造成中華民族大一統的貢獻者、犧牲者。曾被「舊西藏」下過牢獄的大學者根敦群培[8]，

8　根敦群培（Gendün Chöphel, 1903-1951），安多熱貢（今青海省黃南藏族自治州同仁縣）人，年少時在安多支扎寺、拉卜楞寺學習藏傳五明，二十四歲赴拉薩哲蚌寺學習，以後

被改塑為追求進步的「愛國志士」，當然這個「愛國」指的是愛「新中國」。

如今編造故事的手法已很高級，結合先進的科學技術，可以「復原」一個個「為我所要」的場景，包括圖片、動畫和視頻。於是我們看到，時代的進步是以今天的政治結構、政治制度來表現的，正如「中國夢」宣傳畫上所寫的：「沒有共產黨就沒有新中國」。

我在前一章寫過：「抑或追認封建王朝的歷任駐藏大臣為中共黨員吧，這樣才能證明『愛國』的傳承一以貫之，否則從歷史的垃圾堆裡搬出滿洲駐藏大臣為中共占領、統治圖伯特的合理性背書，儘管這才是目的，但有點忘恩負義啊！」補充一句，建議將根敦群培一併追認算了，在改寫之後的故事裡，他是多麼地像一個地下黨員啊。

「改造」之後的拉薩，將會出現多少個改寫歷史的「愛國主義教育基地」呢？中國官媒稱當下「紅色旅遊」在中國成大氣候，「各地為發展經濟打起『紅色旅遊』大旗，領導人故居成為了各地政府著力打造的重點旅遊景區。」拉薩及其他藏區沒什麼中共領導人故居，但是「紅色旅遊」同樣被著力打造。這雖然可以創旅遊經濟之收，更可以獲意識形態之利，實乃愈加深入的殖民化。

足跡遍布印度等中亞國家，於圖伯特劇變之前返回拉薩，曾入獄，獲釋後臥病不起而早逝。他是現代西藏史上集佛門奇僧、學術大師和啟蒙思想家於一身的傑出人物。

　　「八廓古城」既是旅遊地點和商業區域，也是遮遮掩掩的「愛國主義教育基地」。也因此，原本屬於這裡的歷史、故事及集體記憶，在巧妙的改變中被消失。美國學者蘇珊·巴克－莫斯（Susan Buck-Morss）說：「政治上解決不了的事項在美學上得到解決。」[9]改用她接著說的話，這些出現在拉薩的紀念館、博物館、劇場等等，為製造「自古以來的」大一統提供了虛假的過去，也因此，「它把民族的身分降低到了一個旅遊景點」，把整個圖伯特「設置成了一個主題公園」。

　　多年前，我在散文《那些廢墟，那些老房子》中寫過：「我們的公共空間就這樣被重建了。我們的城市形象就這樣被重塑了。我們的集體記憶也就這樣被重寫了。似乎，一切的一切已經覆水難收了，『並非一聲巨響，而是一陣嗚咽』[10]——你，聽見了嗎？」今天正在成為事實。

　　但我也注意到另一個事實。二〇一六年薩嘎達瓦，即藏曆第十七繞迴二一四三火猴年四月十五，傳統上佛陀誕辰、成道、圓寂的殊勝之日，從早晨至深夜，以順時針方向，在帕廓轉經道上走三步即伏地長拜的信眾挨肩接踵，空前眾多，猶如一條不可能中斷的河流。藏語稱恰松采的大禮拜當屬傳統修行，通常以僧侶、邊地朝聖者為眾，但如今有愈來愈多的城市藏人參加，男女

9　蘇珊·巴克－莫斯（Susan Buck-Morss）這句話，引自《懷舊的未來》（*The Future of Nostalgia*）一書，（美）斯維特蘭娜·博伊姆（Svetlana Boym）著，譯林出版社，2010年。
10　這句詩見英國詩人Ｔ·Ｓ·艾略特（T. S. Eliot）的詩〈空心人〉（The Hollow Men）。

皆有，且趨年輕化。帕廓轉經道約一公里，右繞一圈大概需要磕
長頭六百多個，費時兩個多小時。我曾於二〇一三年深秋的晚上
實踐過，真切地體認到這既是關涉信仰的一種公開表達，也是對
包含多重意義的現實所做的一種隱祕抵抗或宣示。

　　　　　　　　　　　　　寫於二〇一五年八月，北京
　　　　　　　　　　　　定稿於二〇一六年六月，北京

拉薩廢墟：喜德林

　　喜德林不是寺院，而是扎倉[1]，又稱喜德扎倉。傳統上是拉薩四大林[2]之一，即：丹傑林、策墨林、功德林、喜德林。也有將拉薩河對岸的次覺林歸為「四大林」的說法，而非喜德林。

　　回溯歷史，喜德扎倉當屬拉薩最早的四座佛殿之一。早到什麼時候？贊普松贊干布的時代即西元七世紀嗎？有的史料說是。而《西藏王統記》認為是六座佛殿之一的噶瓦拉康的前身。但據七世達賴喇嘛傳記《如意寶穗》記載，乃另一位史上留名的贊普赤祖德贊所建。總之，皆在圖伯特帝國時代，修持寧瑪教法，並如散落星辰環繞拉薩的中心——祖拉康（即大昭寺）。十五世紀初，據史書《黃琉璃寶鑒》記載，薩迦王朝時著名史學家、萬戶長蔡巴・貢嘎多吉[3]擴建喜德扎倉；之後，七世達賴喇嘛再建，喜德扎倉為此改宗格魯巴，歸屬靠近澎波地方的絳熱振寺[4]，並

1　扎倉：藏語，經學院。

2　拉薩有「三大寺」（哲蚌寺、色拉寺、甘丹寺）和「四大林」（一說是丹傑林、策墨林、功德林和次覺林；一說是丹傑林、策墨林、功德林和喜德林），都是藏傳佛教格魯派在拉薩重要的寺院，且「四大林」的法座均在歷史上代攝國政。

3　蔡巴・貢嘎多吉：也即蔡巴萬戶長。元帝國時，衛藏蔡巴家族受封萬戶長，統轄拉薩市區，成為衛藏十三萬戶中最強盛的萬戶之一。薩迦王朝時代，蔡巴萬戶長即司徒・貢嘎多吉，不但著有西藏歷史書籍《紅史》，還修繕、擴建了拉薩城及布達拉宮、大昭寺、蔡公堂寺等。

4　「絳」意為北方，熱振寺位於拉薩東北林周縣，一〇五六年，由佛教大師阿底峽的弟子、

隸屬色拉寺結巴扎倉。

十九世紀時，第三世熱振仁波切成為甘丹頗章政權的攝政，而熱振寺和喜德扎倉也因第三世、第五世熱振仁波切都擔任過攝政王變得著名。他們都很少駐錫熱振寺，而是更經常地住在喜德扎倉後面的拉讓[5]，在老照片上見過，是一幢被樹木和花朵簇擁著的五層府邸，一九五〇年代被中共政權的喉舌《西藏日報》占據。

喜德扎倉主樓經堂四樓，緊靠北端，有柱四十八根，中部設天窗直通二樓，四壁均為彩繪佛畫；這裡既是舉行法會、開示佛法之處，也安放了幾位熱振仁波切的靈塔。經堂背後為並排的三個佛殿，包括正殿與偏殿，相互連通，有柱十二根，四壁也是彩繪佛畫。經堂前的東西南三面為兩層，屬於僧舍、廚房。其他建築略去不提。

喜德扎倉最盛時有五百僧人，尤以羌姆[6]頗負盛名，看似一場場樂舞，卻是一場場法事，所以必須由僧侶自始至終公開演示，但已經散發著繁華散盡的悲哀。我曾隨一位大貴族後人徜徉老城，有一次，他指點著擺滿了閃閃發亮的太陽灶的院子，傷感地說：以前就在這裡舉行盛大法會，跳羌姆的喇嘛穿得好看，跳得也精彩，但以後再也沒見過那麼美麗的羌姆了。盛極必衰，如

噶當派創始人仲敦巴創建，為噶當派的第一座寺院。十五世紀初葉，改宗格魯派，屬色拉寺麥扎倉。歷史上被毀過數次，最為慘重的是毀於文革，一九八〇年代重建。

5　拉讓：高僧、仁波切宅邸。

6　羌姆：藏語，金剛法舞。

今喜德林的名字成了「羌過」，藏語意為廢墟，其實它是拉薩最醒目的傷疤之一，迄今仍然裸露著令人驚悸的傷口。

　　喜德扎倉重創於一九五九年三月。尊者達賴喇嘛不得不於深夜離開拉薩，逃往印度之後，中共軍隊以「平息叛亂」為由，將喜德扎倉和附近其他小寺的僧侶，以及不少平民百姓都關押此處。一位當年為僧的退休幹部也在其中，他告訴我，偌大的佛殿裡躺滿傷者，眾多佛像亦如受傷，東倒西歪。

　　喜德扎倉毀於文革，被「造總」[7] 設為廣播站的據點，將巨大的高音喇叭裝在最頂層，聲嘶力竭地宣讀毛澤東的「最高指示」。同時還駐紮的有豫劇團演員、本土紅衛兵、援藏造反派等。動槍動炮的武鬥結束之後，四層佛殿只剩殘缺三層。不久，圍繞喜德扎倉的一圈僧舍成了解放軍的軍營，還成了藏劇團、黃梅劇團的駐地，如鳩占鵲巢，長達二十年才撤。

　　十多年前，喜德扎倉正殿二樓的牆上還看得見毛澤東語錄：「團結緊張，嚴肅活潑」，穿插著亂七八糟的塗鴉。那整整一面牆上，還留著斑駁陸離的壁畫，依稀辨認得出戴黃帽的宗喀巴大師雙手結印，跏趺而坐。前幾年我進入廢墟，見壁畫已消失，但毛語錄和色情塗鴉還在，牆上還新添了更多的中文、藏文以及交

7　造總：藏語「坎諾」，全名「拉薩革命造反總部」。拉薩兩大造反派之一。成立於一九六六年十二月二十二日，撤銷於一九六九年三月二十五日。下屬主要組織有：「專打土皇帝聯絡委員會」（北京航空學院「紅旗赴藏小分隊」的帶隊女輔導員老師聶聰和西藏民族學院「紅色造反團」司令魏志平為負責人）；「西藏紅衛兵革命造反司令部」；「拉薩革命造反公社」等。成員以學生（中央民族學院和拉薩中學的學生居多，也有西藏民族學院的學生）和工人（包括水泥廠、機修廠、汽車一隊、汽車二隊等）為主。

友廣告和電話號碼等等。

　　於一九九七年圓寂的第六世熱振仁波切單增晉美，雖有諸如政協常委、區佛協副會長的頭銜，多次要求當局歸還喜德扎倉，願意自己出錢修復，卻不被理會。事實上，喜德扎倉早已成了當局的財產。前年我在「策門林社區喜德林大院宣傳欄」上，見上面寫著這裡住有八十戶居民，其中「常住三十七戶，流動四十三戶」，共計二百六十人。環圍著廢墟朝夕相處的人家，有本土藏人、邊地藏人，還有漢人民工或回族商販，以至於「公共因素和私人因素之間界線消失」[8]。

＊ ＊ ＊

　　幾年前，我寫過一篇上萬字的散文《希德廢墟的前世》[9]，開頭即寫：「有座廢墟，它在拉薩，我很想給它寫一篇類似於編年史的文字。但編年史過於學術，不如改成簡歷吧，就像我們每個人的簡歷，別人看著枯燥，自己寫著容易。」並在其中寫道：「好了，我得給希德扎倉寫一份簡歷。既然它不能說話，趁它還未完全化為烏有，大概講講它的前世。」其實不只是一座佛殿的前世，還有一位重要的仁波切的前世。

8　《懷舊的未來》（*The Future of Nostalgia*），（美）斯維特蘭娜·博伊姆著，譯林出版社，2010年。

9　這篇散文收錄於我的《西藏：2008》一書中，台灣聯經出版公司，2010年。喜德林又寫成「希德林」、「希德扎倉」、「希德」等。

　　比如第五世熱振仁波切，他的末年，「是上個世紀四〇年代，也是很糟糕的時期，已經到了圖伯特巨變的前夜，仁波切不好好地當仁波切，官員不好好地做官，管家不好好地管家，連喇嘛也敢把符咒放在獻給十三世達賴喇嘛的靴子裡，連傭人也敢送個炸彈炸袞沃（老爺、夫人）。熱振仁波切曾在神湖拉姆拉措觀見到第十三世達賴喇嘛轉世的重要訊息，為尋訪到圖伯特歷史上最偉大的第十四世達賴喇嘛，有著特殊貢獻，但其下場竟是暴死，而且死得撲朔迷離，至今也說不清。這當屬共業，如此種下的惡果，不久就會伴隨著虎視眈眈的外魔降臨頭上。」

　　比如第六世熱振仁波切，「他的一生太悲慘了，比前世更悲慘，還在十多歲時，就被收編進什麼『青少年活佛班』，聽上去不錯，其實是『改造思想』、『接受再教育』，這都是那個極權統治者的專門術語……他被認為是『小班禪集團』的骨幹，每日寫檢查，交代『反動思想』。之後，十一個少年祖古[10]全都集中在拉薩郊外去牧羊放牛，養豬捕魚，掏豬圈搬石頭，用『六六六』藥粉殺蟲子。因為經常挨餓，只好偷吃攙有酒糟的豬飼料，結果全都有了酒癮……尤令人難過的是，在文革中坐牢三年的熱振仁波切，甚至多次瘋癲。據瞭解，第一次是一九八七年，他赴北京索要文革時被掠奪的古舊唐卡，與相關官員發生爭執，不知是氣急攻心，或如傳聞中被人下毒，當晚他一口牙齒全脫落不說，

---

10 祖古：藏語，轉世再來的佛教高僧，又稱仁波切。漢語中，一種錯誤的稱呼是「活佛」。

竟一度神志不清。第二次是一九八九年三月，祖拉康舉行祈願大
法會之時，僧侶與民眾舉事抗議被鎮壓，正在家中修法的他聽聞
事變，當場精神失常。第三次是一九九五年，當局將達賴喇嘛認
證的十一世班禪喇嘛、五歲的牧人男孩囚禁，欽定另一名孩童僭
越登上十一世班禪喇嘛的法座，並要求諸多仁波切去北京舉手表
態，但熱振仁波切卻在臨行前夕突然瘋了。可是，正如他對懇勸
他治病的侍者所言：『我什麼時候發瘋，你應該知道。』……舊
瘤新疾，以及我們無法知曉的心事重重，終於在一九九七年摧毀
了他五十歲的肉體。」

　　又比如現在的這一世熱振仁波切，是掌控熱振寺大權的管
家、那位官方紅人的親侄子，二十多歲，卻很老成，在各種官方
會議上表態「愛國愛教」和反分裂，尚不知會有一個怎樣的未來。

＊ ＊ ＊

　　多年來，我對遍及圖伯特大地的廢墟懷有深深的興趣，我對
散落在拉薩城裡的廢墟懷有深深的興趣。廢墟幾無例外，皆是當
代歷史中的政治暴力造成的。而我對廢墟的興趣何以體現？除了
書寫，就是攝影。如果我會繪畫或音樂，那麼畫筆、音符或歌聲，
也將是廢墟的證據。是的，證據，或者說見證。

　　我知道，對於拉薩這座滄桑古城裡的多個廢墟，無論掩飾
還是避而不談，甚至禁止涉足，都是一種「沒收記憶」的動作。

2013 年，拉薩喜德林廢墟，「中國夢」宣傳畫貼在入門處。

所以我在記錄這些廢墟時，既要展示宏觀，也要提供細節。而細節充斥在我從一九九八年迄今的紀實攝影中。比如，最初在喜德林廢墟見到的大威德金剛塑像（藏語簡稱吉吉），緊靠斷牆，剩下巨碩的牛頭與殘缺不全的身體。以後再去，看到它頭顱滾地，碎成幾瓣；看到它手指一節節斷落，最終化為烏有。後來聽說，吉吉的某隻手臂是被從漢地來開酒吧的老闆折斷，放在吧台上當作裝飾來炫耀。還聽說，廢墟裡殘破的壁畫也被遊客從斷牆上剝落、盜走。

又比如，當時在廢墟遇見的孩子，都已長成少年，而遇見的老人未必健在。其實我拍得更多的是孩子，但孩子們的變化無疑

讓人有些揪心。有一次，一個半大孩子居然想搶我的相機，我立即用藏語讓他住手，他果然住手，這只是因為他發覺我們是同族人。如果不是同族人呢？有一次，幾個戴紅領巾的孩子擠在一起玩手機上的槍戰遊戲，用漢語高聲地喊著殺殺殺。

操持太陽灶的主婦在燒水或熬肉湯，幹木匠活的男子正又鋸又刨，年輕女子將一盆盆鮮花抬到陽光下，或將晾曬好的棉被拿回家，而五、六個中年男女正圍坐在一起打麻將。有一次，見一位上了年紀的女尼坐在台階上搖著轉經筒，就跟她聊了一會兒，得知她本在山洞閉關修行，卻被軍警趕出，不知還有沒有重返的一天。經常能遇到在這裡租房住的漢人和回民，有一個滿口黃牙的漢人已六十多歲，他滿腹牢騷，深深地不愛此地，卻又不願回老家，他的餘生會在哪裡度過？

狗和貓都各具特色，個性十足。其中一隻黑狗，模樣狡詐，卻格外膽小。我欺負牠，用自拍桿追逐牠拍，牠又氣又怕，在廢墟前的太陽灶之間穿梭躲避，直到看我追不上（其實是我不想追拍了），牠才露出猙獰的樣子，尖聲狂吠，我被牠逗得笑出了聲。

最令人難忘的自然是廢墟裡的壁畫。我最初看見是二〇〇三年，從左到右，由前至後，殘缺不全的斷壁上殘留著一片片畫面，若非親眼目睹，都不敢相信這裡會藏著如此驚世的美。雖因自然風霜和人為磨損使得畫面有剝落、有裂痕，但立體的肌理感仍未磨平，純正的色彩感仍未消褪，這與傳統的礦物顏料有關。仔細地看，諸佛菩薩的微笑依然莞爾，諸佛菩薩的手印依然奧妙，而

護法鎮伏的魔鬼依然怒目圓睜……是的，左邊一層角落有一小片
壁畫讓我迷戀，就像是我祕而不宣的私人收藏，之後每次再去，
我都懷著惴惴不安的心情去探望，生怕消失不見。為此，有一次
小心翼翼地潛入廢墟，站在壁畫跟前用數位相機自拍，就像是將
自己融入其中，再也不怕會失去。經堂後邊那舊日佛殿，有一面
斷牆全是佛陀托缽坐像，整齊排列，安靜入定，卻發現在其中一
尊畫像的眉心間，有一個小小圓圓的洞，就像是子彈頭穿過的痕
跡，但後來再去，斷牆倒塌的部分，恰有那尊中彈的佛像，實在
可惜。

　　還有一個印象深刻的場景，是大雪中的喜德林的另一種面
貌。廢墟的殘敗和頹勢並未被白雪掩蓋，反而更加淒涼、蕭殺。
跑過來讓我拍照的幾個孩子，臉上有凍傷，流著清鼻涕，表情也
僵硬。旁邊拴著的一頭黑藏獒，脖子上掛著染紅的羊毛編的項
圈，冷得簌簌發抖。這一切讓人想起講述伊斯坦堡前生今世的帕
慕克（Orhan Pamuk）所說的：「下雪天的伊斯坦堡像個邊遠的
村落，但尋思我們共同的命運，使我們與我們輝煌的過去靠得更
近。」[11]

　　德國哲學家班雅明[12]（Walter Benjamin）在他寫於一九二〇
年代末的《莫斯科日記》中，「閉口迴避做出直接的意識形態的

11　《伊斯坦堡：一座城市的記憶》，（土耳其）奧罕‧帕慕克（Orhan Pamuk）著，阮慶
　　岳等譯，台灣馬可孛羅出版社，2006 年。
12　班雅明的話引自《懷舊的未來》一書，（美）斯維特蘭娜‧博伊姆著，譯林出版社，
　　2010 年。

2013 年，拉薩喜德林廢墟，如今已推倒重建，抹掉被廢墟的記憶。

和理論的結論，而是對日常用品提出某種詳細的、看似直白的描寫」，因為「對於實際物品的敘事拼接告訴我們關於蘇聯現實的寓言」。這啟發了我，務必要將廢墟中發現的種種「物質」一一介紹，猶如博物館的導遊，把藏品介紹給觀眾。

班雅明還說：「在廢墟中，歷史在形體上融入了（自然）環境。」這歷史不是單一的，而是多層次的，共生雜處的。

* * *

差不多十年前，我在《南方周末》的地理版以專欄的形式，

連續發表數篇文章，選自我當時在寫的一本名為《拉薩浮世繪》的散文集[13]。數月後，專欄被不聲不響地中止，我自然知道緣由，但還是覺得惋惜，畢竟當時的《南方周末》有不錯的口碑和品味。

　　其中有篇文章，關於廢墟和老房子，寫的正是喜德林廢墟。我這樣寫道：

　　……但我不是兀自歌頌廢墟的人，我也不是住在所謂現代化的舒適院落卻無以復加地讚美老房子的人。我從未想過非得站在某個對立的立場，採摘看上去由文學家的浪漫、民族主義者的褊狹所孕育的那些鮮豔奪目的花朵。那樣的花朵同樣是一種塑料花，並無可能將廢墟或老房子襯托得與眾不同。但我這麼說，也並非否認廢墟的美，老房子的美。我多麼希望獲得一種中立的評價，誠實的文字，來描繪有關拉薩的圖畫啊。

　　我相信廢墟與老房子的裡面也藏著許多殘酷以及因為殘酷帶來的哭泣。我不否認，因而不掩飾，這恰恰是人性在人類的生活中重複地演示著喜怒哀樂、悲歡離合，這毫不奇怪，哪兒都一樣。我並不認為廢墟和老房子就是我們的人間天堂，極樂世界，正如我更不認為廢墟和老房子就是十八層地獄。一句話，我描述廢墟和老房子的文字，我可以負責任地說，根本不是民族主義文學。

　　就像在帕廓，走著走著，旁邊突然出現一個幽深的大雜院，

13　這本書台灣版更名為《看不見的西藏》，台灣大塊文化出版公司，2008 年。

門上掛著一塊牌子，寫著「拉薩古建築保護院」，據說已有數百年的歷史；往裡瞧瞧，有搓羊皮的，有洗衣服的，有曬太陽的，顯然是許多人家安居之處。再走走，又會突然看見一座龐大的廢墟，頹垣斷壁上的幾根殘梁筆直地刺向天空，跑來兩個小孩，莫名地執意要領我去看廢墟裡緊靠在牆上的塑像，可那不知是什麼護法神的塑像除了泥土、草垛、木棍，僅剩下無數隻殘缺不全的手臂，那時是黃昏，金黃的光線下，每一根彎曲的手指倒很完整，似乎會說話，似乎很是可怖。

其實就是這樣。老房子所提供的無非是一種與過去的聯繫。一旦老房子沒有了，我們的過去也就沒有了，這恐怕就是唯一的理由吧。而廢墟所展示的則是被損傷的過去，它是歷史的傷口，請保留它猶如保留一個地方、一個時代的紀念碑。儘管如今依傍著廢墟回憶往日裡的莊嚴法會，依傍著廢墟歷數往日裡的繁華節慶，依傍著廢墟重複人世間的聚散無常，沒有比這更令人唏噓的了。

而當年的那些老房子，一直在為我們和我們的長輩提供生活的場地或者生活的背景。對於住在其中的人，老房子是生活之場地；對於不住在其中的人，老房子是生活之背景。當然，還有古樹、老橋、濕地、佛塔等等，這些都是我們的生活背景，都是屬於拉薩的地方風尚。可是，如今我們的生活場地以及生活背景竟然是些什麼呢？

據說，俄裔詩人布羅茨基初次抵達土耳其時，對竭力西化的

土耳其這樣評說：「這兒的一切是多麼過時！不是陳舊、古老、或老式，而是過時！」而今的拉薩其實也是過時的。過時與老式無關。過時不是過去，而是東施效顰，愈描愈黑。難道不過時嗎？但凡稍具規模的聚集地，一概瓷磚、藍玻璃、鋼筋水泥，一概形同虛設的廣場，一概豆腐渣工程，真是比最難看的漢地縣城還要過時。

　　這亦如帕慕克在書中引述的一位土耳其作家對伊斯坦堡的感慨：「我將這些殘破的街區當成一個象徵。唯有時間與歷史劇變能夠賦予街區此種面貌。其居民得蒙受多少征服、多少敗仗、多少苦難，才得以創造出眼前的景象？」

　　有人說我是「西藏的憑弔者」，仔細想想，我並不認為這不符合事實。我對喜德林廢墟的記錄，正是一種「深層哀悼」。在哀悼中，正在消失的喜德林似乎可以漸漸復活，或者說日益傾覆的喜德林廢墟也許會獲得再生的力量。

* * *

　　如今張貼在喜德林廢墟入口處的，有雷鋒肖像，還有「中國夢」宣傳畫上寫著「中國何以強，緣有共產黨」，具有意識形態的映射和殖民主義的高傲。在喜德林廢墟的旁邊，一個巨大的象徵經濟成功或現代化的商場出現了，表明消費主義的氾濫。有

一次，我站在這個商場頂層，第一次俯瞰到喜德林廢墟的全貌，
在大片與中國城市建築相似的樓房叢中，宛如一塊傷疤，十分醒
目。就像我站在另一座商場的通道階梯上，第一次俯瞰到堯西達
孜廢墟的全貌，以及插著五星紅旗的布達拉宮近貌──這是令人
深思的對比：紀念與消費，歷史與殖民化，政治化與商業化，等
等。但從另一個角度，站在喜德林廢墟跟前望向左邊，大片玻璃
構成的商場外牆反射著拉薩傍晚金色的霞光，令廢墟更加廢墟。

　　我在那篇有關喜德林前世的散文中寫過：「我相信，商業化
與革命、戰爭的殺傷力、破壞力是一樣的。從某種意義來說，商
業化更甚。在革命和戰爭中，會有很多人屈從和背叛，但也會有
很多人抵制和反抗，雖然四處皆是硝煙彌漫、殘垣斷壁，但是不
會徹底斷送，有些最珍貴、最本質的事物會被祕密地珍藏、護送、
傳承。然而商業化並不是殺氣騰騰的，也不是見血封喉的，有時
候還是令人迷醉的，就像酒醉之後雖然記憶喪失，卻已經遭到了
全盤的剝奪和傷害。商業化就像潘朵拉魔盒，可以刺激、復甦和
釋放人性中的貪嗔痴，大多數人都會捲入其中，結果腐爛是從內
心腐爛的，敗落是從自己敗落的，再加上從四面八方蜂擁而至的
餓鬼投胎，逐漸地，覆水難收，徒留下圖伯特躺在天葬台上任鷹
鷲撕咬。唉，我看見了，我聽見了，我萬箭穿心地體會到了。」

　　剛開始，當巨無霸的「神力‧時代廣場」緩慢成形時，圍繞
它的批評非常多，拉薩人反感它的外表對拉薩風景的破壞，擔憂
日夜不停地抽取地下水會使老城下陷，許多藏人表示要用行動抵

制這個官商合作的龐然商場。可是，二〇一二年歲末，當號稱是「拉薩商業地標」、「全球仰視的商業高地」、「商業聖地」的商場掛滿大紅燈籠開張後，這些批評很快沉寂，健忘的藏人們便快樂地進去購物或者吃火鍋了。而今，拉薩人像是習慣了這個狀如巨大堡壘的商場，甚至，它像是變成了被「改造」的「八廓古城」的一部分，而喜德林廢墟在它咄咄逼人的氣勢下，愈發渺小，日益殘破，若有一天完全倒塌，在陽光下格外刺目的「神力·時代廣場」會顯得愈加具有神力。

　　實際上，在喜德林廢墟的對比下，神力廣場是現代烏托邦的廢墟，凸顯人類的欲望。而喜德林廢墟，早在這象徵商業化的巨型怪獸成形之前，已經被帝國主義毀為廢墟。也即：在拉薩老城，至少在這一片，有兩座廢墟揭示了驚人的無常之變——一座是神力廢墟，狀如巨大堡壘，成為被裝葺得猶如舞台背景的「八廓古城」的一部分，展示著成功與繁華的幻象；一座是喜德林廢墟，掩蔽在小巷深處，外人知道的不多，卻成了本地人的生存隱喻。而且，走出喜德林廢墟，即是裝葺一新的老城，被打扮得猶如舞台背景。只是，打造成購物天堂的「神力·時代廣場」和打造成旅遊景點的「八廓古城」，並不能遮蔽喜德林廢墟所具有的寓意。

　　有位學者說過這句話：「磨滅記憶就是每一個新工程的基礎。每一個新象徵物的豎立都要推行一種集體健忘症。」[14] 那天，當

14　《懷舊的未來》，（美）斯維特蘭娜·博伊姆（S. Boym）著，譯林出版社，2010 年。

我在神力廣場的頂層拍照之後，打算參觀一下周遭容納商場工作
人員的辦公室，卻發現其中一個禮堂是基督教教堂。雖然聽聞在
拉薩做生意的溫州商人多信仰基督教，但這樣的教堂還是第一次
看見。不過我沒能多看，因為被一位白領打扮的青年男子用南方
口音的普通話阻攔了。

「既是失樂園，也是復樂園。」[15] 或者，既有失樂園，就有
復樂園。然而，是誰的失樂園？又是誰的復樂園呢？

* * *

有關喜德林廢墟的最新消息，在二〇一六年的第九天傳來。
當日，設在拉薩的《西藏商報》稱：「喜德林寺要維修了，將以
博物館形式開放。」其中寫道：「設計方陳先生介紹，這次喜德
林寺維修的主體建築是大殿，而大殿正好是整個喜德林寺受損最
嚴重的部分，也是設計最難的部分……設計維修首先參照了上世
紀五〇年代的歷史照片，還有現場勘察的喜德林寺遺跡……維修
後的喜德林寺，將以博物館的形式向大眾開放。」

我於是想起多年前，第五世熱振仁波切給當局遞交允許他修
復喜德林的報告，卻被拒絕。還想起一個聽說有著安全局背景卻
又有香港身分的北京攝影師，一直在建議當局將喜德林廢墟改造

---

15 同14。

成具有「愛國主義」內容的展覽館。

　　與此同步的是，二○一二年設在香港的《亞洲周刊》，第三十五期刊登了文章《漢藏不能忘卻的愛國情》，作者是該雜誌資深記者紀碩鳴，以中共黨報的筆法改寫了第五世熱振仁波切的歷史，把他的死亡說成是「因為堅守西藏地方與中央政府的正常關係，而被當時的分裂分子祕密毒死……」；更荒唐的是，比如這一段猶如「紅色經典」影視神劇的情節：「親英分子質問熱振活佛：『西藏何以要親中國？』熱振大義凜然地回答：『一九○四年英國軍隊榮赫鵬攻入拉薩，軍事賠款概由中央政府所付，所以如果不是中國的錢，豈能贖回西藏的身？』」而對喜德林寺何以成了廢墟，則說成是「熱振活佛死後，達扎先派人將他的遺體移至喜德林寺中，後又策畫暴徒掠燒了喜德林寺。」

　　這篇文章還處處引述一位神通廣大的「涉藏攝影家」的話，稱這位熱心的神祕人物要拍攝「熱振活佛殉國故事」的紀錄片和電視連續劇，並打算修復希德廢墟，在裡面展示所謂「民族團結」的文獻文物。這其實就是要把喜德林廢墟改造為一個紅色景點，向各方遊客講述這樣一個故事：偉大的愛國主義者五世熱振活佛慘遭英帝國主義分子與藏獨分子的毒手之後，他的寺院被藏獨分子毀為廢墟，如今在致力於漢藏團結、祖國統一的各界人士的努力下，重又恢復了原貌。

　　這是多麼罔顧事實的後續啊。我用了整整一天的時光，將這麼多年來在這座廢墟拍攝的幾千張照片默默地重看了一遍。與根

敦群培一樣，第五世熱振仁波切也將被塑造成「愛國志士」，在
這個除了弄虛造假再無所長的強國隆重推出，沒有比這些更令人
厭惡的洗腦術了。但我知道，我還會為即將華麗變身的廢墟繼續
寫傳，因為一位名叫嘎代才讓的圖伯特詩人寫過這樣的詩句：「廢
墟帶霜，一道神授的光芒／從天空垂降。」是的，看見了嗎？在
因果輪迴的光芒照射之下，一遍又一遍地毀於凶手之手的廢墟，
已成為永恆。

　　　　　　　　　　　　　寫於二〇一五年八月，北京
　　　　　　　　　　　　　修改於二〇一六年六月，北京

拉薩廢墟：堯西達孜

　　「亞溪」又寫「堯西」，在藏語裡，「亞」是父親的最高敬語，「溪」為莊園，藏人都知是何意。無論在藏人的傳統中，還是在學者的研究中，都認為「亞溪」指的是達賴喇嘛家族。如義大利藏學家畢達克（Luciano Petech）所寫：「亞溪（yab-gzhis），即前達賴喇嘛的家族。」[1] 中國官方體制內的藏人學者也稱：「人們用『亞溪』（父親的莊園）這一既顯示權勢、也顯示財富的名詞來尊稱達賴喇嘛的家庭，使『亞溪』約定俗成地成了專有名詞。」[2] 應該說，「亞溪」的準確含義，即「國父之莊園」。

　　與許多藏人一樣，我也一直以為，圖伯特的歷史上有多少世達賴喇嘛，就會有多少個「居於塔尖」的「亞溪」家族。但學者說，「現有六個亞溪家族，包括現世達賴喇嘛家族在內。」即：七世達賴喇嘛家族桑頗；八世、十二世達賴喇嘛家族拉魯；十世達賴喇嘛家族宇妥；十一世達賴喇嘛家族彭康；十三世達賴喇嘛家族朗頓；以及來自安多當彩[3] 地方，即今中國行政區劃的青海省平安縣石灰窯鄉紅崖村的十四世達賴喇嘛家族。這表明，有

1　《1728-1959西藏的貴族和政府》，（義）畢達克（Luciano Petech）著，沈衛榮、宋黎明譯，中國藏學出版社，2008年。

2　《西藏貴族世家》，次仁央宗著，中國藏學出版社，2005年。

3　「當彩」又寫「達孜」。

「亞溪」名號的家族乃有史可查。而我之所以將其羅列，是因為不知從何時起，憑空冒出好幾個「亞溪」家族。好吧，他們在自己家族的名字前，堂而皇之添加的是「堯西」。

堯西這個，堯西那個，如昌都活佛帕巴拉家族，連他曾任政協官員的兄長名字都成了堯西・某某某某。這肯定是文化大革命之後的新生事物。那之前，誰敢與「亞溪」或「堯西」沾邊啊？那屬於被革命的大掃帚掃進歷史垃圾堆的「四舊」，唯恐避之不及的大麻煩。那時候，連真資格的貴族都恨不得自己是鐵匠、屠夫出身，有些乾脆下嫁給過去連落在地上的影子都不能挨著的「賤民」。

然而風水流轉，短短二、三十年後，又似乎變回去了。現如今，又有不少藏人恨不得自己一夜變成貴族身，而已為貴族身的，則絞盡腦汁把自己虛構成皇親國戚、公主王子。甚而至於，原本持守嚴明的戒律代代相傳、卻於不正常的年代不得不破戒還俗的仁波切，其子女乃是特定歷史的傷心產物，說來沉痛，無甚炫耀之處，卻也驀然間自封「堯西」。

天下堯西是一家，難道跟歷代達賴喇嘛家族並無絲毫關係的這些新生「堯西家族」，相互應該結為親戚嗎？

而真正的、正宗的堯西家族呢？我想說的是，故鄉屬安多的十四世達賴喇嘛家族，於拉薩留下的痕跡又在何處？

＊　＊　＊

　　在老城與布達拉宮之間，在布達拉宮頂層向左俯瞰不遠處，如果是在一九五九年以前的照片上，可以清清楚楚地看見，有一座龐大的白色建築坐落在樹木與花園之中，分外美麗，這正是十四世達賴喇嘛家族的府邸——亞溪達孜府，今寫堯西達孜。正如相關記錄明示，它並不與其他貴族的府邸相鄰；它是最長的轉經路——林廓路線所囊括的拉薩城裡「唯一一座獨立式的府邸」。照片則顯示，一條不長的道路由布達拉宮東門，穿過草地與樹林構成的林苑，徑直通往這座白色府邸。而它之所以建在那裡，是因為居住在高高的布達拉宮裡的尊者達賴喇嘛，當他想家的時候，朝左邊望去，就能看見兄弟姊妹的身影，說不定還能依稀聞到母親烘烤著他最愛吃的安多帕勒[4]的香味，所以它正式的名稱是「堅斯廈」。

　　據尊者的母親在孫女陽宗卓瑪記錄的口述自傳[5]中解釋，「堅斯」的意思是「達賴喇嘛陛下的目光」，「廈」的意思是「布達拉宮的東面」，如此詩意的稱謂，透露的是安頓幼小的達賴喇嘛和他的邊地家人的拉薩貴族們，心思細密，富有人性。這幢專為尊者家族建造，且距布達拉宮不遠的白色宅邸，在尊者於一九三九年從安多迎請至拉薩後，開始動工，大概在一九四一年完成。但無常的是，堅斯廈屬於尊者家族，只有不及二十年的短

4　帕勒：藏語，麵包或餅子。

5　《我子達賴：十四世達賴喇嘛母親口述自傳》，陽宗卓瑪著，麥慧芬譯，雙月書屋，1998 年。

促光陰。一九五九年三月十七日夜裡，當二十四歲的嘉瓦仁波切悄然離別已落入占領者手中的拉薩時，隨他踏上流亡之路的家人也從此失去了家園。

尊者的母親（傳統尊稱「雍」，意為佛母）回憶道：

這塊地原來屬於第十三世達賴喇嘛，英國大使曾經有意購買，但是遭到第十三世達賴喇嘛拒絕。他說這塊地方將來會有用。堅斯廈是塊很大的土地，到處都是樹木。

我們在羅布林卡住了三年後搬到堅斯廈……政府派人來通知我們堅斯廈已經建造完成。

這是一個我們可以稱為家的地方。政府已經請喇嘛為這個房子祈福了，另外有四位喇嘛一直住在我們家。我們每八天就要在祈禱室祝禱，有時候還會邀請五十位到一百位喇嘛進行一個星期的祈禱。

……堅斯廈共有三層樓，由西藏政府建造，後院之外還有一棟兩層樓的房子。房子用石塊蓋成，裡面有許多柱子……堅斯廈大門的兩邊各有一個大輪子，大概二十尺之高，八尺寬，要用極粗的繩子才能移動……堅斯廈一共有四個門可以進入，北南東西，每個門旁都有女侍與家人居住的宿舍。

我有兩個兒子在堅斯廈出生，其中一個在兩歲時夭折，名叫丹增曲扎，他是個活潑的孩子，常跑到達賴喇嘛陛下的房裡，把一切東西搞得天翻地覆……我們請了噶東國師到堅斯廈起卦……

（說）雖然他離開了人世，終究還是會回到父母身邊，重新投胎到這個家庭。

在動身前往中國之前，我們請達賴喇嘛陛下在堅斯廈住了幾天。自從我們的房子蓋好後，達賴喇嘛陛下從未看過。他能來和我們同住，實在是我極大的榮耀，也是全家人的驕傲。達賴喇嘛陛下住在堅斯廈期間，他和政府官員、隨從，以及每天來朝見他的群眾的飲食都由我們供應。那可是重責大任。達賴喇嘛在長途旅行之前，每天都要進行祈禱儀式。所有的噶廈[6]與許多貴族都要出席。因為達賴喇嘛陛下的造訪，我們特地蓋了新廚房與車道，這樣他的座車可以直接開進房裡。

在傳記中見到佛母站在堅斯廈房頂的兩張照片。可能是在洛薩[7]期間拍的，佛母穿的曲巴[8]因雙肩繫有刺繡的彩色編織帶，而與衛藏款式的曲巴不同，應是安多風格。除了耳環，佛母沒戴珠寶裝飾，顯得樸素大方。如佛母所言，自尊者父親去世後，除了特別場合，沒有再佩戴過安多特有的錦緞裝飾物及其他裝飾。其中一張照片上，佛母牽著依儀軌穿袈裟的幼子阿里仁波切，而他後來隨尊者走在出逃路上時，已是翩翩少年。還見過一張照片，是佛母與時為青年僧侶的三子羅桑桑天的合影，身後是典型的拉

薩風格的大門，垂掛著藏式圖案的布簾，但不知是不是堅斯廈的
某道門。

* * *

　　但是，在中國軍隊進入拉薩之後，一切都不同了。最初周
旋的那幾年，佛母回憶道：「他們來到堅斯廈，行為跋扈粗魯，
並說如果把堅斯廈變成政府辦公室倒是個不錯的主意……但是他
們又說本來打算向我買這個地方，不過別人一定會說是他們從我
這裡偷的，所以他們改變主意，不打算向我買了……只要他們
高興，他們隨時都會不請自來。如果他們事先通知我，我就會非
常疑惑，不知道他們又要和我談什麼事情了。每當他們離去，我
就感到無比輕鬆。我一看到他們就非常害怕，因為我必須謹言慎
行，否則很可能因為無心的話語而害了其他人。」

　　佛母還回憶了離開堅斯廈的那天情景。是一九五九年三月十
日，藏人反抗中共的行動已經開始，但佛母並未意識到，仍在家
中刺繡，料理家務。雖然布達拉宮高牆下已有成千上萬婦女在呼
喊保衛達賴喇嘛，但不遠處的堅斯廈卻很平靜。當身為尊者護衛
隊長的女婿趕來接佛母去尊者居住的羅布林卡，她辛酸地說道：

　　我沒有想到那竟是我最後一次看到堅斯廈和我的母親，也
完全沒有想到我會把所有的東西都留下，就這麼孑然一身地到印

度。

　　我所有的東西都鎖在堅斯廈裡面，櫥櫃鑰匙和一封短信包在皇絲布中，由我的強蘇（管家）保管……上面寫著要他好好看顧房子，鑰匙交由他來保管……我連和母親道別的時間都沒有，沒有帶任何衣物就離開了……

　　而尊者的外祖母，當時已經八十七歲高齡，無法騎馬長途逃亡，只能留在堅斯廈，兩年後孤寂去世於世時已然反轉的拉薩。

　　而幾十年後，待我走近堅斯廈時，非但沒有見到當年盛景，且有了不堪回首的另一頁。簡言之，它有了這樣的稱謂：「二所」、「造總」總部、西藏大廈的職工宿舍。所謂「二所」，即自治區政府第二招待所；所謂「造總」總部，即拉薩兩大造反派之一的據點，文革期間專門接待從中國各地到拉薩串連的紅衛兵，極盡各種破壞之能事；在被當作旅館並由旅館工作人員使用時，則成了各人自掃門前雪的大雜院。今天，一面掛在門前牆上的黑牌上用藏、漢文寫著：「拉薩市級文物保護單位堯西達孜」；網路提供的信息顯示，位於「拉薩城關區北京中路三十一號」。

　　在我看來，用尊者家族堯西達孜命名的此處是拉薩的地標之一，其意義不亞於任何一座老建築，卻少有人知。這倒也好，免遭遊客覆滅之災。說起來，這座尊者家族宅邸還算幸運，雖已廢墟化，而且還在繼續廢墟化，但完全坍塌也不會較快發生，至少有三分之二依然在原址。儘管在尊者家族流亡之後，就被

「解放者」——如流亡西方的前蘇聯作家納博科夫（Vladimir Nabokov）形容的，「穿綠色衣服的暴發戶」——取消了所有權，而且以革命的名義占為己有，在幾十年裡不停安排各色人等寄居。如今去問，得到的答覆不會指認這是尊者家族府邸，而是會理所當然地說它屬於西藏大廈，或已更名的西藏明珠花園酒店。

＊ ＊ ＊

我在讀哈勒（Heinrich Harrer）名著《西藏七年》（*Seven Years in Tibet*）的中譯本[9]時，讀到他與另一位登山者——當工程師的奧地利人奧斯萊特（Peter Aufschnaiter），從印度驚險越獄，一路艱辛逃往拉薩，卻過上了受到貴族們優待有加的悠閒日子。尊者父母也邀請他們去堅斯廈作客，後來還受雇整修花園，多次參加盛大家宴等等。隨著他的敘述，我眼前似乎出現了堅斯廈的往日盛景。

第一次去，大概是一九四六年的夏天，哈勒寫道：「達賴喇嘛的父母家並不遠。我們很快來到一座大門前，守衛已立在門邊等候我們。我們趨近時，他鞠躬為禮。穿過一座栽滿蔬果楊柳的大院子後，來到大殿，繼之登上一樓：一扇門打開，我們來到神王的母親前，向她鞠躬致敬。這是一處寬敞明亮的廳堂，她坐在

9　《西藏七年與少年達賴》，（奧）海因里希・哈勒（Heinrich Harrer）著，刁筱華譯，台灣大塊文化出版公司，1997 年。

寶座上，群僕圍繞，看來一副貴族氣派。」「這趟拜訪造就了一段美好因緣，我們與這位通達、明理的女性的交誼，一直延續到中國紅軍入侵前她出走西藏，才告中輟。」

哈勒還寫了尊者的三哥羅桑桑天，當時是一位充滿好奇心的活潑少年，領著他們「到園子去看庭園及馬房，在馬房裡，我們看到數匹從西寧及伊犁來的駿馬，是他父親的寶貝」。記得尊者也講述過父親對駿馬的酷愛。

哈勒和奧斯萊特常常受邀赴宴，他的這段敘述讀來令人有些酸楚：「我注意到，當達賴喇嘛的步行身影出現在布達拉宮的平頂上時，宴會裡的所有賓客都趕快躲藏起來。羅桑對此給了我一個相當動人的解釋，年輕的神王擁有幾副極佳的單眼、雙眼望遠鏡，他最喜利用這些裝置，來觀察城裡人的生活動靜。對他而言，布達拉宮有如一座金子打造的監獄。他每日花費許多時間，在幽暗的宮中房間誦經、讀經。他沒有多少休閒時間，娛樂也很少。當宴會中的客人察覺到自己被觀察，他們立刻走避，以免被看到。他們不想傷幼主的心！此等娛樂幼主無福消受。」

是的，尊者在自傳中也說過：「我大部分的孩提時代是與成年人一起度過的。」[10]「我在布達拉宮及羅布林卡的生活都很規律，逢重要慶典或閉關時才有所不同。我閉關時，由我的一位親教師，有時是兩位，或者其他南嘉寺的高級喇嘛陪同。通常，我

---

10 《我的土地和我的人民——十四世達賴喇嘛自傳》，香港支持西藏之亞太廣場出版，1990 年。

每年冬天閉關一次。一般而言，閉關長達三星期，期間我只有一堂短短的課，也不准到外面玩耍；只是在督察下長時期的誦經和打坐。我是個小孩，並非經常喜歡如此。我花了許多時間往臥室的各個窗口外望。」[11]

　　尊者的這段回憶，以電影化的方式，出現在一九九七年好萊塢依據哈勒著作拍攝的同名電影中：「閉關期的傍晚比白日更難挨，因為這正是與我年齡相仿的男孩騎在牛背上回到布達拉宮山麓雪村家中的時辰。我至今記得很清楚，夕照逐漸淡褪，男孩子從附近的牧場歸來，引吭歌唱，我在靜默中坐著，口中誦著咒語。我常常希望能和他們易地而處。」

＊　＊　＊

　　去年（二〇一四）夏天，一位網名叫雪域灰土的藏人，在他的博客[12]上張貼了十六張展示堯西達孜外表建築及內部房間的圖片，應該是拍攝於十幾年，而非今天。彼時堯西達孜尚殘破不多，還能看到屋內牆上繪畫著共產主義魔頭群像：馬恩列斯毛[13]。

　　他還寫了一些相關的介紹文字，如：「經過西藏噶廈政府與達賴喇嘛的父母，特別是與達賴喇嘛的父親數次協商，最終確定

11　《達賴喇嘛自傳：流亡中的自在》，康鼎譯，台灣聯經出版公司，1991 年。

12　雪域灰土的博客地址是：https://tibetinmyview.wordpress.com/。但這篇帖子已被刪。我複製了原帖。

13　馬恩列斯毛：即馬克思、恩格斯、列寧、斯大林（史達林）、毛澤東。

在布達拉宮東側，距布達拉宮五百米左右的平地上建造達賴喇嘛父母的莊園；建造時間大概是一九三九至一九四一年之間。」「大概占地面積為三千五百平米、建築面積為二千七百平米左右。建築風格為傳統藏式建築；沒有什麼特殊或現代成分。整個建築分為兩大部分、即外院和內院。外院為兩層，主要為傭人和陪同達賴喇嘛的普通官員使用；內院為三層，為主人、達賴喇嘛來時、高級官員和喇嘛使用。大小房屋（包括儲藏室等）數量為一百間左右。莊園坐落在今日拉薩市最為繁華的商業街（北京中路），被周圍臨街商鋪完全掩蓋著莊園，很少人知道這裡曾經是達賴喇嘛父母的莊園。」

雪域灰土顯然知悉內情。他寫道：「歷時十年的中國文化大革命大破壞期間，只有以下三種因素使有些文化古蹟和貴族莊園沒有被破壞：被軍隊占用、政府辦公和招待所、人民公社倉庫或集體生活場所。達賴喇嘛父母的莊園就是因為被中共政府用作政府招待所才得以保存，取名第二政府招待所。」

堯西達孜「自一九六四年被中共政府沒收，一直到一九九〇年被用作中共政府招待所，取名第二政府招待所。在中國經濟不發達時期對政府的各級官員和政治會議接待工作起到了巨大作用」。

「一九九〇年中共政府建造現代化的賓館：即西藏大廈。西藏大廈為半企業性質的中共政府賓館，原先的第二政府招待所（達賴喇嘛父母莊園）歸西藏大廈所有。自一九九〇年至二〇〇

五年西藏大廈一直把達賴喇嘛父母莊園用作出租房，主要租給漢人打工者。在莊園大院的周圍也建造了數百間的商品出租房搞創收。莊園房屋和莊園大院周圍出租房統稱為西藏大廈的經濟發展部。」

「自一九六四年至一九九○年用作政府招待所，之後用作出租房並在周圍建造了數百間商品出租房，這些商品出租房現在依然在產生經濟效果。截止到二○一一年十二月，莊園房屋的使用、出租，以及周圍臨街商品房出租的綜合經濟收入估算為六千六百萬人民幣左右。」

而且，「對莊園內部房屋進行的改動較大，主要是把大的房屋分成兩個房屋，以求通過出租得到最大經濟效益。裡面也是設立過幾個辦公室，主要管理租戶和收繳租費。很多房屋的內部彩畫被抹去，這應該是在被用作政府招待所時進行的。特別是莊園主樓的經堂、接待達賴喇嘛的房間等的牆面壁畫和雕刻顏色都被抹去。裡面的牆面上畫有毛澤東、斯大林等的畫像。」

雪域灰土還寫道：堯西達孜「自一九五九年以來從未進行過維護。六千六百多萬元經濟效益裡中共竟沒有花一元人民幣用作維修費。」「由於莊園主體建築的多處倒塌，從二○○五年就沒有人住。」「整個莊園的建築已經到了即將完全倒塌的現狀。外側的主體牆面已有多處倒塌，長年遺留下來的房頂漏雨導致內部大面積木材腐爛、牆面損壞和牆體倒塌。」「名義上已定為市級文物保護單位，但實際上從一九五九年以來的政治立場一樣，凡

2013 年，堯西達孜廢墟與布達拉宮的距離很近。

是與達賴喇嘛有關的為政治問題，在西藏自治區沒有任何單位或個人敢於提出進行維修和保護，但是今後可能被某個與中共統戰部有關係的漢人開發使用。」

* * *

最初是於何時走進、目睹堯西達孜？已不記得了。當我第一次去拍攝，是二〇〇三年二月，因陽光照耀而不顯得寒冷的拉薩冬日。我是為寫作《殺劫》[14] 這本書而特意尋去的。從照片上可

---

14 《殺劫》，澤仁多吉攝影，唯色文字，台灣大塊文化出版公司，2006 年。

見，當時周圍還不像今天這麼亂糟糟，作為背景的頗章布達拉也
離得很近。外院擺滿了正燒著水的太陽灶，迎著陽光的主樓前掛
滿了大人小孩的衣服還有棉被。由於使用膠捲，只拍了四、五張。
可惜我當時沒有進入內院拍攝。

　　二○○七年夏天，一位以超凡的智慧經商的康巴[15]，領著我
和王力雄來到堯西達孜，更多的變化我不想說了，比如周圍蟻群
似的外來者忙碌著各種營生，周圍風格全然迥異的樓房幾乎搶走
了所有的空間，我當時答應不說出去而此刻必須要說的是，那位
總是將自己的善行隱匿起來的康巴，他最渴望的是以時不我待的
速度，修復逐日坍塌的堅斯廈，但冷酷的事實是，這個願望注定
落空，因為他遭人陷害，至今深陷囹圄。

　　而在另一處，在緊挨拉薩河的那片被開發成名為「仙足島」
的舊日林卡，出現了有深厚背景的房地產商修建、類似園中園的
「莊園賓館」，由一幢巨大的、封閉式的藏式樓房組成，完全是
堅斯廈的翻版。據悉正是以堅斯廈為摹本邀藏人建築師設計，雖
然出於經商的目的，倒也算是讓後人的我們瞥見了當年堅斯廈的
些許雍容風貌。

　　再次去拍攝，是二○一二年秋天，但門口有穿制服的保安，
聲色俱厲。我只能繞行半圈，卻震驚地發現堯西達孜已出現廢墟
化的狀況。雖然緊靠殘牆搭了金屬架，但並沒有進行維修。

　　到了二○一三年，很幸運，有三次與友人得以進入外牆懸掛

---

15 康巴：藏語，康區藏人。

川菜館、淋浴水洗理髮店和招待所牌子的堯西達孜廢墟。與它相鄰的是一幢嶄新而龐大的商場，我曾由側邊的通道梯子上至四樓或五樓，恰好可以俯瞰堯西達孜全貌，在被燈火照亮卻插著五星紅旗的布達拉宮映襯下，形容不出的凋敝。

　　就像是某種緣分難以再續，二〇一四年在拉薩期間，我幾次再欲進入，只是外院的鐵門已被上鎖，且有人看守，無法進得去，似乎再也進不去了。

＊　＊　＊

　　徜徉於堯西達孜，是的，徜徉於尊者家族在一九五九年三月十七日之前的家園，龐大的院內長滿雜草，通往正屋的甬道兩邊，稀稀落落停放著自行車、摩托車，就像一個用處不大的倉庫。左右房舍為兩層樓，右邊房舍樓下拴著四、五頭巨大的藏獒，正在咆哮。漆黑的皮毛，僅露出鋒利的牙齒和絕望的眼神，如果沒有鐵門關閉，我們會不會被撕成碎片？我心驚膽戰地把 GoPro 相機伸進鐵門，一頭藏獒憤怒至極，幾乎跳將起來，就像是要把小相機一口吞下。有次遇上在附近開飯館的漢人老闆來餵食，顯然這幾頭藏獒是他待價而沽的商品；好笑的是，這個說四川話的男子叫來了藏人保安驅逐我們，我就用藏語反問：「誰才是這裡的達波 [16]？」令藏人保安十分尷尬。

---

16 達波：藏語，主人。

　　從散發腐爛味道、垃圾成堆的正屋上樓，穿過或長或短、已有多處下陷的走廊，幾排當年安裝、從印度進口的鐵欄杆雖已生鏽卻還結實，連串異域花紋在夕陽下的倒影分外別致。挨個走入塵埃彌漫、陰暗不明的房間，有的牆上貼著八〇年代的中國明星畫像、九〇年代的《西藏日報》，還貼著一幅布達拉宮全景照片，但已撕破、垂落，而牆外不遠就是真實的布達拉宮矗立著，看上去似乎完好無損；有的門上貼著大紅中文的「福」和扛大刀的中國門神畫像，有的門上貼著一張慘白封條，上書「二〇〇五年元月七日封」，蓋的大紅章印上顯示的字樣中有「明珠花園」；還有門上貼著藏文和漢文的通告，抬頭第一行寫著「拉薩市公安局關於動員群眾開展反盜竊鬥爭的……」。

　　依然記得在堯西達孜的內部穿梭的感覺。從這間屋子走到那間屋子，從那間屋子走到這間屋子。而且還一直拍攝著，一台相機不夠，至少兩台相機，甚至連手機也用上。就像這些鏡頭都是眼睛，在替自己尋看，在替自己尋找。可是尋找什麼呢？連屬於曾在這裡生活過的眾多生命留下的痕跡都不多。而且這不多的痕跡也太新了，就像是留下痕跡的生命拔腳離去才不過幾年光陰。其實我是多麼想看到一九五九年三月十七日的深夜，匆匆離開家園的尊者及親人留下的痕跡啊。

　　我在這裡發現的一個生命，準確地說，已經死亡的生命，是一隻掛在自己吐絲而織就的蛛網上的蜘蛛乾屍，懸在內院主樓傾頹的房間外那危險的半空中飄蕩著。牠彷彿是這裡唯一的主人，

守護著廢墟也就守護著過去。那麼，牠是想用這幾乎看不見的蛛
網捕捉誰呢？我很想知道在我們的文化中，蜘蛛是一種什麼樣的
動物？牠具有什麼樣的象徵、寓意或力量？通常，在房屋的門上
或牆上，繪畫蜘蛛，尤其是蠍子的圖案，表示以毒攻毒，用以驅
邪。通常，在特殊的藏密法會上，要製作一種類似蜘蛛網、名為
「垛」的用具（也被解釋成降魔幻網），放在門口或屋頂，比喻
像蜘蛛網黏蟲一樣將來犯的鬼魂纏住，或召請有力量的鬼魂及神
靈來禳災求福，等等等等，實則蘊意深奧，我無知也無法表述。

　　蜘蛛的藏語發音是「董木」，後面的這個「木」輕聲，幾近
於無，但須發出。蜘蛛網的藏語發音是「董木噠」，中間的「木」
依然是微細的輕聲。我只能把鏡頭靠近它拍攝。之後形成的圖像
裡，牠與周遭的殘破房屋構成了彷彿意義深遠的畫面，我只能意
會。而當年，在這大屋裡的動物，一定不只蜘蛛這一種。一定
會有貓，也有老鼠；一定會有狗，那是拉薩特有的阿布索，主人
的寵物，可以進入佛堂和客廳、睡房；而大狗，我指的是獒犬，
會與看門人待在一起，在院子裡，在大門口，忠心耿耿。我在尊
者拍攝於六○年代的照片上，見到過一、兩個阿布索，就像是牠
們也隨著尊者一起流亡他國。尊者在傳記[17]中說：「……我與母
親同住在新家裡，還有兩頭最近別人送我的拉薩犬。人人都喜歡
這兩頭狗，牠們個性分明。我為較大的一頭取名桑吉，我常覺得

17 引自《達賴喇嘛自傳：流亡中的自在》，康鼎譯，台灣聯經出版公司，1991年。

牠前世一定是個和尚，或許就是在西藏饑荒中死去的多名和尚之一……另一隻狗名叫大西，性情迥然不同，雖然體型較小，卻更為勇敢。」顯然，蜘蛛比狗和貓的生存力都更頑強，也更容易藏身，更容易活下來，最終孤獨地死去，高掛在幾乎看不見的蜘蛛網上，恰似我們莫測的命運。

我印象最為深刻的，不是從殘缺的窗戶逆光望見尊者曾居住多年的頗章布達拉，不是三樓左右兩側的過道和房間已塌陷得怵目驚心，而是一面掛在空空蕩蕩的大廳柱子上的殘破鏡子。但我只敢離鏡子較遠，如果走近，會不會瞥見一九五九年深夜匆匆逃走的那些生命留下的痕跡？會不會聽見流亡異國他鄉的尊者悲痛低語：「你的家、你的朋友和你的祖國倏忽全失……」[18]？會不會看見四面牆上的美妙壁畫被殺氣騰騰的文革標語及凶神惡煞的馬恩列斯毛像覆蓋？或者就像布羅茨基（Joseph Brodsky）的一句詩：「……在道路的盡頭，／這兒有一面鏡子，可以進去一遊。」而進去的結果，既能看見「世代在匆匆忙忙中消逝」，也能看見鏡中的自己其實是那麼的無依無靠，卻又從未有過的美麗，如此令人著迷，彷彿可以隱身其中，不必再被國家機器盯梢、威脅和侮辱。彷彿我的前世，悄悄地進入了另外一個維度，參與了歷史的劇變。

有一次，在某間屋裡撿到一小塊落在地上的遺物，應該屬於

18 引自《雪域境外流亡記》，（美）約翰‧F‧艾夫唐著，第75頁達賴喇嘛語，台灣慧炬出版社，1991年。

老屋建築上的木塊，繪製有彩色，雕琢有形狀，就像是老屋的縮影，我收藏了。

那麼，我像什麼呢？是不是，我像一個隱祕的、並不專業的考古愛好者，也像一個著了魔的廢墟收藏者，更像是這個被占領的老城裡的流亡者之一，懷著許多個前世的記憶流亡著？當我在喜德林廢墟、堯西達孜廢墟反覆徘徊時，其實是從廢墟本身返回往昔的喜德林、返回往昔的堯西達孜。這是一種類似於在中陰道路上的旅行，閃爍著奇異的光芒和誘惑，在貢覺松[19]的護佑下，得以重新成為這些廢墟的真正居民，雖不能安住，卻多少知足。

是的，拉薩於我亦如此。這些廢墟於我亦如此。然而看得見的是建築廢墟，看不見的卻是精神廢墟。布羅茨基在散文〈小於一〉中寫道：「你不能用一頁《真理報》遮蓋廢墟。空洞的窗子向我們張開大口，如同骷髏的眼窩，而我們雖然很小，卻能感知到悲劇。確實，我們無法把自己與廢墟聯繫起來，但這不見得是必要的：廢墟散發的味道足以中止微笑。」[20]

恐怕只有當廢墟都消失之時，才是某種「除憶詛咒」發生作用之刻。然而，我還是認為，堯西達孜以及老城裡的喜德林寺廢墟等等，猶如拉薩的某種印記——且因所遭受的暴力凸顯傷痕的形狀——即便有一天蕩然無存，依然會留存在與其血脈相連

---

19 貢覺松：藏語，佛法僧三寶。
20 引文出自《小於一》，（俄）約瑟夫・布羅茨基（Joseph Brodsky）著，黃燦然譯，浙江文藝出版社，2014 年。

2013 年，堯西達孜廢墟裡的蜘蛛乾屍。

的人們心中。而記錄廢墟的文字，正如一位年輕藏人對我說，就像「……有很多螢火蟲在暗夜的廢墟中應聲而起，一下子照亮整個廢墟，那亮光中的所有建築都是完整的，一個個莊嚴神聖、依然矗立。希望螢火蟲照亮的不僅僅是廢墟，還有廢墟中的那些生命」。

* * *

關於廢墟的書寫，散見於我用中文寫作的十多本書籍。除了書寫，我很想通過我的「廢墟攝影」，來顯現被占據、被遮蔽、被隱形的拉薩地理與拉薩歷史。猶如城中之城，人中之人，以及

死亡中的死亡。廢墟中各種各樣的細節非常多，我更留意的是，除了庭院裡怒放的花朵、主樓塌陷處懸掛著風乾的蜘蛛，牆上殘留的《西藏日報》或中國明星畫像、往昔佛堂柱子上懸掛的破碎鏡子，以及內院的某個房間，當年用阿嘎土夯打得比今日的瓷磚還結實的地面不復存在，卻從泥土的地表上長出一株綠色的植物，我似乎也由此可以多少領悟到那難以名狀的意義。

　　而我的廢墟攝影並非出自一個專業攝影師。所以我隨心所欲，使用了各種器材拍攝，如膠卷相機、數位相機（單反數位及普通數位）、GoPro攝影機，甚至手機。用GoPro和手機拍攝簡直過足了癮，一次就能拍數千張。這些海量的圖片，似乎是構成了這些廢墟的圖像誌，多少具有了文獻的價值，算是對拉薩老城中一個行將消失的特定區域的記錄，我這麼自認為。有時候，我也會自拍，或者以喜德林廢墟裡殘缺的壁畫為背景，或者面對堯西達孜廢墟裡殘破的鏡子走神，那鏡中人，似我又不似我，卻更似過去歲月中住在這裡的某人。這種疏離卻又親密的感覺，還真刻骨銘心。

　　如果你注意到每天深夜，我在微信、Facebook、Twitter、Instagram這幾個社交網站上發布磕一百零八個等身長頭（其實早已超出了這個數）的消息——基本格式是：「磕一百零八個以上等身長頭。嘉瓦仁波切千諾（尊者達賴喇嘛瞭知）。圖為尊者家族在拉薩的府邸堯西達孜（又稱堅斯廈）已廢墟化……」——並附上這兩個廢墟的各種照片長達一年多，就大概可知，事實上，

我在這兩個廢墟看到的林林總總都是有意義的。每一個局部，每一處陰影，其實都是拉薩的密碼，圖伯特的密碼。正如在《照片的歷史》[21] 中讀到的這兩句評論，是關於一位透過照片保護舊巴黎的攝影師，他「把巴黎看作一個博物館——照片保留了歷史，成為某些特別的、魔法般的地方的護身符，成為城市意義的一部分」；「他要留下歷史的證據，通過圖像的力量來保護失落的都市景象的氛圍和完整」。我多麼希望我也能做到這樣。

而兩個廢墟不同的是，喜德林廢墟是半開放的（一度基本上是開放的），其周遭有數十戶各種人家居住，因此總是看得到形形色色的日常生活。堯西達孜廢墟則是被禁足的，雖然也遇見過在裡面停放自行車或摩托車的漢人民工，似乎他們擁有特權，就像那個在外院樓下圈養藏獒的漢人老闆。不過，潛入堯西達孜廢墟內院的主樓，雖然空無一人，「但每一個細節都指向有人居住的證據」（忘記是誰說的了），也因此格外地催人淚下。

顯然我對廢墟的記錄觸動了族人。我有一張從另一本有關尊者的傳記中翻拍的照片，展示了從頗章布達拉俯瞰堯西達孜的往昔場景：純粹的藏式建築與綠色的樹林融為一體，稍遠處，雅魯藏布的支流吉曲[22] 從蒼茫的朋巴日[23] 及延綿的叢山前流過。二〇一五年十二月的一天，一位熱愛攝影且具天賦的年輕人，辦具了

---

21 《照片的歷史》（*The Photograph*），（英）格雷漢姆・克拉克（Graham Clarke）著，易英譯，世紀文景／上海人民出版社，2015 年。
22 吉曲：藏語，快樂之河。即今拉薩河。
23 朋巴日：藏語，寶瓶山。

其他藏區的藏人進入拉薩須持的證明，很不容易地，從安多某地來到傳統意義的聖城，站在頗章布達拉左側的日光殿前——那是這一世嘉瓦仁波切曾經住過二十多年，曾經可以鮮明地望見親人安居的白色堅斯廈的位置。他用一架普通的單反相機，拍攝了今日的景象：一種無須解說的地理變化，更是一種怵目驚心的歷史見證，在覆蓋了往昔空間的非藏式建築群中，幾乎找不到曾經顯著而尊貴的那片白色大屋。它周圍毫無風格，或者說具有另一種意義的風格的房子太多了、太醜了、太高了，完全填滿了當年鬱鬱蔥蔥的林苑。只有放大照片，只有仔細辨認，雖說還是能找到，但還不如尋它不見。因為當你發現之時，突然襲來的悲哀無以言表。本依圖伯特傳統，每年秋季吉日會為建築物刷牆，就像布達拉宮的外牆年年刷白，特殊的白灰塗料中還添有牛奶、蜂蜜、藏紅花等，以示供奉、祈福與助力。但堅斯廈早已被他人所占，早已被他人廢棄，不但外觀髒污不堪，也已倒塌不少，就像一種隱喻。

* * *

最後，我還要轉述一個故事，是我有一次在拉薩見到的一位退休幹部講述的。她笑稱自己過去是「達賴喇嘛家的奴隸」，其實是朗生，中共宣傳是「奴隸」，其實是屬民的意思。我原以為她要憶苦思甜，孰料她說：「總說藏族人現在多麼幸福，過去多

麼苦，可我們就是在過去生活過的人，知道過去是怎麼回事，他們在撒謊。」

她接著說：

我家過去就是達賴喇嘛家族的奴隸，如果非要說我們是奴隸的話。我父親是亞溪達孜家的看門傭人。

我和袞頓[24]的妹妹吉尊白瑪啦在亞溪達孜裡長大，還有康珠啦，是袞頓大姊的女兒。我們每天都在一起玩耍。我們在林卡裡瘋玩的時候，吉尊白瑪啦會說，讓我們藏在樹後吧，因為袞頓會在頗章布達拉上面用望遠鏡看這邊，我們玩得這麼開心，他卻從小就沒有這樣的歡樂，寧結。有一次，康珠啦讓我跟她穿過水塘，我不願意，她就打了我，但那都是小孩子之間的打打鬧鬧。我哭了，也告狀了，袞頓的母親就教訓了康珠和幾個傭人。後來，康珠啦還來求我的父親，讓我跟她們和好，一起玩。

袞頓的母親很慈悲，還給我們傭人的孩子水果吃，要知道水果那時候很稀罕。大院裡很多房間是給外來人、流浪者、朝聖者住的。他們偶爾也會來幹活，就會得到酥油、糌粑和肉。袞頓的母親常常送他們食物。

袞頓的父親我沒見過，聽我父親說他脾氣不太好，但是很耿直，喜歡馬，常常在馬廄裡待著。

---

24 袞頓：藏語，對達賴喇嘛的敬稱之一，意為虔心呼喊即出現眼前，簡譯尊前。

　　我有一次臉上生瘡，流血，就在院子裡曬太陽，被袞頓的三哥洛桑桑旦啦騎馬回來看見，他就派傭人送給我袞頓喝過的酥油茶上面的油，我抹在臉上，再曬太陽，幾天就好了。

　　堅斯廈沒幾個朗生，有一個朗生病死了，他的兒子一直得到袞頓家很好的照顧。

　　回憶往事的退休幹部年約七十，猶如滿月的臉上有酒窩，笑起來好看。她去過達蘭薩拉，觀見過嘉瓦仁波切，心酸地淚流不止，因為全世界最著名的流亡者，他棲身的居所不是布達拉宮和羅布林卡——曾經擁有無數珍寶的宮殿。當然她也和無數藏人一樣，對加嘎[25]這個國家充滿感激。她還見到了兒時的玩伴——拉姜古修，這是對吉尊白瑪的尊稱，貴族夫人的最高敬語。她用不容置疑的口氣提醒我：「他們過去是我們的主人，現在也是我們的主人，記住是我們自己的。」

　　我注意到，「主人」，即藏語的達波，這個詞被她賦予了親密的味道，正如一家之長。

寫於二〇一五年九月，北京
修改於二〇一六年六月，北京

---

25 加嘎：藏語，印度。

第二部

{ 原本，那道長長的鼻涕猶如一道裂紋，將人的生命分裂
為所謂的「新」與「舊」，於是我們會看見歷史的劇變，
在劇變中，曾經高貴無比的人上人會被打入地獄。但這
並不意味著，曾經低下的人就有可能翻身做主人…… }

被德國修片師消失的鼻涕

　　一九六六年夏天，文化大革命的烈火從北京燒到拉薩。時為中共軍隊的一名中層軍官，我父親用相機記錄了寺院和西藏文化遭破壞，貴族、商人、高階僧侶、原西藏政府官員遭批鬥，底層藏人及各階層年輕藏人被洗腦，中共軍隊在西藏實行鐵腕統治等事實。這些照片約三百張，我依憑照片在拉薩等地採訪、寫作六年，二〇〇六年在台灣出版圖文書《殺劫》，將西藏文革的圖像史料公諸於世。後來，又從中選出二十四張照片，二〇一二年九月在柏林國際文學節展出，吸引了許多目光。

　　一併參加題為《無形監獄──有形監獄》展覽的，還有中國藝術家艾未未和孟煌、流亡德國的作家廖亦武、被關押在中國監獄裡的諾貝爾和平獎得主劉曉波的妻子劉霞的作品。我父親是其中唯一一位已不在世者，也是唯一的一位「少數民族」、中共軍官，在這個展覽上，他的身分是攝影家。德國之聲報導說：「澤仁多吉的攝影作品是西藏文革的珍貴歷史記錄，獨一無二的西藏文革記錄。」[1]

1　柏林文學節挖掘中國的黑暗記憶：http://www.dw.com/zh/%E6%9F%8F%E6%9E%97%E6%96%87%E5%AD%A6%E8%8A%82%E6%8C%96%E6%8E%98%E4%B8%AD%E5%9B%BD%E7%9A%84%E9%BB%91%E6%9A%97%E8%AE%B0%E5%BF%86/a-16220685。

這批照片原樣由我提供，主辦者洗印、放大並會適當修片。展覽結束後，朋友從柏林帶回照片送給我，相紙上好，製作專業，勝過我父親當年在西藏軍區沖洗的照片。只是其中一張讓我驚訝，啞然失笑，久而久之才慢慢覺出某種意義。

這張拍攝於一九六六年八月某日的照片，記錄了拉薩貴族桑頗‧才旺仁增在文革中被批鬥的場景。他的罪名是「組織叛亂、裡通外國和反黨反無產階級專政」。然而，他從一九五〇年代就與占領西藏的中共合作，獲西藏軍區副司令員的虛職及中國人民解放軍少將軍銜。作為最重要的「愛國上層人士」，一九五九年所謂「平叛」期間，那些由新政權公布、包括處決「叛亂分子」的通告上，都有他的簽名。

桑頗‧才旺仁增出自西藏最有名的貴族世家之一。十八世紀初，他的家族因誕生第七世達賴喇嘛而變得顯赫，歸為西藏貴族等級中最尊貴的堯西家族。他本人十五歲步入仕途，擔任過西藏政府的一系列官職。但從這張照片上可見，批鬥他的紅衛兵和「積極分子」強迫他穿戴上西藏政府四品以上官員的服飾，看上去很華麗，卻因不合時宜，實則備受羞辱。彼時，他六十二歲，已過早用上拄棍，顯得十分衰老。他的背上還壓著兩根木棍，據說是用來夾手和腳的刑具。令人怵目的是，照片上，桑頗‧才旺仁增尊嚴全無，竟當眾流下長長的鼻涕。

我從小就見過我父親拍攝的西藏文革照片，對這張照片尤其印象深刻，因為我無法理解一個長者怎麼可以當眾流下鼻涕，

如此狼狽不堪？我後來依據這些照片，在散文中針對西藏文革場
景，用反諷的語氣寫道：

　　翻身農奴脫下藏裝，換上綠衣，變成雖不戴領章、帽徽卻
佩一紅色袖章的武裝軍人。他們頭頂烈日，臉膛彤紅，盤腿坐在
布達拉宮前面的人民廣場上，當幾位手舉紅寶書的革命歌手反覆
地以一種掏心挖肺的姿勢抒罷豪情，便齊聲吶喊，把攥緊的拳頭
憤怒地砸向在台上示眾的階級敵人。階級敵人戰戰兢兢地站成一
排，被反縛了雙手，戴高帽，掛牌子，尤其是那些過去騎在人民
脖子上作威作福的三大領主，個個小丑似的，穿著重重疊疊的從
前的綾羅綢緞，拖著一輛堆滿了盆盆罐罐等罪證的木板車，耷拉
著腦袋，滿臉羞愧難當。好幾個人給嚇得涕泗橫流，那渾濁的鼻
涕像一根細細的線，忽忽悠悠地，一直垂到了地面，有人嗚嗚地
哭出了聲。[2]

　　可是，桑頗·才旺仁增被批鬥的照片在柏林國際文學節展出
時，那道長長的鼻涕居然消失不見！帶回照片的朋友笑說，那道
鼻涕被德國修片師當作老照片的劃痕給修沒了。
　　顯而易見，在先進的電腦技術幫助下，修片是如此徹底，以
致到了絲毫看不出的地步。具有羞恥感的鼻涕完全被抹掉了，原
因在於德國那位心地單純的修片師，完全想像不到革命的風暴會

2　散文《風雲流散的往事》，見《西藏筆記》，唯色著，中國花城出版社，2003 年。

照片上的挨鬥者，正是被德國修片師抹掉了鼻涕的貴族桑
頗·才旺仁增。（原攝影：澤仁多吉）

使一個人有如此失去尊嚴的可能。而他按照「正常判斷」所做的
修片結果，卻使我父親拍攝的這張經典照片大大失去了原有的衝
擊力。而這，算不算是另一種（可以理解的）破壞呢？雖然它並
不同於歷史上無數權力者對真相所做的有意識塗改，或清除。

　　應該說，許多德國人是有極權下的生活經驗的。當了十一年
德國總理的梅克爾（Angela Merkel）經歷過東德不短的共產極權，
對此有著清醒的認識和起碼的立場，因為她「看透了極權主義制
度的黑暗核心」[3]。經歷過羅馬尼亞共產極權的德國作家赫塔·

3　余傑：與德國總理默克爾會面側記：http://tttan.com/HT/boards/readings/1148596816.

米勒（Herta Müller），在她的諾貝爾獎演說中，念誦了這樣的詩句：「你臉上的每個詞語，／都對那惡之圈有所知曉／卻不說出來。」[4]而那位修片師或許年輕、少閱歷，對共產極權並無多少認識，更多地相信人的善良與不可放棄的尊嚴，所以他會把那道鼻涕看成是底片上的瑕疵，仔細地抹去，從而製造了一齣修改歷史的小插曲。

　　原本，那道長長的鼻涕猶如一道裂紋，將人的生命分裂為所謂的「新」與「舊」，於是我們會看見歷史的劇變，在劇變中，曾經高貴無比的人上人會被打入地獄。但這並不意味著，曾經低下的人就有可能翻身做主人，譬如正在批鬥桑頗‧才旺仁增的兩個藏人紅衛兵，並未獲得榮華富貴，而且早已亡故。事實上，連家園都已淪喪，每個人都是奴隸；每個人都會在失去尊嚴之時，難以自控地當眾長流鼻涕。

　　原本，那道長長的鼻涕猶如一種嘲諷，不僅是對屈膝獻媚的合作者的嘲諷，也是對狗仗人勢的追隨者的嘲諷，既是人物本身的悲哀，更是圖伯特命運的折射。而且，重要的是，那道似乎失去自控而當眾流下的鼻涕，還意味著流鼻涕的大貴族與他身在其中的圖伯特，對自身命運的無法控制，失去尊嚴卻無力扭轉，充滿了歷史的悲劇性與荒誕性。

---

html。

4　赫塔‧米勒的諾貝爾獎獲獎演說：http://www.360doc.com/content/14/1010/09/6017453_415711465.shtml。

　　遺憾的是，恰因那道鼻涕而意義深遠的照片，卻被修片師自以為合情合理地清除而削弱了記錄的力量，也就削弱了歷史的真實性與複雜性，剩下的只有逆來順受，以至於如此地平庸。我曾以為這樣的舉動可能出自東、西方的文化差異，但我現在認為，這應該是與對待記憶的態度有關。簡單化的修復雖然讓照片變得沒有瑕疵，卻可能意義大失，會令記憶中的關鍵被磨滅、生命的悲劇感被沖淡。我們必須敏銳地、敏感地捕捉並理解每一個當時發生的細節，才可能真正地復原記憶，留下人生中每一道充滿恥感的鼻涕，呈現當時真實的畫面。

　　要補充的是，我父親還拍攝了兩張照片，是桑頗・才旺仁增與他的妻子被示眾批鬥。同樣出於羞辱的目的，桑頗夫人的身上掛滿了金銀珠寶，雙手捧著堆滿了宗教法器的托盤，背上壓著一種衡量糧食的傳統容器。她被壓得幾乎快要伏地，呆呆看著地面的眼神充滿絕望。一九七三年，名傾一時的合作者桑頗・才旺仁增鬱鬱而死。不久他的夫人也去世。而他的長子曾是一九五一年去北京簽定象徵投降的《十七條協議》的五名西藏政府成員之一，後在中共的監獄裡關押近二十年。他最小的兒子想逃往印度，未成被捕。當時有不少藏人翻山越嶺逃去印度，被抓後都是很重的「叛國罪」。桑頗之子被控「叛國分子」於一九七〇年遭公審處決，尚不足二十歲。

寫於二〇一五年六月，北京

噶爾本啦的供養

一

　　有關噶爾本啦的故事必然很多，也必然是我所不知道的，因為我從未見過他，我只是聽說過他的兩、三個故事。甚至，我聽說的那個噶爾本啦，有人用肯定的語氣說，他從沒去過達蘭薩拉；而去過達蘭薩拉的那個噶爾本啦，又似乎並非我聽說的噶爾本啦。

　　這有點像繞口令了，是不是讓人犯暈？儘管我用拉薩敬語的「啦」來稱呼他以示尊敬，但我對誰才是我聽說的噶爾本啦並不太感興趣，這是我的失誤。由於我興趣缺缺，使得此刻依憑回憶來記錄這個故事時，我被自己造成的障礙難住了。我試著忽略他的其他生平事蹟，因為別的都不重要，我的意思是，再多的經歷對我都不算重要，我並非他的傳記作者，我想寫下來的只有一件事。

　　出於擔心時間一長，不是淡忘了，就是混淆了，我至少給十個人或者更多的人複述過那件事。每講一次，內心的歉意就會多一點兒，眼前浮現出兩年前那個陽光燦爛的夏日午後，在團結新村有著家庭氣氛的藏式餐館，開滿鮮花的窗外隱約傳來有人用札

念[1]彈唱〈查堆嘎布〉，節奏有點激越了，跟我們懷舊的情緒有點不協調，不過還好，噶爾本啦的弟子形象高大，聲如洪鐘，倒也符合本應緩慢的琴聲。但他已不復年輕，兩鬢斑白，是退休工人。我對他懷有歉意，因為我答應過，會盡數寫下他特意給我講述的每一件拉薩往事，卻拖延至今，結果所有往事，都有些像那天邊浮雲，愈來愈飄渺。

前不久，一本落滿灰塵的書被我從書架上突然瞥見，讓我決定，無論如何得寫那個故事了。那書做得可真粗糙啊。沒有書號；沒有書價；封底有一行中文：西藏新華印刷廠製版印刷，除此全是藏文；封面則是一幅色彩、圖案具有寺院壁畫風格的繪畫，與書寫得狀如舞蹈的藏文相得益彰。現在我看明白了，那紅藍相間的八瓣蓮花簇擁的是一面達瑪鼓，那宛如雲彩的扎西達傑[2]下面是兩把嗩吶。而達瑪鼓與嗩吶屬於波斯樂器，很早以前傳入圖伯特，出現在有「西藏宮廷樂舞」之稱的噶爾魯當中。須說明，噶爾魯分為兩部分：噶爾為樂，魯為舞。

沒錯，這正是一本噶爾魯樂譜，收錄的有五十八首樂舞曲和藏文歌詞，出版於一九八五年一月，藏文書名譯為《供雲樂舞》，屬於我父親的藏書。我那畢生從戎的父親，一如熱愛西藏革命歌

1　札念：西藏本土彈唱樂器，有六弦、八弦、十六弦、二十弦之分，其中以六弦最為普遍。
2　扎西達傑：藏語，指吉祥八寶，包括吉祥結、妙蓮、寶傘、右旋海螺、金輪、勝利幢、寶瓶、金魚。皆與佛法相關，各有殊勝象徵。

曲一般，熱愛堆諧、果諧、朗瑪、噶爾魯[3]，以及多衛康[4]等地的
民間情歌，留下了諸多散發著歷史氣息的歌本，被我悉數帶到北
京居處，專門在書架上給予一米見長的位置安放，但我從來沒有
翻閱過這本書。一旦打開，激動不已，因為我看見了噶爾本啦的
形象。

二

　　是的，他就是噶爾本啦。看上去，他是一個形容清癯的老人，
戴著眼鏡，手持嗩吶，坐在一把簡陋的木椅子上，而周遭環境，
我一眼即認出，是名為「拉薩人民體育場」的場地。它坐落於吉
曲[5]之畔，過去本為一片鬱鬱蔥蔥的波林卡[6]，一九五〇年代，由
不請而入的「解放者」開闢成體育場，之後最主要的功能是舉行
頻繁的政治性萬人集會，如慶祝無產階級文化大革命或聲討美帝
國主義侵略越南，以及對各類「反革命分子」施以重刑、甚至極
刑的審判大會。當然，在這張圖片上，這個體育場已不復喧囂，

3　堆諧、果諧、朗瑪、噶爾魯：堆諧、果諧、朗瑪都是西藏傳統民間歌舞形式，堆諧是踢
　　踏舞，果諧是圓圈舞，朗瑪是室內歌舞。而噶爾魯，專指甘丹頗章宮廷樂舞。

4　多衛康：指多衛康三區：「多」為安多（多麥；Amdo），「衛」為衛藏（前藏、後藏、
　　阿里；Dbus-Gtsang），「康」為康（多堆；Kham）。西藏傳統地理的簡稱，全西藏的
　　統稱，即圖伯特。分布在現如今中國行政區劃的甘肅省、青海省、四川省、雲南省的藏
　　地，以及西藏自治區。

5　吉曲：藏語，快樂之河。即今拉薩河。

6　波林卡：藏語，「波」即「波洛」，意為球。「林卡」意為園林。位於拉薩南邊、靠近
　　拉薩河，是過去貴族打球、踢球的園林。

顯得寂靜而寥廓，青黃不接的草地上只有噶爾本啦在微笑著。

　　而他的微笑是優雅的，是屬於拉薩的，但那已是昨日的拉薩，我能夠辨認得出，儘管我從來沒有在昨日的拉薩生活過，可他過時的微笑似乎披露了昨日拉薩宛如良辰美景的夢幻歲月，這或許與他的穿著、裝飾有關。從頭到腳，那圓餅似的帽子，左耳上垂掛的長長耳墜，金黃色的錦緞長袍露出的潔白衣領和衣袖，以及紅色鑲藍邊的氆氌高靴，雖都有專門名稱，我卻一無所知（有著黃金與綠松石的長耳墜叫「索金」，可那好像是貴族和官員才能佩戴，即便錢財滾滾的商人也不可掠美），畢竟這一切的一切，多麼地不合時宜，既不屬於他拍照時的一九八〇年代，更不屬於我看見他時的二〇〇九年，卻美麗無比，難以言狀。尤其是，他身後那片毫無美感的專供黨的幹部們就坐的高台上，那些密集而粗大的血紅柱子是那麼地突兀、蠻橫，刺痛了我的眼睛，有一瞬，竟讓我悲從中來。

　　簡介也是意味深長的。抬頭即寫著：十四世達賴喇嘛的樂隊及簡介。與此相同，隨後幾頁，在樂隊十一個人的簡介裡，也都出現了幾個特殊的年份，或者他們處在各個特殊階段的年齡。不必再寫更多，想必當時也不敢寫得更多，就這幾個年份和數字，一切盡在其中，何況寫的是藏文。也即是說，如何填補其中的空白，如何使得某些欲言又止的巨變多少再透露一些，已然是唯有相似經歷的本族人才會瞭解的。甚至可以說，看上去平淡無奇的簡介其實是為那些人寫的，因為那些人一看就明白從何時至何時

發生了什麼，又歷經了怎樣含辛茹苦、甚至死去活來的掙扎，末了，則淡淡的一句戛然而止，顯然意味著劫後餘生。沒有相似經歷的人是難以明察個中滋味的，有著相似經歷的人是難以釋然內心糾結的，所以需要的是另一種敘事，由一個像我這樣的年紀與經歷懸殊卻心心相印的人來重新敘述，而我只是得益於那些倖存者的幫助，才得以短暫地進入他們的集體回憶之中。

比如他，噶爾本‧巴桑頓珠，在簡介中如是概述：九歲進入噶爾魯樂舞隊；二十一歲擔任噶爾樂師，擅長多種樂器；三十二歲擔任噶爾本，即總樂師或樂官；四十三歲，正值所謂的「民主改革」[7]⋯⋯然後，既絕口不提所謂的「民主改革」始於一九五九年，具體發生了什麼使得世時反轉的天大事件，又省略了他長達二十二年的人生遭際不提，一下子就跨到了一九八一年，說他參加了西藏自治區第一屆文代會[8]，把恢復噶爾魯提上了議程，到了一九八二年，六十四歲，投入到搶救瀕臨失傳的噶爾魯歌舞當中；至此，完畢。

那麼，那整整二十二年，噶爾本‧巴桑頓珠，他在哪裡？遭遇了什麼？還有，樂隊的十一位成員，又在哪裡？遭遇了什麼？似乎每個人都有整整二十二年不知所向，如同人間蒸發，突然消失。其實並非如此，其他人的經歷我不知其詳，但噶爾本啦的那

7　「民主改革」：是中共於一九五九年之後在西藏實行的對西藏傳統經濟的革命，其核心內容是把原來屬於上層社會的土地牲畜等按平均方式分給底層百姓，從而摧毀莊園經濟和寺廟政治等傳統社會結構，簡稱「民改」。

8　文代會：即文學藝術代表大會的簡稱。

他就是噶爾魯樂舞隊最後一任
噶爾本啦巴桑頓珠。（翻拍）

段生涯，據他的弟子在那個夏日午後告訴我，是被金珠瑪米[9]當
作「叛亂分子」關進監獄，後來又給押送到格爾木勞改營[10]，修
過鐵路和青藏公路。可究竟是哪年被發配的？去了多少人？待了
多少年？這似乎成了歷史懸案，誰都說不清，只知道，最後活著
回來的不過寥寥數人，老弱病殘，其中幸而有他。

9　金珠瑪米：藏語，指中國軍隊，即漢語的解放軍。
10　格爾木勞改營：位於青海省柴達木盆地西部，一九五〇年代，中共在此設立勞改營，有
　　相關資料稱，格爾木、蘭州北面、西寧西面的勞改營關押了超過十萬名藏人犯人，大約
　　四〇％死於獄中。所從事的是修建公路、開發礦產、核基地的建設等繁重勞動。

三

我應該再解釋一下什麼是噶爾魯。

簡言之，前面提過，而今通俗的說法是「西藏宮廷樂舞」。早在四百多年前，由拉達克引入時就出現於圖伯特諸王的宮廷。一六四一年，五世達賴喇嘛建立甘丹頗章政府，登上政教合一的獅子寶座，據記載，因戰敗，拉達克女王親率二十餘名樂者和舞者到拉薩參加慶典，將噶爾魯當作神樂與仙舞專門奉獻，被喻為如雲供品。也即，噶爾魯是專屬達賴喇嘛的傳統禮供，並在甘丹頗章政府的儀典上表演。一本於一六八八年由攝政王第司桑傑嘉措編纂、記錄噶爾魯樂舞譜集的綱要經典《賞心悅耳明目之喜宴》中，最重要的是這首〈吉喜富足〉，歌詞大意為：

> 如今上空吉辰良宵，
> 大地吉祥有福，
> 在此吉喜富足之時，
> 跳起美妙的供雲歌舞，
> 獻給聖明遍知達賴福田施主轉輪王，
> 聖王敬請欣賞。

其他還有〈太陽〉、〈供雲〉、〈如意寶〉、〈天空的星辰〉、〈聖地拉薩〉、〈首頂禮冠〉等五十八首樂舞曲，包括二十六首樂曲、三十二首舞曲，以札念、揚琴、達瑪鼓、嗩吶、竹笛、串

鈴等樂器來伴奏。以及，由被稱為「噶足巴」的十三名少年舞者組成的舞隊演示[11]。每年藏曆元月一日，在頗章布達拉大廳正式演出，其中唱道：「殊勝普陀羅山頂，宮宇金頂輝煌，勝幢五彩繽紛。」之後，幾乎每月都有演出，宗教節日演示噶爾、噶魯，民俗節日表演囊瑪、堆諧，而此時的觀眾即平民百姓。每年春夏之交，依傳統，嘉瓦仁波切[12]會乘坐黃轎，離開頗章布達拉，遷往俗稱「夏宮」的羅布林卡。至冬季降臨，又須從其實更為傾心的羅布林卡，返回外表壯觀、但內部陰冷的頗章布達拉。這兩次出行是拉薩盛事，所有僧俗官員著華服隨駕，全城民眾列隊合十恭送。在拉薩住過七年的西方探險家海因里希・哈勒多次目睹，數位僧侶舉著飾以佛經的旗幟擔任前導，其後「是一群騎在馬上的樂師，他們身著色彩鮮豔的古代服飾，彈奏古樂器，樂音淙淙，令人有出世之感。」[13]這些樂師正屬於噶爾魯樂隊。

拉薩人評價有幸成為噶足巴「是一項光榮的職責」，因為全都必須是從出身很好的家庭千挑萬選的男孩子，從小精心培養，在達賴喇嘛尊前承蒙殊榮，在各種極其講究的典禮和充滿歡慶的盛會上，用晶瑩剔透的歌唱和儀態萬方的舞蹈來讚美神佛和貢薩絳袞欽波確[14]。兩個曾在中華民國蒙藏委員會駐藏辦事處任職的

---

11 《西藏宮廷噶爾音樂概述》，《西藏大學學報》2003 年第 2 期，作者更堆培傑。
12 嘉瓦仁波切：藏語，是藏人對歷代達賴喇嘛的敬稱，意為法王，至尊之寶。
13 《西藏七年與少年達賴》，哈勒著，刁筱華譯，台灣大塊文化出版公司，1997 年。
14 貢薩絳袞欽波確：藏語，偉大至高無上的陛下，是藏人對歷代達賴喇嘛的敬稱。

中國人，於合著的書中這樣描寫[15]：「鼓點與橫笛奏出了歡快的樂曲。在這富有異域情調的旋律中，十三個穿絲綢服裝的男孩排著隊湧入大廳。他們每人手持一把木斧，跳起了一種動作顛簸而笨拙的舞蹈，不禁使人聯想到印度繪畫和雕刻中的人像。」

　　噶廈會給每位藝人訂製宛如壁畫中的仙人才有的彩衣雲裳，以致在拉薩民間有種說法：「只有幸運的姑娘才能得到穿絳迪[16]衣服的舞員。」[17]當然，這得等到他們從純淨孩童長成了豐神異采的藝人，但至十八歲，他們就不能再是且歌且舞的噶足巴了，須得回到人間，擔任各種世俗角色。

　　然而，那已是舊西藏的曇花景象，如我這般生活在新西藏的人，見過的只是藏戲團和朗瑪廳的歌舞表演，裹滿了從四面八方撲來的世間風塵，再也無法洗淨。最早的朗瑪廳可能出現於一九九〇年代中期，那時還值得一去，有老人演示堆諧、果諧和朗瑪，還允許觀眾上台自娛自樂。我曾與母親和幾個姨姨去過朗瑪廳，兼具舞蹈家與藝術評論家身分的姨父也去了，他用挑剔的眼光審視著，不滿地說已經變味。我倒也不知原來的味道是什麼，反正當我母親與姨姨們落落大方地歌舞之時，即便不夠標準卻也令人陶醉。而如今的朗瑪廳無需專家評判，我也能看出變味了，夾雜著漢語和藏語的流行歌曲此起彼伏，搭配著所謂的民族

15　《西藏與西藏人》，沈宗濂、柳陞祺著，柳曉青譯，中國藏學出版社，2006 年 7 月。
16　絳迪：藏語，綠色氆氌上有花紋的服裝，是噶爾藝人平日裡的專門著裝。
17　《西藏是我家》，扎西次仁口述，梅・戈爾斯坦（Melvyn Goldstein）等人記錄，明鏡出版社，2000 年。

舞蹈卻不倫不類，在啤酒、香菸等混雜的怪味中，人們似乎很容易亂性。幸好其中沒有噶爾魯（好像其中沒有噶爾魯），無論如何，噶爾魯不可以淪落到這樣的場合，否則將是災難的預兆。

扯遠了，我得接著講噶爾本啦的故事。我總是這樣，本來想說一件事，可說著說著就天馬行空了。

四

噶爾本・巴桑頓珠啦，當他在地獄般的格爾木勞改營裡倖存下來，重又回到面目全非的拉薩時，差不多心如死灰。當時有個很流行的詞，叫作百廢待興，意思是，浩劫已經結束，一切從頭再來，包括恢復早就被當成「封建迷信」給掃進歷史垃圾堆的噶爾魯。然而偌大的拉薩，噶爾魯已然絕跡，黨和政府便想到了負罪歸來的噶爾本啦，屢屢紆尊降貴，再三請他出山，都被噶爾本啦婉言謝絕。據說噶爾本啦脫去半邊衣衫，露出傷痕猶在的身體，用拉薩敬語十分客氣地說：「貢巴麻從 [18]，因為在勞改營裡接受勞動改造很徹底，已經把噶爾魯忘得一乾二淨。」聽他這麼解釋，更因怵目驚心，黨和政府也就不好意思再去相煩他了。那時節，黨和政府開始多少注意自身形象了。

大概到了一九八〇年，當時的政治氣氛是北京與達蘭薩拉

---

18 貢巴麻從：拉薩敬語，抱歉。

終於有了第一次正式接觸，境內外的藏人也就有了被分隔二十餘年之後的相互走動，不過是少數的，短暫的。不知道什麼運氣降臨到噶爾本啦的頭上，他竟然申請到了護照，可以去尼泊爾還是哪個國家探親了。需要說明的是，被允許去的國家是不包括印度的，這是一條延續至今的嚴格規定。然而，藏人只要能出國，目的地大都是印度，確切地說，是位於印度北部的達蘭薩拉，而衝著達蘭薩拉去的目的只有一個，就是朝拜流亡於此、寄居多年的根本上師達賴喇嘛，這其實是一個誰都心知肚明的事實。

　　詳細的經過無須複述，反正噶爾本啦最終去成了達蘭薩拉，也見到了袞頓。想那事變當年，袞頓正逢二十五歲的噶 [19]，噶爾本啦恰值技藝成熟的中年，曾經無數次為袞頓奉獻過美妙的噶爾魯，以無比的恭敬之心目睹了萬民之神王的艱難成長，而今在異國他鄉重又觀見到，沒有比這更無常的奇蹟了。我的佛法上師曾對我開示過一句話：「痛苦是無常的，幸福也是無常的」，誠如斯言。目睹異國他鄉的任何一處或者說任何一個細節，都無法與山那邊宏偉而壯麗的頗章布達拉相媲美，噶爾本啦不禁淚如雨下，長跪不起。據說他合掌懇求：「袞頓，祈請允准您跟前的信仰者，為袞頓您供養屬於您的噶爾魯。長達二十多年不曾以身語意表達的噶爾魯，這如雲的供品，就為的是等到今天，再次供養袞頓。」

---

19 噶：藏語，本命年。

　　我不知道在漫長的流亡歲月裡，尊者是否有可能欣賞到被稱為「賞心悅耳明目」的噶爾魯，因為樂隊在他出走拉薩沒幾天就覆沒了。被抓的抓，關的關，散的散，會有個別噶爾魯藝人追隨衰頓流亡至達蘭薩拉嗎？而此刻，正在衰老的噶爾本啦，已有二十多年不忍觸碰噶爾魯的噶爾本啦，在流亡族人的棲身之地，獨自一人，向至尊上師奉獻了傳統的供養。據說，當他一邊敲擊達瑪鼓、一邊開啟蒼涼的歌喉時，充溢著異鄉空氣卻散發著故鄉敬香的屋子裡，低低地響起一片泣聲，連尊者也悄然淚下。

　　據說噶爾本啦還說了這麼一句話，大意是，既然他已把噶爾魯親自奉獻給衰頓，實現了在漫長的苦役歲月裡許下的心願，那麼從此以後，此曲只應天上有，他寧願冒著讓噶爾魯失傳的危險，也不會為世俗外人表演噶爾魯。也即是說，僅此一次絕唱，從此任由噶爾魯消失也情願了。

　　尊者微微閉目，似乎是在平息如潮水般湧上心頭的百感交集，又沉吟半晌，才緩緩道出他並不贊成噶爾本啦如此決絕，非但不贊成，還要求噶爾本啦返回拉薩之後，須得將噶爾魯公諸於眾：「你所要做的，不是從此再也不表演，而是相反。你回去吧，答應他們的邀請，但也得讓他們答應，讓我們的男孩子學習噶爾魯。你也可以改革，教一些女孩子學習噶爾魯。總之，無論如何，你要記住，一定不能讓噶爾魯失傳。」

　　據悉，傳統上，女性是不能學習噶爾魯的，這是不是就跟在

蒙古，女性不能學呼麥[20]的禁忌是一樣的緣由？抑或是跟歐洲中世紀相似，因禁止女性在教堂唱詩班和舞台上演唱，而由男童甚至是被閹割的男童替代。然而，世事到了讓女孩子也學噶爾魯的地步，是不是表明傳承中斷的危機已迫在眉睫？

尊者的這段話，被我複述得就像我亦在現場，其實為的是加強現場的效果被我虛構。因為，對於噶爾本啦來說，這場會面如同醍醐灌頂，足以轉折他的人生。當他返回拉薩，就像神蹟顯現，幾乎整個拉薩城都驚悉，已經遺忘的噶爾魯竟在一夜之間被噶爾本啦全都回憶起來，而這也意味著，已返仙界的噶爾魯從此又降臨拉薩。啊，奔走相告吧，額手稱慶吧，於是皆大歡喜，噶爾本啦也被既往不咎，一洗「叛亂分子」的污名，在以後的歲月裡，獲得了類似著名宮廷樂師、噶爾魯專家等表彰，並被西藏大學聘請為音樂教授。這是多麼的戲劇化啊，因世時反轉而受盡折磨的他，竟於人生末年，被閃耀著虛假光彩的新西藏給照耀了。

又據說，猶如鐵樹開花，啞巴開口，當噶爾本啦召集舊部，面對黨的若干文化官員，在達瑪鼓的伴奏下，雙手合攏，行禮如儀，用蒼涼的嗓音緩緩吟唱的首曲噶爾魯，正是那「跳起美妙的供雲歌舞，獻給聖明遍知慧海福田施主轉輪王，聖王敬請欣賞……」。而他的眼前，我深信不疑，在他的眼前，並沒有這些

---

20 呼麥：又稱蒙古喉音，是一種藉由喉嚨緊縮而唱出雙聲的泛音詠唱技法，主要流傳於蒙古等地。藏傳佛教也有使用低沉的喉音來唱誦經咒的傳承。據說女子不能學唱呼麥，否則導致不孕，或有更深意義。

毫無資格可以聆聽噶爾魯的耳朵。這些耳朵，寧結[21]啊，生來即
被玷污，已經塞滿耳屎，又怎能領略以恭敬心奉獻的美妙和功
德？他於是凝視著虛空的中心，彷彿望見那幻化而現的達蘭薩
拉，猶如當年的頗章布達拉，端坐獅子法座的袞頓正頷首微笑，
沉浸在從喪失的家園飄來的古樂之中，噶爾本啦不禁老淚縱橫。

　　離苦得樂的佛法再次示現無常的真諦，噶爾本啦索性做得更
為徹底，在即將奔赴輪迴的此生末期，依賴現代的科學技術，將
數十首噶爾魯刻錄在了 CD 上，而一張 CD 是可以翻刻無數的。
仙樂飄飄，惠及眾生無數，包括我這樣的迷途羔羊。如今，我已
把這些噶爾魯全都輸入蘋果手機，可以想聽就聽，走哪聽哪……
看哪，神聖的噶爾魯分明混雜在不計其數的人間歌曲之中，獲得
了世俗的永恆。為此，我要向已得解脫的噶爾本啦致敬，他或已
轉世為噶爾魯之神，在千手牽引、千眼明亮的堅熱斯[22]之淨土，
繼續奉獻著妙不可言的供養，喇嘛千諾[23]！

　　　　　　　　　　　寫於二〇〇九年夏天，拉薩
　　　　　　　　　　　修改於二〇一五年七月，北京

21　寧結：藏語，在這裡的意思是可憐，憐憫。
22　堅熱斯：藏語，千手千眼觀世音菩薩。
23　喇嘛千諾：藏語，上師瞭知，上師護佑。

三個西藏當代民間故事

七月六日，是尊者達賴喇嘛的公曆誕辰日（藏曆誕辰日是五月五日），我想講述三個真實的故事，作為壽誕禮物。

第一個故事是說幾年前，一位很不容易才從藏地去了達蘭薩拉的高僧，見到嘉瓦仁波切時，請求賜予朗仁[1]法教。尊者說，修習朗仁最好的人在境內，不是我。並要這位高僧回去後，務必找到在安多某個山洞閉關修行的喇嘛竹巴江措，向他求教朗仁，再來達蘭薩拉傳授給自己。

高僧返回藏地後，依尊者所言，找到了閉關修行的喇嘛竹巴江措，他已經一百零六歲，早在文革前就將自己隱匿在高山上的山洞裡，閉關修行了四十多年。雖然他的成就與事蹟漸為人所知，但他依然保持沉默，只願意與貧窮的眾生相濡以沫。

高僧懇求閉關的老喇嘛傳授朗仁。閉關喇嘛說，雖然我很快就要離開人世，但我還是想保持不傳法不收徒不納供養的習慣。高僧就說，是嘉瓦仁波切派我來向您求法的。閉關喇嘛一聽，便向泥塑的佛龕上供奉的尊者照片磕了三個頭。然後，用了整整三天，向高僧傾盡朗仁之精要。而在高僧離去的第十天，他露出了

1　朗仁：藏語，中觀。

歡喜的笑容，欣然圓寂。

如今，接受了朗仁法教的高僧也值高齡。他幾次欲往達蘭薩拉覲見尊者，卻因藏地愈來愈嚴酷的局勢無法動身。塵世間的障礙似乎阻擋了中觀最深邃的境界，甚而至於，連一本護照也化作煙雲。但高僧很平靜，他告訴穿絳紅袈裟的眾弟子，實際上，嘉瓦仁波切早已收到了喇嘛竹巴江措的朗仁。

第二個故事是說哲蚌寺有三位高僧，都曾在一九五九年被中共的軍隊關進監獄，都曾在獄中度過了漫長的歲月倖存下來。當他們重返被信眾喻為猶如潔白的大米堆成的寺院，已是人生邁入老年之際，用世俗的時間來說，是一九八〇年代的初期。

他們只想傾盡佛法，讓青黃不接的僧眾們領悟真諦，讓嘉瓦仁波切建立的哲蚌重新亮起佛光。就這樣又艱難地度過了二十多年，一場場政治的風暴挾著被強權修改的歷史，由漢藏幹部們組成的工作組駕馭著，在措欽[2]大殿、在每個康村[3]反覆席捲，連小小的僧舍也不放過。

一位三十多歲的僧人，十九歲離開康區，來到哲蚌寺潛心學佛，謹小慎微，萬念俱寂，只想再多背誦幾部佛經，再往心靈覺悟的路上更進一步。他其實是三位年邁高僧最滿意的弟子。他們還滿意他的名字，因為與千年前將風暴欲滅的佛燈帶往安多重新

2　措欽：藏語，大法會。是舉辦法會的佛殿，寺院的正殿。
3　康村：《藏漢大辭典》的解釋是：「寺廟中大體上依僧徒來源家鄉地區劃分而成的僧團單位。」

點燃的佛法勇士同名，也許他們早已預見到歷史重演的未來？

　　但他們一定還有另一個預見。這不是死灰復燃的那種預見，而是對他們今生依附的寺院再遭厄運的那種預見。為此，三位長老中較為羸弱的一位，於二○○六年底圓寂。而在二○○七年底的兩個平常日子，兩位長老先後以成就者的方式往生。幾個月後，是的，我說的是二○○八年三月的抗議發生之後，數百名僧侶一夜之間被持槍士兵趕出哲蚌寺，先是關押在無人知道的牢獄，數月後用密封的火車運出拉薩，從此不准返回。

　　「唉，三位喇嘛必然是預見到了這樣的悲慘，才相繼去了另一個世界吧，這是多麼地不可思議啊。」如今遠避安多某寺的那位康籍僧人長嘆道。而領受了三位高僧所有心經的他，果然在履行千年前同名勇士的責任：弘揚佛法。喇嘛千諾！

　　第三個故事很短，因為與我有關，記得很清楚，而且我複述的也是原話，一字不改。

　　那是二○○六年洛薩[4]當晚，從中央民族大學回到安多鄉村過寒假的朋友急急打來電話，讓我趕緊出門看月亮，可是拉薩的月亮被雲層遮住了，什麼也看不見。年輕友人直說可惜，還說他家鄉的月亮特別圓滿、特別皎潔，最重要的是，月亮中出現了嘉瓦仁波切的形象，全村人都看得很真切，全村人都站在院子裡或者房頂上，朝著月亮雙手合十磕長頭。而他五歲的侄子突然悄聲

4　洛薩：藏語，藏曆新年。

問道：「如果漢人朝著月亮開槍，可怎麼辦啊？」

寫於二〇一五年七月，北京

2012 年，每日面朝布達拉宮磕頭祈禱的藏人。

還俗的噶瑪巴經師

那年，記得是〇一年或〇二年的藏曆新年期間，我去祖拉康朝佛。之後，坐在盡是書籍的僧舍，讓熱氣騰騰的突巴[1]驅散寒氣，與熟識多年的古修啦[2]聊天。忽然他說他看見喇嘛尼瑪了，是初一那天，在無數藏人排著長隊緩緩靠近覺仁波切[3]的洪流中，他驚訝地發現喇嘛尼瑪，「穿著俗人那樣的巴扎[4]，留著俗人那樣的長髮，像俗人那樣，手裡握著一個裝滿融化了的酥油的小水瓶，一點點地，挪動著腳步。」

我難過得含淚了。幾年了？這可是頭一次聽到他的確切消息啊。

「真的是他嗎？」我無法接受這麼多所謂俗人的說法。

「是他。我認得他。不過我看見了他的眼神，那不像是俗人的眼神。」古修啦的語氣十分肯定。

1　突巴：藏語，湯麵。
2　古修啦：藏語，先生，現在一般指僧侶，加上「啦」以示尊敬。
3　覺仁波切：藏語，釋迦牟尼佛像。
4　巴扎：藏人的禦寒冬衣，小羊羔皮襖，毛料或綢緞罩衣，鑲錦緞的立領和斜襟，屬於傳統服裝。

背景

「二〇〇〇年一月十日，極冷，陰雲密布，飛沙走石。」

這是我那年的日記。當時我是《西藏文學》的編輯。那天下午，西藏文聯召開全體幹部職工大會，傳達自治區黨委關於噶瑪巴出走一事的通報。大概內容是，以閉關為名的噶瑪巴於一九九九年十二月二十八日夜裡出走。三天後，被政府派駐楚布寺的四名公安發現，區黨委緊急下達一系列重要指示，封鎖沿途，嚴控邊境，加強對三大寺[5]的管理，以防出現意外情況，同時派工作組進駐楚布寺。並告知，與噶瑪巴同時出走的還有幾個人，都是楚布寺的僧侶。還說協助噶瑪巴出走的經師與國外分裂勢力素有來往，而噶瑪巴尚年幼，容易受人教唆。

這令人震驚的消息，是指噶瑪巴仁波切被裹脅而走？就像一九五九年三月十七日深夜達賴喇嘛踏上出走印度的流亡之路，起初也被北京說成是被「叛亂分子」裹脅而走的。

通報還說，我們早就知道噶瑪巴有出走的苗頭，他去年就想跑。這表明了，我們和達賴分裂勢力的鬥爭已經尖銳化，出現這樣的事情是必然的，不可避免的。而且是有預謀、有組織的。但是，沒什麼大不了，根本不能影響和動搖我們反分裂的決心，根本不會阻擋我們即將進行的「西部大開發」計畫的實施。目前謠言很多，拉薩的、國外的，什麼 BBC、美國之音、自由亞洲，都

5　三大寺：指位於拉薩的藏傳佛教格魯派三大寺院：哲蚌寺、色拉寺、甘丹寺。

在造謠。希望廣大幹部群眾以今天的這個講話為準，不准亂傳謠言。分裂與反分裂的鬥爭已經愈來愈尖銳了，必須站穩立場，與黨保持步調一致。具體到各個單位，一定要加強三個管理，即管好自己的人，看好自己的門，辦好自己的事。

　　通報還說，不過呢，噶瑪巴走之前留下一封信，表示他不是背叛祖國和政府，也不是背叛寺院和領導，他只是去國外取回他的法帽和法器，而且還希望全寺僧人精進修法，繼續準備即將開始的冬季大法會。那麼，我們期待他有知錯改錯的一天。云云。

　　多年前的日記，再次重讀依然如同身歷其境，記得那天冰冷的會議室中，單位裡的藏人都低下了頭。

生涯

　　被區黨委點名的噶瑪巴經師，就是喇嘛尼瑪。他早就鼎鼎有名，被稱為「色拉尼瑪」。這是因為他最先在色拉寺出家為僧，以辯才無礙聲名遠揚，當然也可能是因為他一臉醒目的落腮鬚。那鬚子以及健碩的身體，使他很像過去默朗欽莫[6]上的格貴[7]喇嘛，平添幾分神威。

6　默朗欽莫：一四〇九年，藏傳佛教格魯派宗師宗喀巴，為紀念佛陀功德，遍召各寺院、各教派的僧侶，於藏曆新年期間，在大昭寺舉行祝福祈願的大法會──「默朗欽莫」，前後持續二十一天。

7　格貴：負責維持僧團清規戒律的寺院執事，巡視僧紀時，隨身攜帶棍杖，俗稱「鐵棒喇嘛」。

　　是一九八七年，還是一九八九年？他參加了在拉薩爆發的抗議示威，他被關押過一段時間，獲釋後色拉寺不敢再留他，等於驅逐了他。可是一個今生穿上了絳紅色袈裟的人，又怎能夠輕鬆地置身於紅塵之中？注定的因緣把他引向另一座寺院，那是噶瑪噶舉的主寺楚布貢巴[8]，離拉薩不算遠。在嘉瓦噶瑪巴[9]的十六個前世閉關修行的後山洞穴，他也隱身其中，整整三年三月又三日，獲得密法的成就。

　　數年後，噶瑪巴的老經師圓寂了，而寺院中，誰能勝任這一重要的職責來教授法王？唯有喇嘛尼瑪。我見過他給噶瑪巴上課的情景，他很嚴肅，就佛學上的個案，反覆讓年幼的噶瑪巴與陪讀的僧人辯論。嘉瓦噶瑪巴有著與生俱來的智慧，只是他轉世康巴，眉宇間會流露出康巴的帥氣與傲氣，而他嘴角的微笑似一切了然，令喇嘛尼瑪深深折服。

　　另一個細節與我有關。我曾將嘉瓦仁波切的藏文自傳《我的土地和我的人民》，以及好萊塢拍攝的《西藏七年》[10]的光碟，交給了喇嘛尼瑪。這其實是噶瑪巴自己要求的。一次與一些台灣信眾朝拜他時，他突然俯身低問：有沒有嘉瓦仁波切的書？我訝異得睜大了眼睛；因為恰有一本，是我已故父親留下的，早已被

8　貢巴：藏語，寺院。

9　嘉瓦噶瑪巴：意為噶瑪巴法王。

10　《西藏七年》（Seven Years in Tibet，台譯：火線大逃亡），一部於一九九七年上映的美國傳記片，根據奧地利登山運動員海因里希・哈勒的同名自傳改編。法國導演讓－雅克・阿諾（Jean-Jacques Arnaud）執導，美國影星布萊德・彼特（Brad Pitt）和大衛・休里斯（David Thewlis）主演。

翻閱得很舊，噶瑪巴是如何知道的？喇嘛尼瑪應該是噶瑪巴最信任的人之一，還有喇嘛次旺——另一位有著不尋常故事的僧人。他倆都屬馬，我亦屬馬，我們同齡。

　　我相信，在噶瑪巴祕密出走這件事上，這兩位喇嘛起了很大的作用，但如果不是噶瑪巴自己的決定，誰也不可能帶走他。不足十五歲的噶瑪巴，絕不是一般意義上的少年，在他的身上，具有八百多歲、甚至更多年歲的歷代噶瑪巴的偉大神識。我還相信，如果沒有包括這兩位喇嘛在內的眾僧人忠心耿耿地護持上師，在中國當局戒備森嚴的監控下，噶瑪巴是否走得出楚布寺一步，都是很難想像。

　　總之，喇嘛次旺護駕噶瑪巴，踏上了八天八夜的逃亡之路。喇嘛尼瑪則留在寺院遮人耳目。為了製造噶瑪巴正在閉關的假象，他每日送餐，並在閉關房裡搖鈴擊鼓以示修法，直至終被察覺，他也離寺而逃。只是他不可能追隨噶瑪巴的路線，所有關卡已被嚴密防範，他只得如大隱隱於市，藏身拉薩東邊的居民區嘎瑪貢桑。一戶過去相識的平常人家收留了他。但一年後，以為自己早被遺忘就出門去甜茶館喝茶的喇嘛尼瑪，被貪財小人認出、告密而被捕。於是傳來了他受刑及絕食的消息，已在達蘭薩拉棲身安居的嘉瓦噶瑪巴為之呼籲，一直對噶瑪巴懷有統戰意圖的中共有關部門，算是藉機施惠，不多久，將喇嘛尼瑪釋放了。

還俗

從被鐵絲網圍住的有形監獄，到被猶如鐵絲網一樣的目光圍住的無形監獄，這樣的事實，使得喇嘛尼瑪仍然處在囚禁當中。他已經不能返回楚布寺了。除了他，身為噶瑪巴廚師的喇嘛圖登也被開除了。短短時間，楚布寺發生了很大變化，曾由台灣信眾捐資的「成佛之道」停工了，粗粗修整的路面又被長年不斷的山洪沖毀了。據認得的喇嘛說，過去楚布寺每個月都有各方供養累計二十來萬，有時候還要多得多，可現在一個季度還不到兩千元，僧眾的生活變得艱難多了。

那麼，像喇嘛尼瑪，哪裡才有他的容身之處？

消息時斷時續地傳來，但都像是小道消息，我無法相信有人說喇嘛尼瑪已經娶妻成家，可當聽說那是在他逃難時，收留他的人家的女兒與他結下姻緣，又覺得可信度很高，並且十分感動。古往今來所傳誦的傳奇故事都有英雄救美或佳人仗義的情節，往昔不近女色的大鬍子喇嘛尼瑪，只因小到個人、大到民族與宗教的變故，使得今生業緣多添了世俗的一環，正可謂「這輪迴之中是何等虛妄」[11]！

此乃六世達賴喇嘛倉央嘉措所言，他二十五歲時蒙難，從拉薩放逐至錯納湖畔[12]而命運逆轉，變成了一個以化緣為生的遊方僧。流亡途中，每遇不測總會有人間女子助他逢凶化吉，祕傳稱，

---

11 《倉央嘉措情歌及祕傳》，民族出版社，1981 年。
12 錯納湖：在今青海省南部，是拉薩至西寧路經之地，也是青藏鐵路所經之湖。

那都是生著人間女子面貌的金剛瑜伽母，有的牧人打扮，有的服飾華美，有的年華已逝。

說到底，還俗，只不過在轉念之間。有的人，即便穿著袈裟，看似戒律護身卻護不了他的心。有的人，不得不脫下袈裟，卻有戒律永遠護住他的心。鼠目寸光的凡夫俗子怎能明白！

恍如隔世

有一天，在雪新村附近的火鍋店，碰見楚布寺的一位喇嘛。原諒我不說出他的名字，他以他的方式守護著逆境中的寺院實屬不易，雖然他太喜歡開玩笑了。

「妳怎麼總是喇嘛尼瑪喇嘛尼瑪的？他已經有阿佳啦[13]了。」他握住我的手，樂呵呵地說。

「很想見他啊。」我隨口說，孰料居然成真，這位胖乎乎的喇嘛立即應道：「好吧，我帶妳去。」

驅車向東，很快便到達了我熟悉的嘎瑪貢桑。半年前，我曾在其中的一個藏式院落住過一月有餘，怎麼就從沒遇上過在路邊開店做小買賣的喇嘛尼瑪？

寫到這，我開始覺得力不從心了。我不擅長講述久別重逢的細節。望著他，我竭力做出若無其事的樣子，好像我們之間根本

---

13 阿佳啦：藏語，這裡的意思是妻子。

不是長達七年不曾見過，而是昨天還一起走過楚布寺背後高山上
的轉經路。我還記得穿絳紅袈裟的他快步如飛的樣子，而眼前的
他，雖然祖拉康的古修啦已經給我講過，「穿著俗人那樣的巴扎，
留著俗人那樣的長髮」，我還是被震撼了，只不過這震撼發生在
內心，表面上，我輕鬆地笑著。

　　他也變得愛笑了，笑得簡直是憨態可掬。他也胖了，胖得
如同居家男子。喇嘛尼瑪，他像男主人一樣，把我和他的同門師
弟迎入一戶普通人家。喇嘛尼瑪，他穿的巴扎是羊毛翻捲的羊皮
襖，外套咖啡色的綢緞；他留的長髮攏在腦後，結成稀疏的一束；
還有他的落腮鬍，亦變成了上唇一撇鬍鬚，倒是很像桑耶寺[14]裡
古汝仁波切[15]的鬍鬚。有著卓巴[16]血統的他，似乎又恢復了羌塘草
原上不羈牧人的俠義本色。

　　正值洛薩[17]。客廳裡，四面牆上掛滿唐卡；櫃子上供奉著
幾幅照片：嘉瓦仁波切、班欽仁波切[18]、嘉瓦噶瑪巴、司徒仁波
切[19]，酥油供燈的明亮火焰獻給他們；旁邊擺著華美的切瑪[20]。坐

14　桑耶寺：位於衛藏洛嘎，即今山南地區扎囊縣雅魯藏布江北岸，全藏第一座佛法僧三寶
　　俱全的寺院，建於八世紀。毀於文革，一九八〇年代後重建。

15　古汝仁波切：藏語，蓮花生大士，藏傳佛教密宗宗師。

16　卓巴：藏語，牧人。

17　洛薩：藏語，藏曆新年。

18　班欽仁波切：意為大智者，指的是十世班禪喇嘛。班禪喇嘛是藏傳佛教格魯派最重要的
　　轉世喇嘛系統之一。

19　司徒仁波切：藏傳佛教噶瑪噶舉派四大法王之一，今轉世第十二代。

20　切瑪：藏語，藏曆新年期間擺放的象徵吉祥如意的五穀豐收斗。

下來，面前的桌上則堆滿了卡塞[21]、夏岡[22]、曲熱[23]、糖果，以及酒：那是羌[24]、啤酒和拉薩時興的一種甜酒。喇嘛尼瑪也要喝酒嗎？是的，他舉起盛滿甜酒的玻璃杯，祝福我「扎西德勒彭松措，阿瑪帕珠貢康桑」[25]。我亦如是祝福一番，但就在碰杯的瞬間，我看見了他的眼神！的確，「那不是俗人的眼神」，或者說，那恰是我多年前見過的眼神，屬於喇嘛尼瑪的眼神。

一個小男孩跑進客廳，又咯咯笑著跑出去了，我甚至沒來得及看清楚。喇嘛尼瑪坦然地指了指說：我的兒子。外屋傳來男男女女的說笑聲，都是喇嘛尼瑪妻子的親戚，這天在一起聚會過節。不過，我沒有見到他的妻子。

不是結局的結局

然而不及半年，再一次傳來了喇嘛尼瑪的消息，寥寥幾句，雖說驚人，卻不意外。我不禁低語：我早就看出來了，喇嘛尼瑪的心在別處，所以他這麼做，一點兒也不奇怪。

只是，他竟然要用長達八年的時間，來做再一次逃亡的準備，還有比這更驚心動魄的嗎？

---

21 卡塞：藏語，油炸點心。
22 夏岡：藏語，風乾犛牛肉。
23 曲熱：藏語，乳酪。
24 羌：藏語，青稞酒。
25 這是新年期間的祝福辭，大意為：多麼的吉祥如意，啊，多麼的愜意健康！

聽說他又有了一個孩子，男孩女孩不知道。聽說當局已經放鬆對他的關注了，這就像噶瑪巴當時出走之前，喇嘛尼瑪和喇嘛次旺每次密謀都是在大吃大喝的場合。是的，他們喜歡在拉薩中學對面的「老文君」[26]飯館聚餐，就像是那裡的麻辣美味迷住了他們的味蕾，但也的確迷惑了那些便衣警察的眼睛。聽說這次成功逃亡之前，喇嘛尼瑪先去了一次樟木口岸進貨，那是需要辦理邊境通行證的，中國的邊防警察有沒有再三猶豫，才給他發證呢？反正他拿到證進了貨就回拉薩了，那些來自尼泊爾印度的日常百貨就擺在他和妻子的小店鋪裡，看上去他已然安於市民生活了。聽說那些貨賣得差不多的時候，他像個忙碌而辛苦的當家男人，連鬍子也沒空刮，就匆匆地又去樟木口岸進貨了，可是這次，他絕塵而去，一去不歸，一下子穿過了邊境線。

難道這就是結局嗎？

不是。不是。他要的結局似乎迢迢無期，充滿變數。這一次，我聽說他被滯留在了加德滿都。這也即是說，他仍然不能去達蘭薩拉，仍然不能與嘉瓦噶瑪巴團聚，至於以後有無希望也還是未知數。甚至連護送嘉瓦噶瑪巴抵達達蘭薩拉的喇嘛次旺，數年後，竟被懷疑是中國政府派的特務而遭印度政府逐出邊境，只得遠赴更為遙遠的紐約……太複雜詭譎了，太莫名其妙了，無法想像的阻力是如此之多，即便是法王噶瑪巴也難以援手。

---

26 老文君：是一家四川飯館，位於拉薩中學對面，至今生意不錯。

自由對於喇嘛尼瑪成了一種持久的折磨，難道需要他再用八年來做下一次逃亡的準備嗎？然而我總是忍不住會想起他的妻子和孩子，多麼哀傷。

「高貴的終歸衰微，聚集的終於離分；積攢的終會枯竭。今日果然！」[27] 倉央嘉措在那苦難的輪迴中對無常的體認，道破了人世間的真相。

補充

一天，炎熱的氣候被擋在冷氣籠罩的屋外，我依然不習慣住了至少七、八年的北京。

很偶然，我翻開擱在木架上的筆記本。其中一本布滿密密麻麻的筆跡。我早已不用筆寫字，幾乎完全依賴的是電腦。這些已成為個人歷史的筆跡別致，用力，親切，我慢慢進入其中，就像返回昔日。

有一頁寫著「採訪喇嘛尼瑪」。我不禁竭力回憶，卻怎麼也想不起十七年前發生過這樣的事。是的，我說的是一九九七年夏天的事。我真的跟喇嘛尼瑪問過時年十二歲的嘉瓦噶瑪巴的一天嗎？可是，如果不是擔任經師的喇嘛尼瑪的敘述，我又怎麼可能知道這些呢？

27　《倉央嘉措情歌及祕傳》，民族出版社，1981 年。

上：1998 年，拉薩附近的
　　楚布寺，32 歲的喇嘛
　　尼瑪是少年噶瑪巴仁
　　波切的經師。
下：2006 年，藏曆新年間，
　　我與喇嘛尼瑪的合影。
　　（攝影：占堆）

——早晨五點起床，將醒未醒時即誦經，大概五分鐘左右，以增加每日的智慧，是從五世噶瑪巴傳承下來的習慣；

——當身邊僧侶以藥香薰衣時，觀想供養三寶及根本上師，同時也是讓眾生對袈裟及著袈裟者生起信心；

——為洗漱之水進行加持和淨化，觀想淨化之神麥哇孜巴（喇嘛尼瑪用藏文寫了神的名字）的甘露降臨；

——修九世司徒仁波切著述的白度母儀軌、文殊菩薩儀軌；

——早餐：八點。糌粑、酸奶、乾肉、酥油茶；

——之後背誦藏文佛經。十至十一點，學習漢文，由統戰部的幹部教授。十一至一點，學習詩辭學，而後休息五分鐘；

——一點五分接見信眾，直至兩點，特殊時候會到五點；

——一般兩點午餐，大約半小時，或者米飯、蔬菜；或者糌粑、乾肉。最喜歡吃的是乾肉和酸奶。然後在樓頂散步；

——下午學習聲明學（喇嘛尼瑪用藏文寫了聲明學，即「乍日巴」這個名詞，由堪布洛雅教授。之後，通常是三點半，修二臂瑪哈嘎啦儀軌（嘉瓦噶瑪巴的護法是二臂瑪哈嘎啦，是噶瑪巴的化身，無二無別，所以每日觀修，從未中斷）；

——五點半以後，喝茶休息，再在樓頂上轉一轉；

——由喇嘛尼瑪講授經典中重要的部分：見地、名相以及辯經；

——七點休息片刻，再上晚課；

——八點半晚餐，麵條或肉包子。約九點，休息；

——看電視和 VCD，一年只能看三次。每個月的法會，有九次，

均要與全寺僧侶參加，通常需要整整一天。很喜歡寫詩，水
平很高，擅寫迴文詩（喇嘛尼瑪再三強調迴文詩的藏語是
「袞桑廓洛」），寫過一首讚頌八世噶瑪巴的詩，喇嘛尼瑪
感嘆寫得非常好。

寫於二〇〇六年，拉薩

修改於二〇一六年，北京

寫福爾摩斯去拉薩的嘉央諾布

　　二〇〇一年，王力雄去美國回來，說有個住在那裡的藏人，叫 Jamyang Norbu（中譯嘉央諾布），用英文寫小說，寫過福爾摩斯在圖伯特的故事[1]。福爾摩斯？我自然熟悉，有小說，有電影，有電視連續劇，可那都是發生在英國的驚險偵探，跟圖伯特有什麼關係？事實證明我是無知的，福爾摩斯曾失蹤三年，再度現身後，提及自己獨自去圖伯特旅行了兩年，甚至到過拉薩。嘉央諾布的小說依據的，應是原著作家柯南・道爾虛構的這段經歷。

　　王力雄還講了一個他聽來的軼事，說嘉央諾布在見到尊者達賴喇嘛時，也像虔誠的藏人那樣雙手合十，伏地磕頭，不過他對尊者講了這麼一句話：我們的父輩在給您磕頭時從不敢抬頭，而我卻是抬著頭的。我不太相信這個故事，因為抬著頭磕頭比較高難度。可不論這是演義還是真事，聽上去，這個人在藏人中很另類。

　　只是，我居然在那時才知道他，可見我是多麼地孤陋寡聞。再後來就常常聽說他了。知道他不僅是作家，還是執著要求讓

1　即《福爾摩斯的曼陀羅》（*The Mandala of Sherlock Holmes*），1999 年出版。

贊[2]的藏人，而且漸具影響。這兩年，多虧神通廣大的網路，可以看到他的博客和他的照片了。他從來都用英文寫作，如果不譯成中文，我就只有望洋興嘆了。他長得帥。很神氣的是那兩撇濃密的鬍子，贊普松贊干布、古汝仁波切、格薩爾王都留著那樣的鬍子，喔不，他們的鬍子是往上翹的，而他的沒有翹上去，仿如斯大林的八字鬍。他還喜歡拿一個菸斗，這倒是頗像福爾摩斯。

直到一個英文與中文比肩的台灣女子[3]與我在網上結識，她喜歡嘉央諾布的文章，從嘉央諾布的博客上把不少文章譯成中文，我這才算知道他寫的是什麼了。簡直精彩極了，文采飛揚，思想尖銳，知識豐富。同時，我心中也有了對他這樣的印象：一個憤怒的戰士。我以為他是這樣的，總是憤怒的，總是戰鬥的。而且我還發覺，他長得有點像接受中國文化教育成長、我們熟悉的魯迅，要是像魯迅的話，那就更是如此了。魯迅是多麼憤怒的戰士啊，橫眉冷對千夫指，俯首甘為孺子牛；痛打落水狗；一個也不饒恕……就這樣，我已經先入為主了。

所以，昨晚的見面絕對意外。當 Skype 的呼聲響起，我撲到電腦跟前時，太驚訝了，視頻上出現的竟然是嘉央諾布那典型的形象。他輕鬆地跟我打著招呼：「唯色啦，德波應北[4]？」我有些緊張，吞吞吐吐地回應了。

2　讓贊：藏語，獨立。

3　即台灣懸鉤子，她的博客 http://lovetibet.ti-da.net 上翻譯了嘉央諾布先生的文章。

4　德波應北：藏語，Depo Yin-pey，意為好嗎。

　　「我是妳的 FAN 呢，」他語速很快地說。他笑著，他那標誌性的鬍子也拂動著。他穿著隨意，很悠閒的樣子，身後是一個灑滿晨曦的大木屋。

　　這話讓我輕鬆了，「我也是你的 FAN 呢。」我說。

　　接下來，主要是他在講，我時不時地呼應幾句，他的拉薩話很好聽，而且敬語多多，就像舊式拉薩人那樣。

　　他開門見山就說起了書。說他喜歡讀書，也喜歡收藏書。他側身，把電腦轉向屋內，指給我看一層層的木架上擺滿了各種各樣的書，我注意到家具全都是好看的原木。

　　「不過，小時候不喜歡讀書，也不喜歡上學，所以沒讀過大學。那時候，我認為寫作不重要，重要的是戰鬥，所以我加入了曲希崗楚[5]，揹著槍，跋山涉水，但沒打過仗，一來因為太年輕，二來因為袞頓不讓打仗，要求放棄對中國軍隊的游擊戰。我跟許多游擊隊員成了至交，他們都是老一輩，一九五九年逃出去的。我的第一本書，寫的就是其中一個老戰士，康巴塘[6]人，以前讀過中國的學校，寫一手漂亮的漢文，後來加入曲希崗楚，非常勇敢。」

　　我想起曾在拉薩，從兩、三部偷偷觀看的紀錄片中見過的鏡頭，亂石嶙峋的山巒間，多年來，曲希崗楚的戰士們艱苦作戰，

5　曲希崗楚：藏語，四水六崗，指一九五九年反抗中共的游擊隊，由康地藏人和安多藏人組成。地理意義上的「曲希崗楚」，是康和安多的傳統名稱。

6　巴塘：藏語，綿羊「咩咩」叫的草壩。位於藏東康地，即今四川省甘孜州巴塘縣。清末，被血洗巴塘的趙爾豐改名「巴安」。

已經到了難以堅持的地步。時局發生變化，中美建立外交，尼泊爾國王答應毛澤東剿滅游擊藏人，為避免全體覆滅於出賣者的手上，袞頓勸戒投降的錄音磁帶一遍遍地在營地回響，泣聲一片，有人心猶不甘而揮刀自刎……這是一段特別令人心碎的歷史，不堪回首。

嘉央諾布說自己是後來才喜歡上寫作的。之前寫過歌曲，有著現代韻味的圖伯特歌曲，最早是他開始寫的，寫過好些首，自己彈著吉他唱。我很想問，有沒有流傳到這邊、我們會唱的，像〈美麗的仁增旺姆〉[7]那樣的歌？可我似乎插不上話，只好作罷。「還自編自導自演過話劇，有一次，袞頓還專門來看過。」我又想問，涉及現實中的問題嗎？袞頓又是怎麼評價的？話到嘴邊，還是忍住沒問。「還演過藏戲呢。」他笑道：「我興趣廣泛，什麼都喜歡，目前想拍紀錄片。」他問我：「你喜歡紀錄片嗎？」我一時沒聽懂「紀錄片」這個詞，小心翼翼地胡亂應道，嗯，我喜歡。

「後來，去日本了。」他說。在日本十五、六個月，是日本經濟最好的時候，在大學教英語，工資比較高，跟達蘭薩拉沒法相比。達蘭薩拉沒錢，流亡政府的工資非常低，不過日子過得很充實，可惜他不得不離開。他沒說原因，但我從他的文章中看出來了，他當時是待不下去了。他因為讓贊的主張，與袞頓的「中

7　〈美麗的仁增旺姆〉：現代西藏流行歌曲，詞為六世達賴喇嘛倉央嘉措的詩歌，曲為流亡藏人圖登桑珠所寫。

間道路」[8] 不一樣，所以被保守的藏人弄得很不愉快，好像還差
點打架。當然那已經是過去的往事了，現在他去達蘭薩拉，很受
年輕藏人的歡迎。

　　聽得出，他很欣賞日本。他說日本有自己的文化，沒把自己
的文化給扔了，在日本，「摩登」[9] 和傳統都並存。他見過一輛
很摩登的車開到古樸的寺院門前，從車上下來的男人西裝革履，
面向寺院，用日本佛教徒的方式啪啪拍手，合十祈禱。也見過日
本的男孩子揹著書包去上學，但是背上會有一把木刀，就像是過
去時代的武士，卻彬彬有禮。日本的街道也是古色古香的，青石
板的路，他就思忖，當年，贊普松贊干布派去的特使走在中國長
安的街道上，也就是這樣的吧。

　　「很可惜，中國把自己的東西都扔得差不多了。」

　　他說他其實對中國很有興趣，看過中國的很多古書，《聊齋
志異》、《三國演義》、《水滸傳》、《西遊記》等等。當然都
是譯成了英文的，《聊齋志異》很早就翻譯了，嘉央諾布滿世界
到處寫信找這本書，很不容易才找到了，那些神神鬼鬼的故事夾
雜著民俗民風，讓他看見一個趣意盎然的中國民間。相較而言，
最喜歡的是《西遊記》，裡面的佛教徒，像唐僧師徒四人，以及
把佛法故事化的方式，讓他感覺親切。但《水滸傳》，雖然寫得

8　中間道路：達賴喇嘛倡導的這一解決西藏問題的政策，簡單地說，即不尋求西藏獨立，
　　謀求在中國憲法的框架內尋求解決西藏問題。

9　摩登：modern，現代。

不錯，可是動輒殺人奪命，充滿血腥氣，那種暴戾其實一直延續
到了共產黨時代，在文化大革命達到頂峰。

　　對了，他最有興趣的是文化大革命，還會唱文革歌曲呢，
「無產階級文化大革命，嗨，就是好！……」我驚訝得不敢相信
自己的耳朵了，因為他的中文發音完全準確。

　　「有個義大利的電影導演，安東尼奧尼（Michelangelo
Antonioni），本來是中國政府喜歡的人，拍了紀錄片《中國》之
後，西方人一看，喔，中國人一點也不快樂啊，營養不良，穿得
不好，目光無神，街上沒什麼車，商店裡沒什麼東西，原來中國
這麼貧乏啊，都在這麼議論。這下中國政府生氣了，說安東尼奧
尼是法西斯，發動全國人民批判他。有一次，從電視上看見帕廓
街的嬤啦[10]也在伸著拳頭喊『打倒安東尼奧尼』，太可笑了，她
會知道誰是安東尼奧尼嗎？」

　　我笑了。雖然我那時才上小學，但依稀記得曾經批判過一個
污衊新中國的外國導演。前不久，在北京的那些盜版電影的小店
裡，我買到了大名鼎鼎的《中國》，迫不及待地就看，孰料乏味
又漫長，沒看完就睡著了。嘉央諾布連聲說，沒錯，那是一部讓
人打瞌睡的電影。

　　「那時候，中國還批林批孔呢，哈哈。中國真的跟瘋了一
樣，為什麼要批判那麼古代的人呢？而且，孔子跟林彪有什麼
關係呢？非得把他倆放在一塊兒批判，中國人的腦子是怎麼回事

10　嬤啦：藏語，老太太。

呀？他們好像特別能記仇，什麼八國聯軍怎麼了，都過去一百多年了，提起來還是咬牙切齒。印度也被英國殖民過，到現在，沒多少印度人念念不忘。再說了，中國人記得的全是別人對自己不好，自己對別人做的事，提都不提。就像對我們博巴[11]，很早了，趙爾豐[12]那時候就開始大屠殺了。」

　　嘉央諾布說他認識一家美國人，其父是有名的基督教神父史德文醫生（Dr. Albert Shelton）[13]，上世紀初到巴塘行醫、傳教，住了很久，後來不幸被藏人當中的強盜殺死了。他有兩個女兒，現在已經是孃啦了，其中一個把她父親寫的日記送給嘉央諾布，裡面記載，在藏東，趙爾豐的軍隊把反抗的古修、百姓，放進寺院煮茶的大鍋裡活活煮熟至死，然後餵狗吃。有的人的手腳被捆綁於犛牛之間，受撕裂而身首異處。有的人被潑灑滾燙的油，活活燙死[14]。史德文本人還親眼見到了被狗啃盡的骨骸。

---

11 博巴：藏語，藏人。
12 趙爾豐：清末大臣，一九〇五年至一九〇八年，率兵入藏東康地鎮壓藏人反抗，並任督辦川滇邊務大臣、任駐藏大臣，實行同化藏人的「改土歸流」政策，屠殺藏人如麻，被藏人稱為「趙屠夫」。
13 史德文（Dr. Albert Shelton）：一九〇四年，美國基督會派遣醫學博士史德文、牧師浩格登來巴塘考察。一九〇八年，史德文來巴塘籌辦教務，以行醫為入世之謀，漸得巴塘信仰。第二年在城區設立基督教堂，建立巴安基督教會小學，一幢孤兒院和牧師住宅等，並大面積栽植從美國引進的蘋果樹。一九一一年，史德文、浩格登在巴塘正式成立巴安基督教區。一九一九年，建立基督教半西式醫院——華西醫院。一九二二年，史德文被當地強盜打死，後葬在巴塘。他著有《圖伯特歷險記》（Pioneering in Tibet）。
14 據記載，光緒三十一年，趙爾豐率師「剿辦巴塘七溝村，搜殺藏民達數百人，屍體拋入金沙江，而且將其中的七個暴動首領，剜心瀝血，以祭鳳全」。賡即他又圍攻鄉城縣桑披寺達數月之久，最後「設計斃六百餘人」。將「鄉城桑披寺、巴塘丁林寺無端焚毀，將寺內佛像銅器，改鑄銅元，經書拋棄廁內，護佛綾羅彩衣，均被軍人纏足。慘殺無辜，不知凡幾。以致四方逃竄者，流離顛沛，無家可歸」。

「你看，他們那時候就對博巴這麼殘忍了。」他總結似的說。

「不過，我喜歡魯迅。」他從電腦旁取過一個相框，裡面居然是魯迅的照片，他解釋說是他的妻子去香港探親時特意買的，「這個魯迅奇怪得很，你看他，長得也不像加米[15]，倒像日本人。」

他又拿過另一個相框，「這是 George Orwell。」他的英語發音一時讓我不知是誰，但說起那人寫的書，《動物農莊》，《一九八四》，我再熟悉不過。

「他們都批判專制。魯迅批判自己民族。奧威爾批判共產政權。兩個人都是偉大的作家。但是西方很多人不是這樣，他們喜歡共產黨，喜歡文化大革命，喜歡毛澤東，喜歡專制。哈，他們罵美國，罵得厲害，可是對共產黨簡直『北勒北勒』[16]得很。他們甚至對我們博巴說：『喔，你們不能批評中國，不能。因為中國就像小孩子，你們批評太多的話，他會生氣的。你們要學會哄他，這樣他才會答應你們的要求。』這叫什麼話！中國是個大國，很有權力，怎麼會像個小孩子呢？說這些話的外國人是我最不喜歡的了，我專門寫文章罵他們。也有外國人說，中國就是欺軟怕硬，你硬他就軟，你軟他就硬。哈哈，這也不見得吧。所以我們對中國，既不能抱著太大的希望，也不能任憑擺布，而是要靠自己，一點一點地做事情，實實在在地做每件事，這樣才會爭取到

---

15 加米：藏語，漢人。
16 北勒：藏語，巴結，討好。

自己的權利。」

　　沒錯，有不少這個學者那個專家的，最喜歡把專制中國比喻成刁鑽古怪、反覆無常的小孩子，認為需要使盡渾身解數來哄勸他，讓他一直保持好脾氣，唯其如此方能達到自己的目的，得到自己的利益，可說實話，這並沒有輕慢對方，反倒是侮辱了自己。我不滿地嘀咕道。

　　嘉央諾布是那種跳躍性思維的人，很快又回到了老本行，說自己寫了十多本書，福爾摩斯在圖伯特那本書翻譯成了十幾種語言，還翻譯成了越南文。他問我有沒有看過那本書，我搖頭，他說有日文，又立即笑道：「呵呵，那不一樣，不一樣。」

　　「那就譯成中文吧，或者譯成藏文。」我說：「這樣，這邊的博巴和加米都可以讀到。」

　　他點點頭，說正在寫康娘戎的一個博巴的故事，叫貢布郎傑，乃一百多年前的梟雄，不但跟中國人打仗，還跟噶廈也打仗，傳奇得很。「已經寫了九百多頁，還沒完。」此人我知道，據說曾誇下海口，要把拉薩祖拉康的覺仁波切搶到娘戎的寺院裡供奉，讓各地的博巴以後都到他的家鄉去朝拜。

　　他說他還在寫一本書，關於圖伯特跟現代世界是如何發生聯繫的。「中國人喜歡說博[17]很落後，是它給博帶來了現代化，這是一個刻意製造的神話。早年，帕廓沿街有多麼地摩登，是中國人想像不到的，店裡面盡是進口來的商品。而且，早就有了許多

17 博：藏語，BOD，藏人對西藏（圖伯特）的稱謂，音同「博」。

現代科技產物的詞彙，像日里[18]、比及里[19]，都是有著印度味的英語，還有自己造的新詞，像喀巴[20]，直譯過來，就是通過嘴巴傳送的印記。另外像曲翠[21]，藏語裡很早就有這個詞了。」

　　他還想為年輕的博巴寫澄清歷史的書，類似有本書，作者是個美國人，寫於一九三六年，講世界各國的國旗。「那時候，印度、澳大利亞還在英國手裡，加拿大啊尼泊爾啊都沒有國旗，中國的國旗還是青天白日旗，還有現在的這個國家那個國家在那會兒還都沒有出現的時候，那書上就已經有圖伯特的『傑達』了。」藏語的「傑達」是國旗的意思，「三‧一四」之後，在中國變得很有名，叫作「藏旗」或者「雪山獅子旗」。

　　他說我們博巴除了佛教之外，還有很多有趣的文化，在我們的日常生活中就有，比如我們是游牧民族，這方面的智慧非常多，像木碗一個套著一個，大的裡面是小的，小的裡面還有小的，最小的裡面裝著辣椒，這些隨身就可以帶著到處走。還帶著牛皮做的吹風筒，走到哪裡，把火擦燃，吹風筒一吹，就可以燒茶吃糌粑了。「我很喜歡這樣的文化，裡面有許多跟別人不一樣的東西，這才是屬於自己的。我今年寫了一篇洛薩時炸卡塞[22]的文章，像卡塞怎麼做的，有多少種類，多少花色，怎麼用場，等等，很

---

18 日里：藏語，Rili，現代藏語，火車。
19 比及里：藏語，Bijili，現代藏語，手電筒。
20 喀巴：藏語，Khabar，現代藏語，電話。
21 曲翠：藏語，Chutsoe，現代藏語，鐘錶，時間。
22 卡塞：藏語，油炸點心。

有趣。」

他側身，把電腦轉向窗戶，剎那間，全是耀眼的陽光刺目。

「我住在山上的，我的窗外就是山。我的妻子是醫生，我們周圍都是白人，沒有黑人也沒幾個亞洲人。山下有家中國餐廳，是福建人開的，他們最初看見我，大聲地喊：嗨，中國人嗎？我說，不，是 Tibetan。他們很意外的樣子。我就說，我們 Tibetan，被你們噠噠噠地趕走了。」他做出開槍的姿勢。「他們更意外的樣子，一定嚇壞了，以為我們是被公安局抓的逃犯吧。」他說的是漢語的「公安局」，很標準。「哈哈，也難怪他們，他們都是沒什麼文化的人，他們不懂這些。後來我們熟悉了，我看見他們就揮手：嗨，朋友。他們也嗨，朋友。」

「我們在這裡住了好多年，我喜歡這裡，不想離開，雖然妻子在山上當醫生，不如在城裡當醫生有錢，但這裡很安靜，很自然，我們願意在這裡生活下去。」

我忍不住插話說：「看得出來，你很愉快，想不到呢。」

他大笑：「你以為我是什麼樣子？是那種整天生氣的人嗎？哈哈，那可不是我們博巴的性格。我們博巴有自己的性格啊，我們總是快樂的，快樂地在自己家鄉生活著，快樂地在全世界流亡著，快樂地寫作，快樂地戰鬥，快樂地養家糊口，這樣多好。這是我們天生的性格，我們不需要改變。」

我又插話：「是啊，你寫塔澤仁波切就是這麼描寫他的。」

我指的是前不久讀到他回憶剛去世的塔澤仁波切。最早流亡

到美國的塔澤仁波切是堅定的讓贊派，我見過他在以往歲月裡的
幾張照片：穿袈裟時，是傑袞本[23]形象威儀的主持；穿俗裝時，
是卓爾不群的安多男人；而當他跟嘉瓦仁波切在一起，他是年長
十三歲的兄長，慈愛中飽含恭敬。嘉央諾布把塔澤仁波切稱為
「第一位讓贊步行者」[24]，是因為塔澤仁波切以步行美國等地的
方式來宣傳讓贊的主張，不過，「仁波切從來不是一個神情嚴肅、
咬牙切齒的民族主義者。他對於讓贊的信念並不是來自於對中國
人民的憎恨，或者某種超級愛國的教條或哲學，而僅僅只是出於
他對中國之於圖伯特真正的意圖沒有任何幻想。」

就在這時，一個美麗的小姑娘出現在影片上，Ｔ恤上印著一
個熟悉的圖案，那是 FREE TIBET[25] 的和平鴿銜著樹枝在飛翔的標
記。她跟我打了個招呼就跑了。嘉央諾布慈愛地看著她的背影介
紹道：「這是我的女兒，我有兩個女兒，我現在的主要工作就是
照顧她們。」

嘉央諾布喜歡用手拈鬍鬚，還喜歡時不時地往後仰。我詢問
了他的家世，他說父親是康巴，鄧柯[26]地方的人，四處做生意。

---

23 傑袞本：藏語又稱「袞本賢巴林」，意為十萬佛像彌勒洲。即塔爾寺，位於藏東安多，
   即今青海省湟中縣，藏傳佛教格魯派宗師宗喀巴的誕生地，格魯派六大寺院之一。

24 《回憶第一位讓贊步行者》，原文見嘉央諾布的博客：http://www.jamyangnorbu.com/blog/
   2008/09/17/remembering-the-first-rangzen-marcher，中文譯文見我的博客：http://woeser.
   middle-way.net/2008/09/blog-post_23.html。

25 FREE TIBET：即自由西藏學生運動，http://www.studentsforafreetibet.org。

26 鄧柯：位於藏東康地，原屬德格王轄屬之地，一九七八年，鄧柯縣建制被取消，併入今
   四川德格縣與昌都江達縣。

母親是拉薩貴族哲東家族的，一家人很早去了大吉嶺[27]生活。母親與父親是在大吉嶺邂逅的，於一九四九年時生下了他。我很想問他有沒有回過圖伯特，我猜想他或許從來沒有回來過，他既沒有回到過父親的家鄉，康地鄧柯；也沒有回到過母親的家鄉，首府拉薩。正這麼思忖著，卻像是被他洞悉似的，自顧自說起一歲時，被僕人抱著，坐在馬背上，回到過拉薩，印象最深的是見過「朗欽啦」[28]。

我樂了：「還朗欽啦呀，不就是一頭大象嗎？」

「可那是一頭來自印度的大象啊。聽說原本送的是兩頭，一頭獻給衰頓，一頭獻給班欽[29]，可是給班欽的朗欽啦，可能水土不服吧，好像在半路上就死了。朗欽啦屬於輪王七寶[30]之一，所以博巴特別珍惜它，讓牠住在宗角魯康[31]，每天上午都要繞著布達拉宮轉經。連餵養牠的博巴都會說印度話，頭上纏著白布，打扮得像印度人，免得牠想家。」

哈哈，想起來了，我見過一張朗欽啦默默轉經的照片，難怪牠那麼溫順。

---

27 大吉嶺：藏語，金剛之洲。位於喜馬拉雅山麓的西瓦利克山脈，即今印度西孟加拉邦的一座小城。

28 朗欽：藏語，大象，加「啦」表示尊重。

29 班欽：藏語，指班禪喇嘛。

30 輪王七寶：佛經中記載，在轉輪聖王出現時，會有七寶出現，以輔助聖王教化百姓，行菩薩道。轉輪聖王是指具足德行及福報的理想聖王。而輪王七寶則是指：輪寶、象寶、馬寶、珠寶、玉女寶、主藏寶、典兵寶。

31 宗角魯康：藏語，意為堡壘背後供奉魯神之屋，簡稱魯康。是三層建築的佛殿，位於布達拉宮後面的小島上。自六世達賴喇嘛起，為短期隱修之處。如今宗角魯康被改成包括佛殿、人工湖、樹木花草、廣場在內的公園。漢語稱龍王潭。

上：1950 年，嘉央諾布
　　的母親帶著一歲的
　　他去往拉薩的路上。
　　（嘉央諾布供圖）
下：嘉央諾布與他的小
　　女兒。（嘉央諾布
　　供圖）

　　嘉央諾布說當時就住在八朗學[32]那裡，差不多有一年吧，再由原路折返大吉嶺，從此再也沒有回過圖伯特，雖然他是那麼地熟悉那裡的山山水水，至今，每天，從他的窗外，可以眺望或許仿若故鄉的山巒，可以呼吸或許仿若故鄉的空氣……當然，這是我想像的，似乎添了幾分鄉愁才符合流亡者的身分。不過他真的懷有思鄉愁緒，因為他突然問我，什麼時候會回拉薩？回到拉薩去祖拉康時，別忘了替他向覺仁波切祈禱。我頓覺酸楚。

　　從網上看到，失蹤多年的福爾摩斯在復活之後還透露過一句話，稱自己「我在圖伯特旅行了兩年，也曾經造訪拉薩，還花了幾天時間與大喇嘛在一起」[33]，算算看，那大概是在一八九二年前後。那麼，福爾摩斯見到的會是誰呢？偉大的十三世達賴喇嘛嗎？其實已經有人注意到這一點，福爾摩斯於是被戲謔成早在十九世紀就企圖分裂中國與圖伯特的英國特務了。嘉央諾布在小說中又是如何描寫這段懸案的呢？等到下次在 Skype 上再見他時，我得記住問問。

　　　　　　　　　　　　寫於二○○八年十月十六日，北京

　　　　　　　　　　　　修改於二○一一年一月，北京

32　八朗學：藏語，黑氂牛帳篷。位於拉薩帕廓街東面，過去是藏東康地商人的聚居地，因搭黑色的氂牛毛帳篷而得名。

33　柯南‧道爾原著《空房子》如是寫道：「I travelled for two years in Tibet, therefore, and amused myself by visiting Lhassa, and spending some days with the head lama.」

記埃利亞特・史伯嶺

一

有一次──我不太記得是這幾年的哪一次，因為埃利亞特・史伯嶺（Elliot Sperling）[1] 這幾年都來過北京，除了不能去拉薩，北京他還是來過好幾次──他拿著一本很厚的英文書，對我說這是曼德斯塔姆（Osip Mandelstam）夫人的回憶錄 [2]。

那時，這本書還沒有中文譯本。不過我讀過曼德斯塔姆的詩歌和散文，埃利亞特因此很滿意。我們便一起複習了那首給詩人帶來厄運的詩：「我們生活著，感受不到腳下的國家，／十步之外就聽不到我們的話語，／而只要哪裡有壓低嗓音的談話，就讓人聯想到克里姆林宮的山民……」[3]

想起來了，那是二〇一一年三月剛結束。十六日那天，二十歲的僧人彭措在安多阿壩為抗議三年前的屠殺，以身浴火，慘烈犧牲。數日後，我見到了一位與彭措同屬格爾登寺的僧人洛桑次巴，他含淚講述了彭措的自焚，但他很快就失蹤了，直到兩年後

1　埃利亞特・史伯嶺（Elliot Sperling），國際著名藏學家、中國學家，美國印地安那大學中亞研究系教授，中譯又寫艾略特・史伯嶺。

2　《曼德斯塔姆夫人回憶錄》，（俄）娜傑日達・曼德斯塔姆著，劉文飛譯，廣西師範大學出版社，2013 年。

3　詩句來自俄羅斯詩人曼德斯塔姆的詩〈我們活著，感受不到腳下的國家〉。

我才得知，他是被警察從北京一所教授漢語的學校帶走了。

　　我給洛桑次巴寫了一首詩。其中轉載了曼德斯塔姆的兩行詩句，並寫道：「這詩句，來自死於斯大林之手的一位良心詩人，卻也是盛世華夏之寫照。」我還在詩中記錄了與埃利亞特在Skype上的對話：

　　深夜，我語無倫次地吐露：
　　「我不知道有沒有用，但我還是說了。
　　我其實知道，說了也沒有用……」

　　來自「讓旺隆巴」[4]的友人，語調鏗鏘：
　　「他們總是要讓人以為說話沒用。
　　但我們必須不停止地說！」

二

　　第一次見到埃利亞特的情景是清晰的。

　　那是二〇〇八年的夏天，埃利亞特順利地從北京機場抵達受邀參加會議的住處後，放下行李就直接坐計程車來東郊的通州看我。雖然他是少有通曉中文的藏學家，但他很少、很少對我說中

4　讓旺隆巴：藏語，自由世界。

文。我的意思不是說我的藏語多麼流利，都知道我的藏語水準，而埃利亞特是為了幫助我的藏語更加進步才不說漢語的，我這麼認為。

當晚，我帶埃利亞特去了建國門附近的藏餐館「瑪吉阿米」。這是個有著歧義名字、因而對圖伯特造成更多誤讀的藏餐館，不過說實話，菜肴的味道還不錯，雖然不完全是純正的圖伯特風味。而且，還有從拉薩運來的青稞啤酒，多少安慰了埃利亞特經年不見拉薩的愁緒。年輕的男女藏人表演的那種風情歌舞，則讓帝都愈來愈多的「西藏粉絲」虛構起東方主義的想像，我記得埃利亞特與我談到過這點。

這以後，好像我們的見面常常與吃有關，去了北京不少餐館：圖伯特風味的餐館、印度風味的餐館、墨西哥風味的餐館。當然去的最多的還是中國餐館——辣得過癮的火鍋店等等。其實不只是吃喝。我們還去過書店、美術館，還去過圓明園、國子監、南鑼鼓巷、宋莊，有兩次差點中暑（似乎他來北京的時間常常是在盛夏）。

我們還看過歌劇。有一次，埃利亞特（鑒於他的長相愈來愈像列寧，我有時會稱他「列寧同志」）請我在國家大劇院（被人們戲謔為「巨蛋」）觀看了歌劇《卡門》，他是那種幾乎對所有的古典歌劇都爛熟於心的人，穿一身白色的麻質西裝，一邊輕聲哼著一邊微微打著拍子。有一次，是我和好友的生日，但當天在國家大劇院只有來自朝鮮歌劇院的歌劇《賣花姑娘》，這是我小

時候飽受共產主義意識形態洗腦教育的革命文藝經典，王力雄便請埃利亞特與我和好友度過了一個「憶苦思甜」的生日。當晚北京暴雨成災，似乎比朝鮮的眼淚還多。

三

我愛開玩笑叫埃利亞特「格啦」，你知道，這是拉薩敬語，先生的意思。

有一次，我們去承德參觀滿清皇帝給他的佛法上師達賴喇嘛和班禪喇嘛修建的行宮（俗稱「小布達拉宮」和「班禪行宮」），在埃利亞特漫不經意的指點下，我寫的有關承德的文章也顯得有些水準了。

其實那一路的所見所聞很有趣，我們遇見所謂的「西藏師傅」行騙，給排著隊的男女遊客每人一盞需付錢的蠟燭燈，埃利亞特就用藏語彬彬有禮地向他問話，讓假扮藏人的騙子很是慌亂。除了個人行騙，政府也在行騙，重新敘述被政治竄改的歷史。比如把十八世紀末蒙古土爾扈特部落的東遷渲染成「回到祖國懷抱」，且有專門的展覽和嶄新的浮雕。埃利亞特拍了照片發給一位蒙古學家，得到幽默的回覆：看來在承德發現了很重要的新資料。

再講一個可笑的細節，當然也是埃利亞特發現的。「小布達拉宮」有道「五塔門」，城門上矗立著五座色彩各異的佛塔，符

合佛教的解釋應該是以此代表中央、南方、東方、西方、北方的
五方佛，可是立在門前的牌子上寫的中英文解說錯誤百出，不但
將五座塔說成是代表藏傳佛教的五大教派，如黃塔代表「黃教」
即格魯派，黑塔代表「黑教」即「笨波派」，而且這個「笨」是
中文「笨蛋」的「笨」，於是英文解說依照中文翻譯為 Stupid，
害得原本在正確的解釋中並不存在的苯教，被寫成了 the stupid
wave sends。

四

　　作為中國政府討厭的異見人士，我和王力雄經常會被限制自
由，遭到軟禁。我被限制更多，體現在王力雄可以得到護照（但
有時候連護照、簽證都沒用，國家安全警察可以在你臨上飛機之
前，宣布你的旅行作廢），而我從來得不到護照。我們都認為這
與我們的民族身分不同有關。

　　有一段時間，危險似乎已經迫在眉睫，我真的不知道僥倖躲
過的成分會有多少，就像曼德斯塔姆夫人所寫：「另類，話多，
對抗……這些特性似乎就足以構成被逮捕和被消滅的理由了。」
於是，埃利亞特每天上午都會在 Skype 上呼我，看我是否又度過
了安全的一日。然後，他會開心地、大聲地用藏語和漢語各說一
遍：「不錯！」

　　就像曼德斯塔姆夫人所寫：「我們生活在這樣一些人中

間，他們後來消失於另一個世界，被送往流放地、集中營和地獄⋯⋯」是的，我說的是伊力哈木・土赫提，我們的摯友，維吾爾學者，於二〇一四年一月十五日當著兩個幼子的面，被幾十個警察野蠻地從北京家中帶往烏魯木齊囚禁，至今未獲自由[5]。而在他被消失的七天前，我和王力雄還與他在民大附近的維吾爾餐廳見面，還去他家見到了他瘦弱的妻子和多病的母親。

在他被消失的兩年前，同樣是在這家維吾爾餐廳，埃利亞特與伊力哈木一見如故，在我們四個人的合影中，這種真誠與信任顯露無遺。伊力哈木的女兒菊爾說埃利亞特是世界上最好的人，不只是因為他安排伊力哈木去印地安那大學做訪問學者，當伊力哈木赴行時卻在北京機場被扣留，使得十八歲的菊爾心惶惶地獨自遠去美國，但並未在後來的日子遭遇困厄，原因是她一直被父親託付的這位友人照顧著。

實際上不只是對朋友才會付出關切，不是這樣的。我曾在一篇文章中寫過一段話：「正如我的藏學家友人埃利亞特・史伯嶺，儘管他的研究在於圖伯特歷史和中藏關係，但他同時對圖伯特的政治問題、人權問題等現實問題非常關注。他曾這樣解釋他對西藏問題（他會修正說是「圖伯特問題」）的關心，乃基於對

5　伊力哈木・土赫提（Ilham Tohti）：一九六九年生，著名的維吾爾學者，北京中央民族大學國際結算專業副教授，「維吾爾在線」網站創辦人和站長。二〇一四年一月十五日被捕，二〇一四年九月二十三日，被新疆維吾爾自治區烏魯木齊市中級法院以「分裂國家罪」判處無期徒刑。現被關押在烏魯木齊第一監獄。國際筆會於二〇一四年三月三十一日授予他「芭芭拉戈德史密斯寫作自由獎」。包括達賴喇嘛、埃利亞特・史伯嶺、廖亦武等國際著名人士，以及多個國際組織和團體，提名他獲「薩哈羅夫思想自由獎」。

2011年，在承德，我與埃利亞特・史伯嶺（Elliot Sperling）的合影。（攝影：王力雄）

公民社會的根本價值予以認可並捍衛的立場，而這與民族與國別無關，卻因此支持圖伯特救存圖亡的鬥爭事業。」而這種種行動，正如加繆（Albert Camus）所說：「不會止於個人的義憤，又具有對他者的關懷。」[6]

在此僅舉兩個事例：去年五月，鑒於中國政府對拉薩老城以改建為名進行破壞的事實，埃利亞特在國際藏學界發起呼籲，一百三十多位各國藏學研究者連署，在「致習近平及聯合國教科

6　加繆：即卡繆（Albert Camus），此話見《反抗者》，嚴慧瑩譯，台灣大塊文化出版公司，2014年。

文組織的公開信」[7]上指出：「此種毀壞……不僅僅是西藏的問題，也不僅僅是中國的問題。這是一個國際性的問題」，將使得「拉薩變成一座二十一世紀初的旅遊城市而失去了它的獨特性和固有的傳統文化」，並要求立即停止對拉薩的破壞。儘管呼籲未能起效，但足以表明中國政府的行為多麼糟糕。

　　另一件事是中國獨立電影人王我攝製的紀錄片《對話》[8]於今年（二〇一四）三月完成，這是一部有關西藏問題、新疆問題等民族問題的紀錄片，其中有尊者達賴喇嘛與幾位中國知識分子透過網路進行對話，以及主持這一對話的王力雄對民族問題的思考。埃利亞特不但幫助修訂全片的英文字幕，並讓它在印地安那大學最先放映。

五

　　有一次，埃利亞特的女兒蔻琳也來北京了。他的女兒才是真正的美人呢，相信見者都會有驚若天人的感覺。埃利亞特就會面露得意，用藏語說「有其父必有其女」。而我就會做出懷疑的表

7　國際藏學家致習近平及聯合國教科文組織的公開信：呼籲立即停止對拉薩老城的破壞　http://woeser.middle-way.net/2013/05/blog-post_6051.html。

8　完成於二〇一四年二月的紀錄片《對話》，由中國獨立電影人王我拍攝，時長近兩個小時，中英文字幕。記錄了中國境內外藏人、維吾爾人、漢人等不同族群之間的對話和思考。影片以二〇一一年初，由中國作家王力雄發起的，兩位中國律師滕彪、江天勇及推特網友與尊者達賴喇嘛之間，利用網路突破封鎖、進行影像對話開始，到二〇一四年初致力於民族對話的維吾爾學者伊力哈木・土赫提被中國當局逮捕為止。

情，小小地打擊一下列寧同志。

其實埃利亞特年輕時的嬉皮風采還是很帥氣的，儘管如今從外表上看，嬉皮顯然已經成功轉型為學者形象，但我覺得他是嬉皮入骨。不然，他不會在前年（二〇一二）的一個酷夏之夜，與我和兩個藏人在墨西哥風味的飯館喝得大醉，抱頭痛哭。王力雄聽說後，笑嘆史伯嶺可真是個老嬉皮，居然跟年齡跨度不一的你們喝酒還喝醉。

我很喜歡他的女兒，不只是因為她的美貌，還因為一九九五年春天，埃利亞特攜七歲的蔻琳去拉薩（他總共去過八次，最近一次是二〇〇四年去的），他教了女兒一句藏語「博格達波博彌應」[9]。於是，無論是去拜訪主人早已流亡數十年的布達拉宮，還是去憑弔文革被毀成大片廢墟的甘丹寺，長得像天使一樣的女兒，會對遇見的僧人或者朝聖的老人和婦女，用清脆的聲音、用他們聽得懂的語言輕喊「博格達波博彌應」，藏人們無不驚訝、感動，甚至流淚，我第一次聽到這個故事時也差點哭了。

六

原本以為我們在這個夏天又能見面的。我提前從亞馬遜網購了兩本中文書：《曼德斯塔姆夫人回憶錄》和《雪域求法記——

9　柏格達波博彌應：藏語，意為圖伯特的主人是藏人。

一個漢人喇嘛的口述史》，這是送給嗜書若命的埃利亞特的禮物。還打算這次要帶他去另一家藏餐館品嘗具有圖伯特風味的美食。

六月間，我和王力雄在南蒙古旅行時，聽埃利亞特說他順利拿到了簽證，這還真是出乎意料，畢竟有太多的藏學家、漢學家、新疆學家等國際學者，因為不同於中國政府的觀點而遭到排斥，不予簽證。也許埃利亞特‧史伯嶺是統戰對象？

但顯然不是。而是一個類似於貓玩老鼠的遊戲。七月五日下午，當埃利亞特經過十幾個小時的飛行抵達北京首都國際機場，不但被拒絕入境，還被中國警察帶到小房間拍照、盤問，禁止使用手機，上廁所被跟，被扣留一個半小時，且被修改原機票的返回日期。當我第二天在 Skype 上見到他時，他已安坐在他紐約家中，似乎就沒動彈過，這讓我感覺魔幻。

不提所耗費的時間和精力，僅機票和簽證費共損失近兩千美元，這難道是中國政府故意折騰他嗎？伊利亞特倒是很幽默，把被打上醒目黑叉的簽證照片傳給我說：「熱烈恭賀史伯嶺獲得中共授予外國人的人權獎！」

我自是忿忿不平，當即將這一事件在推特和博客上做了暴露，引起了諸多媒體的重視。《紐約時報》採訪了伊利亞特，引述了他的話：「我很清楚自己為什麼被拒絕入境。我認為，這明顯與伊力哈木有關。中國試圖壓制那些聲援伊力哈木的人，迫使他們保持沉默，或者至少是孤立他們。」而對於是否還能去中國，

伊利亞特說：「我不會為了獲得簽證而遵從專制規則。」——看看，埃利亞特‧史伯嶺絕不是列寧同志啊。

　　王力雄轉過頭來對我說：「看來你倆往後只能在 Skype 上見面了。」

　　　　　　　　　　　　寫於二〇一四年七月十三日，拉薩

第三部

雙腳站在拉薩的地面上，我有一種深深的孤獨感，毋庸置疑，這是做過手術的舌頭造成的。我發現，我幾乎說不出幾句完整而標準的藏語，我脫口而出的，反而是帶有四川口音的普通話。

做過手術的舌頭

　　一九八一年初秋，在藏區東部日益漢化的小城康定（藏語叫達折多）初中畢業的我，恰逢位於成都的西南民族學院預科部（相當於高中部）招收藏族學生。這個預科部應該是始於一九八五年，出於加快同化的目的，在北京、上海等諸多中國城市創建的西藏班、西藏中學的前身，具有實驗性質。當然，官方的說法一概是「幫助西藏培養人才」。

　　並非父母鼓勵，純屬個人意願，我報考了預科。正處在叛逆期的我不想被父母管束，且覺得成都是個充滿新鮮事物的大城市，並沒有意識到漢地與藏地有什麼不同，也沒有預料到我會與自己的家園、所屬的文化漸行漸遠。

　　穿軍裝的父親把我送至成都。我們坐在座椅硬邦邦的長途汽車上，翻過了高高的二郎山（藏語中的它叫什麼呢？），這之後，窗外的風景是青青翠竹、大片菜地和掛滿枝頭的水果。當我們下車，我第一眼看見的是街邊飯館前擺放的盆子裡，堆滿孤零零的兔頭散發著誘人的味道。我一時發愣，立刻想到的是吃兔肉會變成豁嘴（兔唇）的圖伯特民間傳說，眼前也出現了那穿過高山縱谷的道路上，藏語發音是「Ribung」的兔子倏忽而逝。

　　撲面而來的很多都是迥異的。飲食；外表；口音……開始吃

紅燒鱔魚、吃麻辣兔頭、吃青蛙肉。知道吃這些違背了禁忌，更知道不吃這些就是迷信的「蠻子」。成都人似乎愛說「蠻子」，如果你連兔頭都不敢吃，必然就是瓜兮兮的「蠻子」（瓜兮兮的意思是笨蛋）……成都是個潮濕的盆地，我和同族的同學們都驚訝地發現頭髮鬈曲得太厲害了。一般人將這種「自來鬈」看成是少數民族的特徵。於是我們每天早上都用梳子狠狠地梳著長而鬈的頭髮，要把鬈髮梳成直髮，最終剪成齊耳長的短髮，雖然還鬈，但看似燙過，就像成都街上的中年婦女。

設在民族學院的預科是一個封閉的「小學校」，我們被安置在校園一角的兩間大教室裡上課。我們從不和成都的中學生接觸，根本不知道同齡的他們每天在學什麼，但應該是一樣的，畢竟我們和他們的課本完全相同，絕不會多出一本藏文課本或彝文課本。我們將近七十人，年紀在十四歲至十六歲之間，多數是藏人，其餘是彝族，但會說藏語和彝語的沒幾個，隨著時間推移，人人都是一口流利的成都話。

九年後，我從康定回到拉薩，才發覺自己身上所發生的變化具有某種深刻的意義。拉薩的親戚們形容我的舌頭是「做過了手術的舌頭」，因為那些顫音、捲舌音、齒齦音等若干種傳統藏音，我不是發不出口就是發成了怪音，甚至連藏語的「拉薩」這個詞都發音不準。

對於我來說，上大學的經驗更是被置換的經驗。整個西南民族學院有三十多個各具名號的少數民族，讓我們似乎生活在多民

上：1980 年代的我與同
　　宿舍的藏人、彝族同
　　學在西南民族學院。
　　（攝影：澤仁多吉）
下：2013 年，拉薩雪頓
　　節，我身後是色拉寺
　　展佛。（攝影：Pazu
　　Kong）

族的環境裡，卻並不瞭解這些民族的歷史和文化，只知道在一些
民族的節日吃一頓有民族風味的飯菜，或者圍著篝火喝酒唱歌跳
舞，或者用臉盆互相潑水過一過傣族的「潑水節」。多民族的表
面特徵也讓我身陷時刻感受到自己是「藏族」的情境之中，卻並
未受到過任何本族化的教育。

　　我滔滔不絕秦始皇修長城，卻說不出布達拉宮如何築成；我
倒背如流唐詩宋詞，卻讀不懂六世達賴喇嘛的詩歌；我熟知紅色
中國若干個革命烈士，卻不瞭解一九五九年拉薩起義中藏人自己
的英雄……好在我沒有忘記拉薩。那是我的出生之地，四歲時隨
父母遷徙至藏區東部，從此深懷對拉薩的鄉愁。直到一九九〇年
春天，我大學畢業的第二年才終於返回，在官方主辦的西藏文學
雜誌社擔任編輯。

　　但抵達拉薩的最初見聞讓我驚訝。童年的記憶並不清晰，而
我只能從我父親當年拍攝的照片裡留下對拉薩的模糊印象，似乎
有一種別具一格的美好。現實卻是荷槍實彈的軍人布滿全城，一
輛輛裝甲車隆隆輾過大街，這是因為一年前即一九八九年三月，
許多藏人包括僧人、尼姑和平民走上街頭，抗議一九五九年中國
政府對藏人反抗的鎮壓，而這一次，北京對拉薩實行了長達一年
七個月的軍事戒嚴。

　　雙腳站在拉薩的地面上，我有一種深深的孤獨感，毋庸置
疑，這是做過手術的舌頭造成的。我發現，我幾乎說不出幾句
完整而標準的藏語，我脫口而出的，反而是帶有四川口音的普通

話。可是，我的母語原本並非中文啊，只不過我的問題在於，我的母語在成長過程中被置換了。我甚至懷疑這是因為我吃過麻辣兔頭，冒犯了禁忌的人很可能連外貌也會改變。

　　二十年後重返拉薩的我，其實是一個失去自我的我。而我對自我的追尋、抗拒、接納……最終以今日的立場講述圖伯特的故事，實在是花費了太長、太長的時間。而我也始終意識到，所有這些文字到底還是用漢語寫成的，無疑令人傷感。但萬事萬物的形成都是有原因的，我之所以被置換成另一個人也是有原因的，正如圖伯特的一句諺語：「鳥落在石頭上，純屬天緣。」幸運的是，我沒有被換掉心臟。

　　至今讓我難忘的，是第一次去大昭寺的經歷，它意味著一個重大的轉折由此發生，更像一股強大的電流，將遭到異化的我重重擊中。那是一個黃昏，我被依然保留著藏人傳統的親戚帶往寺院。不知為何，淚水從我邁進寺院就莫名湧出。當我見到含笑的釋迦牟尼佛像時，不禁失聲哭泣，內心有個聲音在說：「你終於回家了。」不過我立刻感到痛苦，因為聽見旁邊的僧人用藏語感嘆：「這個加姆[1]是多麼可憐。」[2]

寫於二〇〇七年，拉薩

修改於二〇一四年三月，北京

1　加姆：藏語，漢人女孩。

2　此文由Violet S. Law譯為英文，發表於二〇一四年八月十四日的《紐約時報》，標題為〈My Chinese Education〉。

我在拉薩被「喝茶」[1]

　　拉薩是我的家鄉，我一天天老去的母親住在拉薩，而我來到北京已十年。每年回拉薩住幾個月，不只是作為女兒的本分，更是內心的需要。

　　這幾年，每次回拉薩愈來愈多麻煩。許多人只因是我的親戚或朋友，警察就會找上門。我粗略算過，僅拉薩就有四、五十人被「喝茶」，受到的「待遇」輕重不一，但都足以被震懾，不得不與我疏遠或劃清界限。我母親被「喝茶」的次數最多，她本是一名無職無權的退休幹部，素來謹小慎微。找她「喝茶」的，甚至有專程從北京來的國保[2]，姓段[3]，談過三次，地點不一，要求我母親「教育」我「懸崖勒馬」，否則到時候誰也救不了。單位領導在一旁說「我們是相信妳的」，令年過七旬的母親更覺驚惶，當場灑淚。

　　今年（二〇一四）八月八日一大早，我乘北京直飛拉薩的航班，三個小時後抵達貢嘎機場。飛機坐得滿滿的，基本都是中國遊客，只有三、四個西方人。當穿過雲層的雪山出現，我將出門必帶的戶外運動相機 GoPro Hero 3 摁在舷窗上，片刻間拍了上百

1　喝茶：指被警察傳訊，是當今中國的一種隱語。
2　國保：公安部國內安全保衛部門，中國祕密警察組織之一。
3　段國保，四十出頭，聽說他二〇一三年還是二〇一二年，在出差時醉酒暴斃。

張風景。

我做好了被「喝茶」的準備。無外乎又是行李被打開、錄影，電腦被打開、複製等等。之後，與其說「談話」，毋寧是警告：妳可以來拉薩，但不准拿西藏話題炒作，不准歪曲今天的幸福西藏；在拉薩期間，不准見不該見的人，不准去不該去的地方；云云。我已習慣了這一套。

當我推著行李正要走出機場，幾個穿制服的警察和不穿制服的便衣忽然圍上來。我問為什麼，戴眼鏡的漢人警察冷冷地說：「有人舉報妳攜帶違禁品。」我想起二〇〇八年六月在拉薩家中被一群警察搜查，理由是「群眾舉報妳拍攝執勤軍警」，然後被帶到某個沒有掛牌的小樓，問了八個小時的話。

群眾是誰？群眾在哪？群眾簡直是一種神存在，就像這些名詞：黨、人民、中國夢、中華民族。

我被帶往機場警務室。分裡、外兩間，我的行李已擱在裡屋地板上，一個大眾臉的漢人女警察和一個啤酒肚的藏人男警察打開箱子，一件件翻看，同時還有一個藏人男警察舉著攝影機錄影。那個戴眼鏡的漢人警察則讓我交出電腦，要求我「配合」。我說我不配合。他就指著我的電腦包說，那麼這些全部都得扣下。我不得不用實際上形同虛設的密碼打開了電腦。

這時又來了三個人，沒穿警察制服，都是藏人。其中一人我認識，自稱是拉薩市公安局國保大隊主任，曾在去年（二〇一三）叫我「喝茶」時，至少講了三句圖伯特諺語，如蝨子是頂

不起被子的；雞蛋跟石頭碰，雞蛋會吃虧；庶民生活過得好，國王是個尼姑也可以。我忍不住反問：「你說習近平是尼姑嗎？」令他大驚失色。另一人看上去是這次「喝茶」行動的指揮，四十多歲或更年長，拉著臉，厲聲說：「這些全都要檢查！仔細檢查！」

我對他們翻看我的個人物品很介意，後來獲准回家後，就將所有被觸碰過的衣物都清洗了。雙肩包的夾層裡有一個小袋子專門存藏宗教物品以護佑，如上師加持的金剛結、法藥，還有一枚尊者達賴喇嘛的像章，舉著錄影的藏人警察看了我一眼，繼續錄影。我也看著他，想起許多真實的事例，來拉薩朝聖的牧民因手機裡存有尊者法像而被捕，經過檢查站的僧人因查出帶有尊者講授佛法的光盤（光碟）被打死。相比他們，我的確是得到了網開一面的特殊待遇。

我眼睜睜地任由我電腦上的文件被拷貝，我手機上的通訊錄被一頁頁錄影，終於忍不住說：你們不必如此大動干戈，作為一個寫作者，我寫的文章都可以從網上找到，只不過需要翻牆。

「我們不翻牆；我們光明正大。」戴眼鏡的漢人警察說。

我說：「你們就是牆。」

「我們是執法者！」他的聲音很高。

「你們千萬不要以為你們是正義的化身，法律的化身。周永康[4]掌控中國政法十多年，是你們的頂頭上司，現在卻成了階下

4　周永康：據維基百科，一九四二年生，中國江蘇人，中國共產黨和中華人民共和國前主

囚。」我奮力發聲。

「妳不要把話題扯遠了！」顯然新近暴露的周永康的下場使得他們尷尬，這讓我開心起來，於是又提了一遍周永康，還有因逃到美國領事館而製造了國際新聞的前重慶市公安局局長王立軍。他們真的被激怒了。

我的 GoPro 相機被扣了。他們聲稱那是「偷拍用的間諜工具」，要帶回去檢查。這其實是朋友去年（二○一三）送我的生日禮物，是我的自拍神器。前不久我去南（內）蒙古旅行，還用它給自己拍了各種照片。他們會還給我嗎？雖然他們給了我一份「收條」，表示「暫時收到」，可我後來打電話找署名「李衛國」的警察，卻被告知無此人。[5]

搜查結束後，我被叫到外屋。那三個藏人國保圍著辦公桌坐下，對我構成一種包圍的態勢，輪番指責我總是對「幸福西藏」的方方面面進行「詆毀」，而最近的文章攻擊了「民族通婚」政策，攻擊了拉薩老城改造的成果。

所謂「民族通婚」政策，指的是前不久西藏中共官員宣布「民族通婚是西藏開展反對分裂鬥爭的堅強保障」，我撰文說其實質乃殖民主義的繼續，列舉了人類歷史上一個個老牌殖民者如

要領導人之一，掌控政法委及國安，外媒稱其「政法沙皇」。二○一五年以受賄罪、濫用職權罪、故意洩漏國家祕密罪，判處無期徒刑。是一九四九年中華人民共和國成立以來，首位因腐敗問題而正式接受調查並遭開除中共黨籍、接受司法審判的中共中央政治局常委，也是一九七八年至今被查處的最高階官員。

5　直到我於十一月十五日離開拉薩前兩天，我再次被「喝茶」，是在一個茶園打麻將的包間，他們將 GoPro 交還我，嘲笑說：「我們這麼大一個單位，能看得上妳的相機？」

2013 年，拉薩街頭，計程車的後視鏡裡有跟蹤我的便衣開著車。

西班牙、葡萄牙、英國、法國、日本，在入侵美洲、澳洲、亞洲時，均無一例外地鼓勵本國移民與原住民通婚；這是一個簡單易行的同化手段，以此改變原住民的語言、民俗、宗教、信仰乃至民族結構，從而穩定殖民者的統治地位。

「妳跟王力雄也是藏漢通婚嘛。」這句話在重複第二遍時，我發現他們似乎很在意這項「民族通婚」政策被公開批評。我說我與王力雄的戀愛、婚姻屬自然而然，並非權力者軟硬兼施的結果。民族之間的婚姻本應是自然而然、你情我願的事情，可如果被權力者「力推」，施以種種「優惠」作為誘餌和獎賞，這背後的名堂就意味深長了。我故意問：「聽說要給藏漢聯姻家庭發獎金，照你們的意思，是不是也要給我們發獎金呢？」他們立刻做出了一個「妳想得美」的表情。

至於拉薩老城改造，指的是去年（二〇一三）七月一日竣工

的「拉薩老城區保護工程」，官媒報導投入了十五億元，為的是「解決老城區市政基礎設施滯後和存在的火災等安全隱患」，可是僅隔一年，連續的夏日暴雨卻暴露出嚴重問題。從網友們拍攝的現場照片可以看到，位於古城中心的大昭寺門前的積水甚至堵住了朝聖的老人和婦女，被打造一新、顯得富麗堂皇的老城街道上，積水淹沒了過往車輛的車輪，以至於拉薩人問：這是政府聲稱的「良心工程」，還是實際上的「面子工程」？

我是一個寫作者，記錄和敘述是分內之事。如果說記錄事實真相就是「炒作」，那麼歪曲事實真相又算什麼？把其他藏區的藏人隔離，除非很不容易辦到「進藏許可證明」才允許進入的拉薩；把各個角落都安裝了攝影機、多個路口都設置了安檢門的拉薩；把所有寺院都蓋了派出所、都派駐了工作組和武警的拉薩；以及，把每個宗教和民俗節日都布滿了軍警、便衣甚至狙擊手的拉薩，說成是「全中國幸福指數最高的城市」，這「幸福」的代價未免太高。還有一個眾所周知的事實，除非是接受中國政府的安排，否則禁止外媒記者、各國外交官訪問西藏自治區，然而如此一來，只能看到和聽到當局讓他們看到、讓他們聽到的西藏，而那樣的西藏會是真實的嗎？白俄羅斯作家阿列克謝耶維奇（Svetlana Alexievich）將蘇聯時代比喻為「社會主義大戲」，生活於其中，「許多人把真相視為敵人，也把自由視為敵人」[6]。

---

6 《二手時間》，（白俄）阿列克謝耶維奇（Svetlana Alexievich）著，呂寧思譯，中信出版集團，2016 年。

　　藏人國保拍著桌子說：「我們有權力不准妳回拉薩！」又拍著桌子說，妳已經站在懸崖上了，妳快掉到懸崖底下了！

　　我不是也會拍桌子的人，雖然心裡想著應該有所回應，但也只是閉上了眼睛，結果又被呵斥「擺架子」。

　　歷時三個小時的「喝茶」，自始至終，這些穿制服的警察和不穿制服的便衣，沒有一個人向我出示過證件。當然他們歷來是這樣。而且問起他們的名字，他們都說自己叫「扎西」。一個極其常見的藏名，藏語的意思是吉祥。

　　寫到這裡，我彷彿聽見羅馬尼亞作家諾曼・馬內阿（Norman Manea）在被安全局官員找上門之後，憂慮地低語：「任何不願撒謊和歪曲事實的人不僅要經受恐懼的痛苦，而且還會產生一種深深的無用感……我希望那種侵擾著我的無用感完全不同於空虛感。我努力用諷刺表達著我的哀傷，用嘲諷表達著我的恐懼。」

　　他還說：「我並不是人們理解的那種『持不同政見者』……我只是想以作家的身分，在一個不正常的社會裡『生活在真理中』。」[7]

寫於二〇一四年九月四日，拉薩

修改於二〇一六年六月，北京

7　《論小丑：獨裁者和藝術家》，（羅）諾曼・馬內阿（Norman Manea）著，章豔譯，吉林出版集團有限責任公司，2008 年。

艾未未的「翅膀」來自拉薩

　　我是拉薩人，雖來北京十年，但每年都要回拉薩住幾個月。前年（二○一三）在拉薩的三個多月特別有意義，因為我在拍攝老城裡的廢墟時，替艾未未找到了意味深長的「翅膀」，還在三家裁縫店（都是藏人開的）替他訂製了優質、地道的藏式服裝。這些「翅膀」和藏裝讓我那些日子忙碌又充實，而那些總是跟蹤我的便衣警察一定很困惑。

　　離天很近的圖伯特高原陽光充足，拉薩又稱「日光城」。許多人家都在院子裡或房頂上，安裝靠鏡面反光來獲取太陽熱量的金屬裝置燒水煮飯，叫作「太陽灶」，藏語發音是尼瑪頭（Nyima top），形狀分兩種：一種像太陽那麼圓，比較笨重，屬舊樣式；一種兩片可摺疊，像雙翼，拆卸方便，是新型的。艾未未的「翅膀」，指的正是它。

　　我去拍的廢墟，是一座毀於文化大革命的寺院，如同拉薩的創傷，布滿歷史纏繞在暴力中的烙印，是諸多變遷的見證，顯示了物質的脆弱性，或佛教所說的無常。每次回拉薩我都會來這裡，拍下幾乎雷同的照片。這裡的每一處我都熟悉，就像被共產蘇聯迫害致死的詩人曼德斯塔姆所寫：「我回到我的城市，我的

淚水，／我的纖維、我童年膨脹的腺曾多麼熟悉它。」[1]

　　廢墟掩蔽在老城小巷深處，外人知道的不多，卻成了本地人的生存隱喻。廢墟的周圍，過去是數百僧侶的住處，如今有八十多戶人家居住，包括本土藏人、邊地藏人，還有漢人民工和回族商販。廢墟的庭院，過去是舉行盛大法會的莊嚴場所，如今擺滿了迎著太陽閃閃發亮的太陽灶，像翅膀一樣敞開著。

　　我拍過這樣一張照片：在廢墟前，一個太陽灶用聚焦的陽光燒著置放其上的鋁製水壺，正冒著沸騰的蒸氣。旁邊坐著一位曬太陽的圖伯特老婦，她像是滿腹心事，手上的念珠有一陣沒撥動了。在她的身後，晾曬著花花綠綠衣裳的繩子，與好幾串已經陳舊的經幡，全都拴在廢墟殘破的門柱上。微微的風把經幡吹得招展，但剛洗好的衣服把晾衣繩壓彎，水珠兒還在滴落。這一切多麼地日常。

　　我喜歡把拍的照片發於推特和臉書。我在推特上的粉絲，雖然遠遠不及艾未未的粉絲那麼多，也接近十萬。我和艾未未早就互相關注，他對我拍的拉薩風景時有精彩評論，比如：「克服恐懼要像服藥一樣，每天一張。年復一年，艾倫・金斯伯格（Allen Ginsberg）[2]拍他的廚房窗口的同一圖，有變化。」他還鼓勵我：「多拍，生命難得的，愚蠢的現實也是稀有的物類。妳的攝影可以克

1　詩句來自俄羅斯詩人曼德斯塔姆的詩〈列寧格勒〉。他是俄羅斯白銀時代（十九世紀末至二十世紀初）最卓越的天才詩人。被蘇共指控犯有反革命罪，兩次被捕，長年流放，多次自殺未遂，一九三七年十二月二十七日死於集中營。

2　艾倫・金斯伯格（Allen Ginsberg），曾譯艾倫・金斯堡，美國垮世代代表詩人，二十世紀著名詩人之一。

2013 年，拉薩喜德林廢墟，這些閃閃發亮的太陽灶及水壺已成為艾
未未的作品。

服恐懼，追憶逝者，見證野蠻的時期，同時也是自贖。」這一次
他注意到廢墟前被陽光照耀的太陽灶，問我能不能買到，由此開
始了「翅膀」的故事。

　　起先，我以為他只要一個「翅膀」，找到老城街邊的小店打
聽，四百多元一個，是新的，但太新了。這麼新的「翅膀」好像
缺了點什麼。我想啊想，就問艾未未：「你想要舊的太陽灶不？
曬過拉薩太陽的，燒過拉薩水的，照出過藏人身影的？我可以去
買新的，再拿到那個廢墟，跟藏人交換他們用過的，怎麼樣？」

　　艾未未回覆：「能以新換舊的話，我會更喜歡。」他得寸進
尺地說：「有多少就要多少吧。十多個都可以的。如果能把那些

太陽灶燒過的水壺和鍋也一同買下就更好啦。」

　　我亦很囉唆地問他要多舊的。生鏽的、掉色的、斑駁的，行不行？還有鍋或壺，是要燒得黑乎乎的，還是不要黑乎乎的？是癟的，還是不癟的？艾未未哈哈笑，說有多舊就要多舊，別在運輸過程中繼續劃傷就行。

　　可是要把「翅膀」託運到北京，對我來說是大難題。「翅膀」是金屬材料的，一個就重達幾十公斤，我怎麼弄得動？我想啊想，想到一個朋友，家裡院子大，又有工具車，且是拉薩本地人，知道應該怎麼去換「翅膀」，也知道應該怎麼託運，而且他當過木匠，會做裝「翅膀」的木箱，我就把這個事情委託給了他，讓他當成承接工程，直接跟慷慨大方的艾未未去打交道。

　　這樣，沒過多久，沐浴過拉薩的陽光雨露、冰雪風霜的「翅膀」，就一趟又一趟地運往北京草場地二五八號，那是艾未未的工作室。有一天，我又去廢墟拍照，看見一個個嶄新的「翅膀」在陽光下格外發亮，連正在冒著熱氣的水壺也都煥然一新，這簡直是皆大歡喜的事。而且，因為艾未未要的「翅膀」愈來愈多，我委託的那位朋友連自己家和親戚家的太陽灶都以舊換新了。「如果還要的話，我就得開著車去鄉下換了。」朋友不明白要這麼多「尼瑪頭」是做什麼用。

　　是啊，我也沒想到艾未未要那麼多「翅膀」，從十多個，到二十多個，到五、六十個，總共是多少個，我也記不得了。而且我同樣不知道他要這麼多「翅膀」，是要做出什麼樣的作品來。

我問過他，他說他也不知道。我相信藝術創作就是這樣，他的靈感已經知道會有什麼，雖然還不知道那會有的到底是什麼，至少當時不知道。好吧。那就期待吧。這一期待就是大半年。這期間，我離開拉薩，回到北京。艾未未請我吃了好幾次藏餐，自然是我介紹的藏餐館，我覺得我有點像推廣圖伯特餐飲文化的使者。

實際上，早在「翅膀」故事發生之前，另有一個故事與藏人自焚有關。當時已有一百二十六位男女藏人（到目前是一百四十七位）[3] 將生命付諸於奉獻與抗議的火焰，我在記錄每一位自焚者生平、事蹟的同時，還寫了一本書[4]，是我對幾年來藏人連續自焚所做的一種竭力的解釋、沉痛的分析和直率的批評。當然，批評針對的是不義的中共當局以及向不義妥協的沉默世界。我在推特上看到艾未未就藏人自焚發言：「西藏是拷問中國、國際社會人權和公正標準的最嚴厲問卷，沒有人可以迴避，可以繞過去。目前為止，沒有人不受辱蒙羞。」也因此，我請他為我在巴黎出版的這本書設計封面。艾未未回信說：「自焚行為的意義，無論從哲學還是宗教層面，它超越了尚存者的任何試圖

3　從二〇〇九年二月二十七日至二〇一六年三月二十三日，在境內藏地有一百四十四位藏人自焚，在境外有六位流亡藏人自焚，共一百五十位藏人自焚，包括二十六位女性。其中，我們所知道的，已有一百二十九人犧牲，包括境內藏地一百二十五人，境外四人。我寫這篇文章時，自焚藏人是一百四十七位。

4　該書法文版於二〇一三年十月十七日，由法國 Indigène éditions 出版社出版公司發行，艾未未設計封面。書名為《Immolations in Tibet: The Shame of the World》，意即：西藏的自焚——世界的恥辱。中文版於二〇一五年三月由台灣大塊文化出版公司發行，由艾未未設計封面，書名為《西藏火鳳凰》。英文版於二〇一六年一月出版，並被評為全球六十五本「二〇一六年最佳人權書」之一，波蘭文版將於二〇一六年十二月出版。

理解和訴說的努力，人們看到僅是它發生的直接的政治原因……
我還是願意試一試，儘管我十分明確這有多讓人絕望。」

最後完成的封面是這樣的：所有自焚藏人的名字用藏文刻印
其上；中間是裊裊燃燒的火焰，充滿奉獻的美而非慘烈的苦；底
色素淨而莊嚴。艾未未在給我的郵件中寫道：「……比較掙扎，
想用一種較為平靜的方式來看待犧牲的西藏的逝者。勇氣、精
神、記憶，和我無知的層面……諸多因素。」說實話，我非常感
激艾未未。記得他說過這樣一句話：「沒有去過拉薩，如果要去
拉薩，我會感到慚愧。我認為若要尊重藏人，就讓他們獨立生活，
不要去影響。」[5] 他還在一篇短文中寫道：「高原低氧，路途遙
遠，人煙稀少。是天意、艱辛和障礙守護了這個特殊的族群和土
地。而這一切正在消失。一條很長的來自內地的鐵路，不可避免
地加速了一種文化的消亡。一個歷史深遠、強悍民族的文化，獨
立完整的精神世界，正在文明的名義下消失。這是人類的悲哀，
是可以看得到的現實……我不會去到那裡，哪怕有更現代便利的
交通。沒有理由，也不必去。我要學習怎樣保持那一段距離。」[6]

接著說「翅膀」。去年（二〇一四）九月的一天，我如往常
一樣翻越網路防火牆，驚訝地看到從拉薩運給艾未未的「翅膀」

5　艾未未：若尊重藏族，給他們自主權（德國之聲）：http://www.dw.com/zh/%E8%89%
　　BE%E6%9C%AA%E6%9C%AA%E8%8B%A5%E5%B0%8A%E9%87%8D%E8%97%8F%
　　E6%97%8F%E7%BB%99%E4%BB%96%E4%BB%AC%E8%87%AA%E4%B8%BB%E6%
　　9D%83/a-16174159。
6　引自艾未未雜文選《不要對我有幻想》，文章名為「一條沒有盡頭的路」，香港大山文
　　化出版社，2012 年。

已經飄洋過海，作為他大型個展[7]的展品，出現在美國有名的「惡魔島」上。這麼說吧，幾十個太陽灶，在過去關押重刑犯的聯邦監獄裡，如同片片閃亮的羽毛，被組裝成一個巨大的金屬翅膀，張開著，就像是要突破禁錮，飛出囹圄。而且在這龐大翅膀的骨架上，還擱著幾個舊壺、幾口舊鍋，那裡面曾經盛滿熬煮酥油茶的水，燉過高原的馬鈴薯與犛牛肉，我像是聞到了熟悉的味道。

「真的是化腐朽為神奇啊。」我喃喃自語地感嘆。

我下載那翅膀的圖片，在電腦屏幕上放大，放大，仔細地看每一片羽毛，就像是在辨認這些來自拉薩的一個個「翅膀」，是否還留著拉薩的痕跡。是的，滄桑猶在，又像鏡面，可以映照出各種不同的時空。至少，這漫漫長路，許多本是太陽灶的「翅膀」，被艾未未變成了一個巨大的精神意義的翅膀，雖然沉重（據說重達五噸以上），卻攜帶著圖伯特的氣息，——這曾在圖伯特高原凝聚起太陽之火的翅膀，與那些自焚藏人的生命火焰融為一體，如同浴火重生的不死神鳥向著光明振翎欲飛，已經成為全人類追求自由和權利的象徵，我是這麼詮釋的。

寫於二〇一五年八月二十二日，北京

修改於二〇一六年十月，北京

7　二〇一四年九月二十七日至二〇一五年四月二十六日，艾未未在美國舊金山的阿爾卡特拉斯（Alcatraz）舉辦展覽「@ Large: Ai Weiwei on Alcatraz 在逃犯：艾未未在惡魔島」。其中一件作品 Refraction，即由來自拉薩的太陽灶組成。

拉薩路邊的大人物廁所

聽說那個故事至少有三、四年或四、五年了。也就是說，我對那個廁所的興趣也保持了同樣長的時間，導致我不但依憑只要有興趣就超好的記憶力，幾乎一字不差地記錄了那個故事，並且在幾個月前踏上了通往貢嘎機場的老路，就像那些總是跟在我身後的拉薩便衣，不放過任何蛛絲馬跡，最終獲得了從事田野調查的重大成果，使我在略微興奮地拍攝了女廁所又拍攝了男廁所之餘，還愉快地與兩位看守廁所的衛藏農民進行了懸念與樂趣橫生的談話。

不過我有些恍惚，我原本想尋找的是柯爾廁所，怎麼又多出兩個大人物的廁所？難道廁所也有分身術，一個變成仨？

待我回過神來，發現我從中國製造的山寨澳洲戶外名牌的錢包裡，掏出的不是一元，而是十元。是的，上廁所是要付費的，鑒於兩位農民提供了新線索，我果斷地將十元放回錢包，取出四元，一人兩元，以示獎勵。兩位符合香格里拉場景的純潔農民急忙擺手，聲稱一元即可，令我感動，放下錢就逃之夭夭，忘記了與他倆在大人物的廁所前親切合影。

為避免一激動就東拉西扯、無邊無際的壞習慣，我得先回顧一下最先聽到的那個故事。

柯爾廁所

　　話說一九八七年七月，時任德國總理的赫爾穆特・柯爾（Helmut Kohl，中國寫作「科爾」）先生在訪問中國時突然提出要去西藏，這可不是一般的外交活動，因為直到今天，他也是西方國家唯一訪問過拉薩的政府首腦。之前，鄧小平與柯爾聊過個子高與矮的話題。面對身高一米九三的柯爾，矮小的鄧小平說「天塌下來，我也不怕，因為有高個子頂著」，貌似他倆已成了哥們兒。

　　所以當居高臨下的柯爾擺出說一不二的架式，韜光養晦的中方只好答應，同時給予了高度的重視和迅速的各項準備，包括體貼入微地考慮到從拉薩的機場到市區當時須得耗費兩、三個小時，柯爾總理如果途中要方便怎麼辦？總不能讓堂堂德國總理在公路邊、在陽光下，被眾目睽睽著，從事這一私密活動吧。於是決定加班加點，立即蓋一個正式而不是濫竽充數的廁所。

　　鑒於柯爾總理很胖，據說體重超過一百一十公斤，中方還專門調運了一個結結實實的大號抽水馬桶進藏，不知道是不是從柯爾總理的故鄉進口的。也不知道，修建廁所的工人是不是從武警部隊或公安戰線緊急調來的，而他們絕對具有共產主義風格的高效率，使得這個充滿人情味的廁所在最後時刻順利落成。當柯爾總理邁著沉重的步履走下飛機，移駕前往拉薩，接待他的中方人員都由衷期盼他使用一下這個值得表彰的特供廁所。

　　然而，一路上，柯爾總理盯著窗外的風光目不轉睛，似乎毫

無便意。夏日的拉薩河谷美不勝收，藍天白雲下，長長的雅魯藏布一如千年靜靜地東流而去。中方人員計算著距離，小心翼翼地問：柯爾總理，您是否需要方便？不。柯爾總理頭也不回地一口回絕。還有幾公里了，又溫情款款地問：柯爾總理，您是否需要方便？不。柯爾總理有點不高興了。眼見那分外醒目的新廁所已出現在視野中，按捺不住的中方人員幾乎絕望地問：柯爾總理，您是否需要方便？被深深打擾的柯爾總理終於發脾氣了，據說他掉頭怒視，大聲吼道：「不！」（忘記問德語的「不」怎麼說了。）

這下好了，所有人都噤若寒蟬，儘管不少人的心快碎了，但再也無人膽敢建議他上廁所，以免釀成外交風波，以至於數日後，柯爾總理離開拉薩時也是從那新廁所跟前飛馳而過，甚至可能連眼皮都沒抬。唉，柯爾總理太不給面子了，這象徵中、德人民友誼的特供廁所一次也沒用上就成了歷史，徒留下柯爾廁所的別名流傳於世。

好在沒有浪費，聽說從上到下的各類官員都喜歡領略一下專為德國總理蓋的廁所。他們有沒有輪番去坐一坐那大號馬桶呢？反正當官的以大腹便便居多，說不定恰好適合他們的肥臀。後來拉薩機場的路改道了，那象徵現代化的隧道穿山而過，縮短了時間，這柯爾廁所自然就用不上了，連大號馬桶也失蹤了（是不是被哪個好奇的藏人偷搬回家當座椅？），只好改造成蹲式便坑，承包給附近住在「社會主義新農村」的農民，旅遊團路過時向遊客開放，一次一元錢。

　　給我講述這個故事的人是當時隨行的德國記者，如今駐京。他說他後來問過柯爾夫人，為什麼柯爾總理執意要訪問拉薩呢？據說當時的訪問或有可能讓德中關係變得微妙，人人都捏了一把汗的。柯爾夫人遲疑了一下，低聲透露了一個祕密，說西藏（圖伯特）一直是柯爾的夢，他年少時讀過哈勒寫的《西藏七年》[1]，無比神往，所以他無論如何要在有生之年去一次拉薩，哪怕給德中關係帶來麻煩。

　　哈勒就是著名的海因里希・哈勒，六十多年前逃到拉薩一住七年的奧地利登山運動員，還曾教過少年達賴喇嘛英文。如今拉薩的一些老人還記得哈勒當年愛跳舞愛打麻將，一口流利的拉薩話，穿藏裝戴禮帽尤其帥，是人人喜歡的開心果兒。不過，也有人很不喜歡他，比如一位姓沈的中國教授兼藏學家，就撰文說哈勒的過去是齷齪的，人格是卑劣的，當為正人君子所不齒。濃眉大眼的沈教授理所當然是正人君子，那他會不會連帶柯爾一塊兒所不齒呢？對不起，我貌似跑題了。

1　《西藏七年》：德語：Sieben Jahre in Tibet. Mein Leben am Hofe des Dalai Lama，英語：Seven Years in Tibet。奧地利登山運動員海因里希・哈勒根據他於一九四四年至一九五一年在西藏生活的親身經歷而寫。初版一九五二年發表，隨後被譯成三十多種文字。一九八六年六月，西藏人民出版社出版中譯本《西藏奇遇》，譯者袁士樸。一九九七年台灣大塊文化公司出版中譯本《西藏七年與少年達賴》，譯者刁筱華。兩個中文譯本，台灣譯本如實翻譯，但中國譯本有刪減和竄改。

對柯爾總理訪問拉薩的補充

這世上的事情總是這樣：你必須說出來，然後就會得到好事者，不不，是好心人的無私幫助，更多的細節就會浮出水面，柯爾總理的碩大形象就更加栩栩如生。

一位懂德文的朋友立即從德文網站上找到柯爾總理當年抵達貢嘎機場的照片[2]，白雲漫捲，彩旗飄舞，前來迎接的西藏自治區主席（不知是藏人還是漢人），按照藏族人民迎接貴客的禮節，將一條潔白的哈達掛在了柯爾總理的脖子上。鑒於柯爾總理高大而肥胖，我們可以想像一下那位中共官員一定是很困難地踮著腳尖，而且是兩次很困難地踮著腳尖，才把那過於漫長的哈達，先是掛在同樣困難地低下頭來的柯爾總理的脖子上，又在他的脖子上繞了一圈，映襯得他稀少的頭髮更花白、寬闊的腦門更發亮——

「不，柯爾在一九八七年七月訪問西藏時並沒有感冒。」報導很幽默。

不過記者好像不知哈達為何物，因為他說這是一條漂亮的生絲圍巾。什麼叫圍巾啊？真是一個土包子。記者接著說，當三名身著民族服裝的漂亮西藏女孩上前，從一把裝飾精美的銅壺中，往同樣精美的銀碗裡斟上羌[3]，柯爾總理卻因為忙著跟人握手，連看都沒看一眼。哎，被冷落的美人們有沒有亮開銀鈴般的民族

2　http://www.sueddeutsche.de/politik/bildstrecke-unterwegs-mit-der-macht-1.273674-3。

3　羌：藏語，青稞酒。

歌喉，高唱一曲締結中德友誼的酒歌呢？

　　看來柯爾總理的傲慢是與生俱來的，所以他一次沒用過中方專為他訂製的大號抽水馬桶，甚至連看都懶得看一眼專為他在路邊蓋的廁所，就牛哄哄地揚長而去，也是可以理解的。

陽光下看守廁所的衛藏農民

　　初冬的衛藏河谷雖然早晚寒冷，但只要太陽升起就會愈來愈溫暖，而且陽光會把沿途變得金黃的樹木照耀得更加金黃，還會把展示社會主義新農村風貌的藏式民房上那必須高掛的五星紅旗，亦照耀得更加鮮紅。黨中央愛護西藏人民的各種幸福工程一個接一個，前不久從拉薩至日喀則的鐵路勝利通車，雖然火車票上沒有印藏文，讓不識中文的藏族鄉巴佬膽戰心驚，但這種細枝末節的問題總歸是會解決的，我們要相信黨對「翻身農奴」的關懷是會無微不至的。比如那個在阿里荒原驅車撞翻屬於國家級保護動物的藏野驢，再活活割掉藏野驢的生殖器、打算爆炒或生吃從而實現壯陽神效的中國男子，已被依法治國的公安機關繩之以法，儘管多個消息來源都說在微信上發圖炫耀活割藏野驢鞭的他，是正在日喀則附近開礦、承包鐵路的江浙老闆，而不是後來官方公布的某個小包工頭。

　　通往貢嘎機場的隧道，最近是要擴建還是另建我不知道，但因此得暫時改繞多年棄之不用的老路，這倒讓人激動。只聞其名

未見其貌的柯爾廁所，就位於老路上啊，這不正是一次難得的尋訪之旅嗎？

　　因此，當我終於捕捉到那一看就是所謂的公共廁所出現在曲水縣向西去的公路旁邊，很是喜悅。又旋即覺得眼熟，多年前多次往返於此路，貌似不只一次進去方便過，貌似跟德國總理並無關係，而有關係的是尼泊爾國王，即那位慘遭滅門的尼泊爾國王比蘭德拉（Birendra Bir Bikram Shah Dev）。果然，看守廁所的兩個衛藏農民很肯定地證實了這一說法。他倆：年紀大的很靦腆，默默地，一隻手扯著一團羊毛，另一隻手轉動著紡錘，羊毛就愈來愈細地繞在了紡錘上，這是圖伯特特有的紡羊毛方式，基本上由男人從事；年紀稍輕的那位很是開朗，袒露著一口像是被菸燻黃的牙齒，八字鬍鬚的兩頭很翹，出自人工精心侍弄。他穿著皮衣，戴著禮帽，看似過上了幸福生活。

　　「這個廁所到底是給誰蓋的？德國總理，還是尼泊爾國王？」我進一步求證。

　　「配域傑布。」黃牙齒農民立即回應。

　　藏語的配域傑布指的是尼泊爾國王，我眼前浮現出尼泊爾商人在帕廓街開的店裡，掛著比蘭德拉及王后的美麗合影。皇室恩怨深似海，加之隔著高高的喜馬拉雅群山，至今也不清楚高貴非凡的國王夫婦及子孫被亂槍奪命是怎麼回事。也許有專業水準的國際偵探和嗜好刺激的狗仔隊早已瞭然，但我還真是毫無興趣。一九七三年十一月，比蘭德拉國王訪問北京，被毛澤東當面

威脅，如果不想辦法關閉部署在木斯塘地區的流亡西藏游擊隊基地，就會派中國軍隊採取特別行動。與圖伯特西部相連的木斯塘地區，本是有著藏人血統、藏文化傳承的小小王國，卻被尼泊爾吞併，也成了一個悲劇性的失樂園，但當時還算擁有自治權，能夠接納稱得上是同胞的流亡藏人自一九五九年三月逃亡至此，依靠美國中情局愈來愈少的支持艱難反擊。令人唏噓的是，先是一九七二年的中美建交讓這份脆弱的支持戛然而止，而比蘭德拉國王的隨之屈服，導致十多年來以游擊戰術給中國不停製造麻煩的許多喪失家園的藏人死於非命。這些事，是不能忘卻的。

　　就眼前而言，管它是柯爾廁所還是比蘭德拉廁所，實地考察一下才是正解。看上去，這個廁所的建築風格有點像個微型城

2014 年，貢嘎機場舊路邊的大人物廁所。

堡，房頂上的太陽能熱水器與蓄水罐增添了現代化的味道。我立刻樂呵呵地奔向女廁所，但裡面的布置多少讓人失望。我的意思不是說希望看到一個或幾個特供的抽水馬桶，而是說那一排用白瓷磚貼面的四個蹲坑也太沒有等級區別。懸掛在每個蹲坑旁邊、放衛生捲紙的鐵皮盒子裡並沒有紙。白瓷磚也只占去牆體的三分之一，其餘牆面的表皮脫落，因為斑駁顯得骯髒。而且無水可沖，讓蹲坑後面的水箱和對面的兩個洗手池形同虛設。只有一側圓弧形的高牆上，開設出幾扇七邊形的窗戶較為別致，如果擦乾淨了倒也悅目。

　　鑒於比蘭德拉國王是一位男性，我提出了考察男廁所的要求。黃牙齒農民真是個好心人，他連聲說「雍啊雍啊」，意思是沒問題，想看就看唄。

　　男廁所同樣沒給人驚喜，只是多了兩個蹲坑，我用蘋果手機胡亂拍了一圈就全身而退。

　　黃牙齒農民肯定沒遇到過像我這樣對廁所滿懷興趣的人。他亦善解人意，卻讓我的思想更加混亂。因為他笑呵呵地說，前面還有一個江廁。又慢騰騰地補充了一句，江澤民廁所。我差一點沒反應過來。他不標準的漢語讓我把「江廁」聽成了氣候宜人、物產豐饒的小城江孜，距此大約兩百多公里。

　　唉，我本是衝著柯爾廁所來的，可現在倒好，柯爾廁所變成了比蘭德拉廁所不說，又多出來江澤民廁所。柯爾廁所啊，你在哪裡？

尼泊爾國王廁所和江澤民廁所

從網上找到的消息說，比蘭德拉國王至少來過拉薩兩回。一次是一九七五年六月間，文化大革命即將結束；一次是一九九六年五月間，「改革開放」進行時。當年中國新華社的報導有這樣的描述[4]：「西藏自治區革命委員會」若干官員，「到飄揚著中、尼兩國國旗的拉薩機場，熱烈歡送比蘭德拉國王等尼泊爾貴賓。」「……歡樂的人群，無數的彩旗和橫幅，使得從賓館到布達拉宮的林蔭大道形成了一條友誼的長廊。拉薩各族人民身穿節日盛裝，聚集在街道兩旁。當尼泊爾貴賓們的車隊離開賓館時，青少年們吹響竹笛，打起腰鼓（陝北腰鼓？藏族人民會打陝北腰鼓？），歡跳民間舞，高唱友誼歌。人們揮動彩帶，不斷高呼口號，熱烈祝賀比蘭德拉國王訪問我國四川、西藏地區取得圓滿成功，衷心祝願中、尼兩國人民的友誼萬古長青……」

報導顯然不完整，最能體現兩國友誼的特供廁所被忽略不提，辜負了從北京到拉薩諸多人士的一片好心。更遺憾的是，至今也無從知道比蘭德拉國王有沒有光臨此廁所，有沒有留下促進友誼的溫暖話語可以流芳一世。畢竟他與德國總理不同，第三世界的弱國君主無法跟現代帝國的政治領袖相提並論，所以他肯定不傲慢也必須不傲慢，不然他怎會被毛澤東嚇到？那麼，他訪問拉薩，是來彙報圍追堵截流亡藏人游擊隊的成果？還是專程來參

4　比蘭德拉國王等尼泊爾貴賓離拉薩回國：http://www.71.cn/2012/0413/546830.shtml。

加慶功會，順帶領略比鄰之邦的強大威力？

新華社的另一篇報導[5]稱他訪問拉薩期間，「觀看了拉薩市民兵的軍事表演……參加表演的藏族、漢族、回族和布依族（怎麼會有布依族呢？）男女民兵，為貴賓們表演了高炮對空中活動目標射擊、步兵打空降、步兵排射擊以及步兵班和單兵對抗射擊等軍事項目……民兵們的準確射擊和精彩表演受到貴賓們的鼓掌歡迎。表演結束後，參加表演的男女民兵列隊高呼：『中尼兩國人民友誼萬歲！』」偶滴神啊[6]，比蘭德拉國王有沒有被震懾得屁滾尿流呢？

他的第二次訪問就乏善可陳，可以不表。我只想知道，是不是從比蘭德拉國王起便開啟了在通往拉薩的道路邊給大人物蓋廁所的傳統？是不是給柯爾總理蓋廁所也是傳承了這一有著特殊意義的傳統？一九九〇年七月，時任中共總書記的江澤民「巡視西南邊陲各省區，來到西藏」。一篇海外中文報導[7]說，「六十四歲的江澤民頭戴繡花藏帽和頭巾，一路視察，好像很享受他的首次西藏行。」雖然「一隊人還隨身帶著氧氣罐，以防不測」，但他「好像比手下更能挺得住」，只有一次，是在札什倫布寺供放的被授予「偉大的愛國主義者」稱號的十世班禪喇嘛法體前，江

5　比蘭德拉國王等尼泊爾貴賓在拉薩觀看軍事表演和文藝演出：http://www.71.cn/2012/0413/547123.shtml。

6　「偶滴神啊」，得名於二〇一二年一部印度喜劇片（OMG-Oh My God!），成了中國網路流行語。

7　陪同江澤民視察拉薩，胡錦濤戰戰兢兢：http://wap.creaders.net/newsViewer.php?nid=464103&id=1047704&ipage=2。

澤民突然「呼吸困難，臉上開始滲出汗珠……搖晃著出了大廳，才大咳起來，他在一塊石頭上坐下，接下一副氧氣面罩」。

雖然沒有一個報導提起過他也獨享殊榮，擁有特供廁所，但藏族人民還是默默記住了江廁，江澤民廁所。

啊，這些廁所，使大人物們永垂不朽。

為什麼非要給大人物蓋廁所？

凝視著逆光下有些虛幻的尼泊爾國王廁所，柯爾廁所已被我忘懷。其實無所謂誰的廁所，小人物的廁所是廁所，大人物的廁所也是廁所，都散發著排泄物的臭味，在歷史的長河中都不值一提。

我問黃牙齒農民對村民們輪流看守這個廁所的看法，他連聲說「走私，走私」。他突然冒出的這句漢語讓我們同時爆發歡笑，這舶來詞在藏人內部很流行，專門用來比喻那些來自加那[8]的假冒偽劣。接著他的神情略帶羞澀，可能是覺得漢語說得太差，就用藏語補充道：「麥並熱，麥並熱」。藏語的意思是撒謊。

他進一步解釋說：沒有水嘛，我們得開著拖拉機去河邊拉水，那個水箱啊水龍頭啊，走私，麥並熱。他又指著廁所上面的熱水器說：這個走私，麥並熱。我後來仔細看照片，發現那熱水器上，紅底白字地寫著「皇明太陽能熱水器（香港）」，倒是跟比蘭德

8　加那：藏語，指中國。

拉國王的身分相配，也跟漢語說的「走私」與藏語說的「麥並熱」
都很搭。

　　此刻我陷入了沉思：為何非要給來訪的大人物臨時突擊蓋廁
所呢？除了心思縝密，考慮周全，為大人物有可能在途中突然不
便提供方便，還會有別的用心嗎？我想起了幾年前令人譁然的報
導[9]，朝鮮首腦金正日訪問中國期間，為了防止洩漏健康情況，
他的大小便都被運回朝鮮處理。這個貌似笑話的事實，被外界評
論為「獨裁者的恐懼」。

　　但我覺得很有可能不只是出於獨裁者的恐懼。報導說，二
〇〇六年一月金正日訪華時，中方為瞭解他的健康狀態，曾試圖
在他使用過的馬桶上提取尿液。

　　我又想起另一樁真事，是說共產蘇聯極權首腦赫魯曉夫下台
後猛寫回憶錄，大曝各種祕辛，遭到克格勃（KGB）的嚴密監視，
連他家的廁所都被裝上了竊聽器。赫魯曉夫憤怒抗議：「你們花
費人民納的稅金，就是為了竊聽我放屁嗎？」[10]

　　如此說來，黃鼠狼給雞拜年的確是不安好心。無論是給德
國總理柯爾蓋廁所，還是給尼泊爾國王比蘭德拉蓋廁所，甚而
至於，給江澤民總書記蓋廁所，這背後都可能隱藏著不可告人的
目的。這些大人物的大小便（說不定還包括屁），原來真的跟小

9　為防洩漏健康狀態 金正日在華大小便運回國：http://www.pangzei.com/post_4257759_1.
　　html。

10　紅牆背後：赫魯曉夫（台譯：赫魯雪夫）的真實家庭生活：http://phtv.ifeng.com/
　　weishiquanbuwenzhang/detail_2010_03/26/1077051_2.shtml。

人物的大小便不一樣，關係到一個國家的生死存亡，屬於國家機密，必須歸檔、加密，束之高閣。

不過民主國家的柯爾總理應該不算是獨裁者，可他為什麼來回路過，都不肯賞臉用一次廁所，留下他珍貴的大小便呢？難道也是考慮到國家安全嗎？

問題太複雜了，我缺乏國際視野的平民腦瓜有點隱隱作痛，該打住了。

但我又忍不住大笑起來，想到包括黃牙齒農民和搓羊毛的農民在內的全村農民，開著拖拉機去奔騰不息的雅魯藏布拉水，是不是得以接力的方式，一邊唱著提高勞動興趣的衛藏民歌，一邊將一桶桶河水傾倒進廁所頂上的蓄水罐內？

容我繼續暢想：當大人物氣度不凡地步入這外表在當時還算豪華版的廁所，是不是趴在廁所頂上的農民們都得盡量地壓低身體，屏住呼吸，不讓大人物察覺到呢？當大人物長長地呼出一口氣，全身得以通泰，就緩緩舉起掌握了生殺予奪大權的手指，按了一下抽水馬桶的按鈕，說時遲那時快，是不是隱藏在廁所頂上的農民們，必須、立刻、準確無誤地開啟放水的閘門，製造出一個終於實現了現代化的美妙效果呢？

寫於二〇一五年一月，北京

修改於二〇一六年八月，北京

一個講述「現代藏人」的幸福故事如假包換

　　近日，一對年輕藏人的一套結婚照，被冠以「驚豔全國」、「超越教條」、「跨越世俗」等等吸睛奪目的標題，在中國網路走紅。隨後，連中國官媒新華網也報導婚禮[1]，稱這是「藏族八〇後新人的現代婚禮」，新郎單膝下跪，手捧鑽戒求婚，新娘喜極而泣，「充滿時尚感」。

　　這對年輕藏人，格絨彭措是四川省甘孜藏族自治州丹巴縣人，達瓦卓瑪是四川省阿壩藏族羌族自治州馬爾康縣人，都屬於全藏區漢化程度最高的嘉絨地區的藏人，嘉絨地區以農業為主。從報導得知，格絨彭措畢業於北京中央民族大學，在成都開有一家廣告公司，達瓦卓瑪曾在阿壩師專學習聲樂，現在網上開了一家飾品店。

　　他倆的結婚照分兩組[2]：一組展示的是「現代藏人」的形象，穿西裝和長裙，戴墨鏡和寬簷禮帽，喝咖啡和紅酒，跑步、聽搖滾或飆車、駕直升機，複製成好萊塢明星的範兒，在中國都市及

1　探訪一對藏族八〇後新人的現代婚禮：http://news.xinhuanet.com/local/2015-04/11/c_1114937929.htm。

2　藏族八〇後新人結婚照走紅：http://news.163.com/photoview/00AP0001/88095.html#p=AMRAJ87500AP0001。

在國外度假時的造型，與今天中國時尚畫報的模特並無二致，完全可以放在婚紗攝影的櫥窗中；另一組則是「傳統藏人」的扮相，雖然穿上了「民族服裝」，掛著念珠、雙手合十、伏地長拜，雖然登上了布達拉宮，走進了大昭寺，或者從草原上的帳篷裡鑽出頭來，在碉樓中紡毛線，在草原上放犛牛，卻依然是模特兒的造型，更具有表演效果，同樣可以放在婚紗攝影的櫥窗裡。

如果這套結婚照只是為自己拍照、掛在自家牆上或微信朋友圈，無可非議，若當作商業宣傳來用，則另當別論；若被當作政治宣傳來用，更應評論。我注意到，這對年輕藏人的其中幾張照片，放在「幸福婚嫁網」上，都被加上了「金夫人婚紗攝影」的廣告和連接，點擊連接，一個叫「金夫人胖胖」的客服喊著「親」[3]迎上來，我順勢交談了幾句，客服聲稱這套結婚照是金夫人拍攝的，因為有金夫人的廣告。到底是不是金夫人拍攝不知道，格絨彭措說結婚照是好朋友拍攝，又會不會隱瞞了什麼？不過在這套結婚照的下方，署有一家廣告公司的名字，是 TIBET 的縮寫及漢語諧音，可能正是格絨彭措自己的公司。又或者，他的攝影師朋友是號稱「中國婚紗攝影最受歡迎第一品牌」的金夫人集團的員工？而金夫人在中國遍布二十七座省市，外景拍攝基地號稱「遍布全球」。拉薩也有金夫人連鎖店和網站，進入網站，你會

3　「親」是中國網購店家稱呼顧客的用語，是「親愛的」縮寫，表示親暱，一種行銷手法。

看到以布達拉宮、色拉寺、納木措等古蹟名勝為背景的許多結婚照，與格絨彭措、達瓦卓瑪的結婚照如出一轍，也有穿西裝和長裙的，也有穿藏裝、拿轉經筒、雙手合十的，甚至連擺的 POSE 都幾乎一樣。

可是這對年輕藏人的結婚照火了。不只是在中國火了，連 BBC 和《紐約客》也注意到了。似乎被解讀為今天的年輕藏人已經過上了現代化的生活，與祖輩不同，具有了炫目的現代風範，又與全球化的同輩時尚人士相同，兼具了鄉愁與傳統情懷。這不禁讓人想笑。且不說兩位青年男女藏人，並無身為朝聖者或牧民的真實經歷與經驗，而他們的傳統扮相及畫面，都是今天中國「小資」或「西藏發燒友」眼中的「藏人」、眼中的「西藏風景」，就像如今在拉薩諸多被改造為景點的布達拉宮、八廓街及各個寺院，常常可以碰見穿著舞台藏裝或者說偽藏裝的漢人遊客拍攝結婚照，更有金夫人簽約的男女模特兒穿著舞台藏裝或者說偽藏裝，在做結婚照的商業拍攝。而格絨彭措和達瓦卓瑪無非是模仿了他們而已。

也即是這樣一個過程：「西藏發燒友」漢人、金夫人婚紗模特兒模仿藏人，然後是這對年輕藏人再來模仿「西藏發燒友」漢人、金夫人婚紗模特兒。一個模仿、再模仿的過程。都是一個字：偽。

而這對年輕藏人在都市場景中的扮相，以及貫穿通篇的那

種如同遍布全世界的困惑於現代和都市、愁思於傳統和故鄉的時尚人士，才會有的矯揉造作的表達方式，與其說展示了新一代的「現代」藏人，莫如說展示的是新一代的「現代」四川漢人。一方面，他們身上有著我熟悉的在四川成長的藏人氣味，說的四川話可能比藏語更順口、更地道；一方面，我在成都見到過如他們這樣的時尚青年男女，坐在春熙路太古里的西餐廳喝咖啡，或徜徉在高大上的方所書店及亞洲最大的無印良品。說起成都，這裡有好幾個所謂融合了現代和傳統的旅遊景點，被稱為成都的「名片」，如寬窄巷子、錦里等，其實是將老房子拆除、原住民遷走後重新改造的仿古街，充滿了各種「特色」小店，也有星巴克和酒吧，就像麗江四方街的翻版。雖然點綴其間的，有從鄉間移植過來的大樹，有連根拔掉搬過來的老廟，但生活在此地的本土成都人並不喜歡也不認可，而是感嘆成都的消失。只有並不瞭解成都也未見識過成都真容的人們，才會把這人為的、淺薄的、商業化的旅遊景點錯認成是成都。就像看見這對年輕藏人結婚照的人們，會把兩個被精心包裝的、從成都移植到拉薩、草原和河谷的年輕藏人錯認成是今天藏人的象徵，並且，認為他們多麼地自由自在、漂亮時尚，既傳統又現代，已經和先進的世界文明接軌，可以這麼大步地一直走到紐約街頭，令世人驚羨。

　　穿傳統的、民族的服裝，以布達拉宮、寺院及轉經道、牧場碉樓為背景，貌似在回歸，卻是舞台上的表演，做出回家的樣子，但太戲劇化了，藏人會看得出這是演戲，不真實，而外人作為觀

上：2014年，拉薩布達拉宮
　　前，一對漢人男女拍結
　　婚照。
下：2014年，拉薩大昭寺
　　前，一對穿藏裝的漢人
　　遊客令藏人注目。

眾，倒是被炫花了雙眼。其實是某種迎合——迎合中國人對「現代化」的認識，迎合中國人對藏人、對圖伯特的誤讀；更加的人為、做作——而這對年輕藏人穿藏裝、故意抹黑皮膚的藏式扮相，看上去是彰顯藏人的身分，實際上讓我看到的卻是一種「自我否定」。因為它依然是在以中國人的世界，或者說以所謂「文明」與「主流」所打造的世俗化世界為中心，而形成某種被動的、否定的模式，並沒有真實的表達，也沒有真正的自我接納、自我認同，更沒有體現自我或者說今日藏人的自我，而依然是照貓畫虎的「四不像」，實際上展示的是別人眼中的藏人，以及別人眼中的自己。這對被漢化，或者說被貌似西化、其實漢化的年輕藏人，其實山寨的不過是今天大多數中國人認為的現代與時尚，除了具有包裝勝於內容的戲劇化效果，並無更多新意。

　　更諷刺的是，這對年輕藏人真的能夠那麼自由自在地朝拜布達拉宮嗎？作為戶口不是西藏自治區的外省藏人，他們進入拉薩不需要把身分證交給警察嗎？他們不需要住在警察指定的旅館嗎？他們不需要在經過那麼多道安檢門時，出具被另眼相看的特殊證件嗎？他們真的已經獲得了自由旅行的權利嗎？他們真的擁有能夠自由的思想以及能夠自主的生活方式嗎？更不正常的是，這對年輕藏人還真的能夠自由自在地出國度假，模仿好萊塢明星扮演殖民地的主人，貌似羞澀地說：「浮誇的用到了直升機和蘭博基尼。」顯然他們擁有九九％的藏人都得不到的護照，他們是

多麼地幸運啊。要知道，被置於護照困境的藏人遍及全藏區，今年（二○一五）二月，連西藏自治區作家協會副主席都在微博上氣憤質問：「我們藏族為什麼不能出國旅遊？我們的私人護照被全民沒收上交已有三年了，為什麼還不發還我們？……全中國人民都可以出國旅遊，藏族人民為什麼不可以？」[4] 雖然這對年輕藏人生活在成都，可能擁有非藏區的戶口，不過我知道，即便是有成都戶口的藏人，要申請到護照都非常困難。而這一點，在中國媒體的報導中，被有意無意地忽略了、無視了，似乎是，這兩個被塑造成已經「現代化」的「藏族代表」過上了幸福生活，所擁有的選擇生活與實現夢想的各種權利，甚至超過了許許多多漢人，難怪會被那麼多中國網友豔羨。

另外，則有一個巧合，卻是悲哀的巧合，是《紐約客》注意到的，就在這套走紅的結婚照發布之日，一位四十七歲的藏人尼姑，在四川省甘孜藏族自治州甘孜縣的大街上點火自焚[5]，當場被燒死。她是這六年來用燃燒身體的方式決絕抗議中國政府的第一百四十二位藏人，也是這其中的第二十三位女性[6]。而這麼多

4　西藏作家協會副主席的這條微博的截圖及相關文章見我的博客：http://woeser.middle-way.net/2015/03/rfa_20.html。

5　二○一五年四月八日，在康甘孜（今四川省甘孜藏族自治州甘孜縣），原籍為康章戈（今四川省甘孜藏族自治州爐霍縣）的尼師益西堪卓，在甘孜縣公安局點火自焚，當場犧牲。她是境內第一百三十七位自焚藏人，境內外第一百四十二位自焚藏人。

6　從二○○九年二月二十七日至二○一六年三月二十三日，在境內藏地有一百四十四位藏人自焚，在境外有六位流亡藏人自焚，共一百五十位自焚藏人，包括二十六位女性。其中，我們所知道的，已有一百二十九人犧牲，包括境內藏地一百二十五人，境外四人。我寫這篇文章時，自焚藏人是一百四十七位。

自焚者中，有年長的，也有年輕的；有僧侶，更多的是牧民和農民。至少有一半人的家鄉，與這對以幸福狀拍攝結婚照的年輕藏人的家鄉相鄰。也有不少人的年紀，與這對以幸福狀拍攝結婚照的年輕藏人的年紀相仿。其中幾張在草原上放犛牛、騎駿馬，並在黑帳篷前扮牧人的世外桃源照片，說不定正是在自焚者的家鄉拍攝的。但是，用中國流行話來說，自焚屬於負能量，因為是陰暗的、邪惡的、藏獨的，必須屏蔽；而這對「藏族八〇後新人」才屬於正能量，必須冠以「現代」的光環，曝光，爆紅。

　　沒有真正自由的政治環境，沒有真正自主的心理環境，所謂的現代化是一個虛假的命題。而且，並不意味著世俗化就等於現代化，世俗化也不是可以遮蔽或者解決圖伯特問題的靈丹妙藥。

　　這是一個如假包換的故事，更是一個山寨得如假包換的故事，但是以假亂真便足矣，因為要的是另外的目的，而不僅僅只為了商業營銷的成功。這對年輕藏人只是這個故事的角色，雖然結婚照的文案上寫著，「是一個關於我們的故事」，實際上是一個關於被移植的「他者的故事」。不過還是要真心祝福這對年輕人，因為他們真的結婚了。

寫於二〇一五年五月，北京

修改於二〇一六年六月，北京

像末日，更似地獄打開，霧霾中，餓鬼紛呈……

一

上個月一個漸入寒冷的傍晚，我和朋友去某個僻靜胡同裡的越南風味飯館，與安迪用「最後的晚餐」。安迪是《紐約時報》駐北京記者[1]。我仍記得第一次見面的情景，那是二〇〇九年初春的一天，高個子的他坐在我家藏式風格的榻上似乎不太習慣，不時調整著姿勢，用筆而不是錄音筆飛快地記錄我講述的故事。有些與我個人遭際有關，有些與前一年發生在整個藏地的抗議與鎮壓有關。那段時間我其實非常焦慮與恐懼，敏銳的安迪察覺出我夾雜在輕言細語裡的笑聲是緊張的。後來他的報導[2]一開始就轉述了我的噩夢。是的，我夢見我回到拉薩，被一輛裝滿被捕藏人的軍用卡車超過，那些年輕的和年長的藏人傷痕累累，我急著想用相機拍照，卻找不到相機，就哭著追那輛卡車……

不記得那個下午有沒有霧霾。不像這幾年，霧霾已成為帝都北京的重要符號，哪天沒有霧霾反而會印象深刻，至少微信朋友

---

1 安迪：傑安迪（Andrew Jacobs），《紐約時報》前駐京記者。

2 A Tibetan Blogger, Always Under Close Watch, Struggles for Visibility, http://www.nytimes.com/2009/04/25/world/asia/25woeser.html?_r=2&hp。

2015 年，建設中的通州區有「北京副中心」之稱，是霧霾重災區。

圈會被難遇的好天氣照片刷屏（洗版）。同去聚餐的朋友也是外媒記者。她忙了一下午，準備老闆安排的北京污染有所好轉的報導。「什麼？今天依然霧霾啊。」我驚訝地問道，點開了手機上安裝的顯示空氣品質數據的 APP。車窗外朦朦朧朧，匆忙走過的行人不乏戴著類似防毒面具那種口罩的。朋友有點無可奈何，一隻手急促地摩挲著長髮說，跟歷史上的同期相比吧。

　　那就不清楚了。那也許吧。去年的今日，前年的今日，PM二・五或 PM 十會不會比今日更驚心動魄呢？如果有所下降，就說明污染在減少？好吧。我們要對中國的進步有信心，不應該總是戴著有色眼鏡。習近平十月訪問英國這個老牌帝國主義國家，在國會演講時自豪宣稱「中國『以人為本、遵守法治』的觀念，

則始於上古時代，約四千年前」[3]，還熱情邀請各位議員到中國
走一走，感受中國的發展。或許霧霾君會給習帝面子，而退避三
舍。

　　反正當晚我們沒有感覺到霧霾的存在。不確定的未來是如
此不明晰、甚至混沌，唯一確定的是已在中國八年的安迪將與
愛人、名叫木須的小狗於明晚返回紐約。當我們站在深夜冷風拂
面的街頭擁抱、揮別，我舉起手機匆匆拍照，拍到他身後的小店
寫著「中華老字號瑞蚨祥壽衣」，燈光明亮，還在營業，卻有點
詭異。這樣的時候，霧霾可以忽略不計。更多的時候，彷彿真的
可以無視種種不正常，然後漸漸習慣。或者就像艾未未有次對我
說，我們要盡量讓自己的生活正常化。這句話對我影響很深。

　　二

　　又一天傍晚，王力雄的手機不停地響。他不在家；他去河邊
散步，這往往是在沒有霧霾或者霧霾不重、口罩管用的時候。我
看了看他的手機，顯示是某某國保。遲疑了一下，我還是接了。

　　一個男人聲稱他是「市局」[4]的，又稱我阿姨，說對王老師
有承諾，有事不打擾您，有事只找他。我頭一回被國保叫阿姨，

3　〔新聞〕英國會演講，習近平，中國法治始於上古：https://btrend.amassly.com/post/
　　7wTrYB9TXN/。
4　市局，即北京市公安局。

有一種古怪的感覺，以至於他再說些什麼都聽不見了。但他畢竟有禮貌，我對自己說，腦海裡閃回拉薩國保的形象，他們的名字都一樣，只要你問，他們都叫扎西。就像徐曉說，找她的國保都稱自己姓張：叫我張警官吧。扎西是吉祥的意思，扎西德勒吉祥如意是用爛的問候或祝辭。找我的扎西有的也像拉薩人一樣多禮，有的會拍著桌子厲聲說：告訴妳，我們中國今天已經很強大了，誰也不怕，沒人救得了妳！

　　這一次又是什麼事呢？後來得知，第二天北京法院要審七十多歲的高瑜[5]，而前幾天，王力雄跟一些朋友吃過飯，其中幾人是有名的維權人士，比如胡佳。多疑的「市局」可能以為他們密謀劫法場吧，為此提前上崗，要將人堵在家中。所謂上崗，意思是「市局」派人蹲守。過去蹲守樓下保安室，後來就坐電梯上樓了，在過道放兩把椅子，不分白天黑夜，至於如何倒班就不清楚了。有時候一天，有時候幾天，有時候十幾天，有時候幾十天，末了會留下一地的菸頭、瓜子皮。過道的燈是聲控的，所以蹲守者若不想悶坐昏暗中，甚至黑暗中，就得時不時地大聲說話、咳嗽、吐痰、放屁，並伴之以跺腳、拍巴掌等等。

　　他們上崗我就不出門，不願目睹其嘴臉。何況我的注意力被微信朋友圈有關「白拉日珠」的消息吸引了。這是起源於拉

5　二〇一五年四月十七日，記者、作家高瑜因「為境外非法提供國家機密罪」，被判處有期徒刑七年。同年十一月二十六日，北京市高級人民法院二審改為五年，因高瑜患有嚴重疾病，被准予監外執行。https://zh.wikipedia.org/wiki/%E9%AB%98%E7%91%9C。

薩而今風靡藏地的節日，漢語俗稱仙女節，與供奉在大昭寺二樓
拐角的女神白拉姆相關，她長一張蛙臉，平時用布蒙著，每逢藏
曆十月十五日可以掀開來並由僧侶抬出供信徒瞻仰，而女性在這
天可以享有諸多特權。若要細說，恐怕得寫成長長的民俗文章。
但要長話短說，又易生歧義，變成女人可以隨便伸手要錢。在拉
薩的朋友拍攝了蛙臉女神與信徒們在一起的美麗照片。很多藏人
在討論這個節日應該杜絕伸手要錢的惡俗。我當然也批評了這種
把傳統節日變質的惡俗。不過我也很開心，因為收到了幾個微信
紅包，紅包裡有三‧三三元，十六‧六六元，還有六十六元，我
眼睛都亮了，發出了歡樂的笑聲，其實被諧音傳達的關愛深深感
動。

　　而今年（二〇一五），我差不多每晚要磕長頭的，用佛教徒
的術語說，磕長頭是前加行的一項。我取出護膝、護肘與手套，
在佛龕上點了一盞燭燈，正欲伏地長拜，兩個陌生男人製造的噪
音卻催生了這些詩句：

　　　　我聽見你們毫不顧忌的聲音

　　　　在午夜時分，在不過咫尺的門外

　　　　男性的聲音，具備帝都的口音

　　　　悍然，傲然，但聽不清在叫嚷什麼

　　　　我就當聽不見，聽不見

我看見你們留下的兩把黑椅

在覓食時刻，在貼滿小廣告的過道

劣質的黑椅，密布鷹犬的陰影

突然，必然，卻看不清何時會消散

我就當看不見，看不見

而明天，是白拉姆降臨的日子

欣喜的我，自會傾心於她

你們為何競相跺腳？

如被惡魔纏身

寫完詩，我接著面朝諸佛，五體投地，同時發現窗外霧霾濃重。

三

　　想插一段故事。想說說一位安多朋友最近攜父母、康籍妻子及幼兒去拉薩朝聖。感覺他懸在心口的石頭終於落地，因為他用歡呼的口氣說：「手續齊全，我安心的可以玩拉薩嘍。」糾正一下他的漢語，應該這麼說：「手續齊全，我可以安心地在拉薩玩嘍。」他一定太激動，當然也可以說他的表達具有藏語風格。

　　什麼樣的手續呢？安多和康（主要位於甘肅省、青海省、

四川省和雲南省藏區）的藏人需要什麼樣的手續才能進入拉薩？——一份「進藏證明」，由戶口所在地的派出所出具，「核實此人」截至辦證明之日「在本轄區無違法犯罪記錄，請沿途相關卡口及相關部門予以放行」，並由社區民警和派出所所長簽字，蓋大紅章印；一份臨時證件，與身分證相似，顯示姓名、性別、民族、身分證號碼，不超過三個月的有效期限，發證機關是進入西藏自治區境內遇到的第一個「公安檢查站」；一份「證件暫留憑證」，顯示的是身分證被「暫留」在進入拉薩的某個檢查站，並「必須填寫」進入拉薩後的住址及聯繫電話，而這個「來拉住址」是各地藏區設在拉薩的「聯絡點」和「辦事處」，還要填寫「暫住地派出所」的名字、「暫留」身分證警察的名字，至少蓋七個大紅章印。

如果是僧侶，還須有「僧人證」等等。更加繁瑣，甚至可能不得而入。

我說清楚了嗎？你聽暈了麼？或者我再大概回顧一下我的經歷吧。三年前，從北京去往拉薩的我，被困在青藏公路的第一個檢查站，因為我拿不出一份「進藏許可證明」。警車上貼的告示表明此證明包括這樣的內容：「和本人相符的基本情況、姓名、性別、身分證號碼，前往西藏的目的地及進藏事由，進藏後擬居住的地點及在藏活動的時間，進藏人員有無違法犯罪記錄，本人不從事違法犯罪活動及擔保情況，開具證明的公安機關、聯絡人和聯繫方式。」而這個「進藏許可證明」針對的只是藏人，比如

與我同行的七位漢人就無需辦理。

　　三年後，住在拉薩之外的藏人欲往拉薩，依然像辦出國手續一樣艱難。不像中國人去拉薩，多麼輕鬆又自在，不需要任何手續，除了一張身分證。歷史上有「禁城」之稱的拉薩，如今卻成了藏人的禁城，多麼悲哀。所以我為朋友高興。因為他沒有辜負對牧人父母的承諾，終於讓虔誠的他們實現了朝拜拉薩覺沃[6]的願望。而他總擔心會被漢化的兒子，也能早早地在幼小的心田留下頗章布達拉[7]的形象。有個安多青年在網上寫道：「去拉薩是每個藏族孩子的夢想。大人們喜歡抓著孩子的兩個耳朵，使勁將他們提起來問：『看見拉薩沒有？看見拉薩沒有？』如果孩子不喊痛，大人就說：嗯，這個孩子長大了能到拉薩嘛。」這個遊戲令人心酸。

　　朋友的攝影技術不凡，但他鏡頭裡的拉薩讓我傷感。猶如剪影輪廓的大昭寺幾乎掩於陰影中，顯得寂寥而沉默。頭上纏繞綠松石、紅珊瑚、黃蜜蠟的康女子戴著黑口罩，露出的眼睛沒有一絲笑意。不過他拍的拉薩沒有霧霾，即便是圓月高懸的帕廓街頭，雖然看不見人影，卻不是被霧霾吞沒。

6　覺沃：供奉在大昭寺的釋迦牟尼像，又尊稱覺仁波切。
7　頗章布達拉：頗章，藏語，宮殿。頗章布達拉，即建於七世紀，屬於圖伯特君主松贊干布及以後屬於歷代達賴喇嘛的布達拉宮。布達拉宮的另一尊稱是「孜頗章」，意為至高無上的宮殿。

四

與霧霾一起撲面而來的，是一齣如同荒誕喜劇的大戲。一位因扮演古裝電視劇裡的皇帝出名的中國男演員，突然「坐床」[8]了。給他舉辦「坐床儀式」的，是一位之前不出名、卻有著「唯一的國際最具影響力的精神導師」這樣嚇人的頭銜，而且各種嚇人頭銜多達二十幾個的「法王」。此「法王」有藏名：白瑪奧色；真名吳達熔，起初是賣箱包、賣佛具的福建籍商人。就像那個男演員，也有藏名：白瑪曲培，真名張鐵林，但他說他又叫白瑪鐵林。

「坐床」是漢語對藏傳佛教轉世僧侶繼位登座儀式的通俗簡譯。不知這個漢譯起於何時，但今天意義的「床」更多世俗風塵味，對異質文明缺乏瞭解的中國人更容易因此浮想聯翩。而演員張鐵林的各種八卦早已滿天飛，他的「坐床」影片比那些八卦還熱鬧。

一群不是藏人的男男女女胡亂穿著藏裝，一群不是藏人僧侶的男男女女胡亂穿著藏傳袈裟；在香港會展中心布置成北京人民大會堂國宴場合的那種飯局上，反覆回響著正宗藏僧用藏語吟唱的「喇嘛千諾」[9]；一幅幅諸佛菩薩繪於唐卡和壁畫的圖像用投影機輪番放映，充當高高就座的白瑪奧色等男女的背景。象徵佛法僧三寶的佛像、經書、佛塔，在飯局上傳來遞去。男演員衝著

8　張鐵林坐床成活佛視頻完整版：https://www.youtube.com/watch?v=RnYbhkXa0GI。
9　喇嘛千諾：藏語，上師瞭知，上師護佑。

將他從「風雲變幻的世界」拯救出來的「英明導師」極其誇張地
磕頭；而磕頭本是源於各自傳承的修行功課，藏傳與漢傳等都有
些微不同，但白瑪鐵林的磕頭顯然是大雜燴。當他被「法王」賜
予更像是演戲道具的法衣、法帽、法器，一干人在訇響的藏語誦
經聲中，裝模作樣地盯著「法王」蠕動嘴皮的樣子，沒有比如此
荒誕的現實更能沖淡霧霾帶來的壓抑了。對了，「坐床儀式」伊
始，穿得如皇袍裹身的吳達熔宣布這還是一個「國慶宴會」，說
要「共慶祖國六十六週年華誕……我們的國家走過了六十六年艱
苦奮鬥的歷史過程，讓我們今天得以享受祖國強盛、輝煌所帶來
的非凡的成就」，他難道是黨中央派任藏傳佛教界的總書記嗎？
或者說，他本人恰是「非凡的成就」之一？

　　猶如目睹群魔亂舞，除了噁心，還有一種被侮辱的感覺。我
知道絕不是我一人感受被侮辱。看到這種「坐床」的藏人幾乎都
被觸動了，繼而被觸怒了。這倒是個有趣的現象，貌似立場不一、
陣營不一、體制內或體制外，以及藏傳佛教界內外的藏人，這一
次有了共識，這一次都團結了。有篇帖子頻繁地轉發著，開頭兩
句話是很多藏人的同感：「我落淚了，因為我不忍看到藏傳佛教
蒙受如此羞辱！我憤怒了，因為我不能允許藏傳佛教遭到如此褻
瀆！」當然，也有人不爽另有緣故，就像是騙子與騙子劈面相逢。

　　無聲無息卻漸漸濃郁的霧霾中，我平靜了。其實早已有太多
的先例不是嗎？遠的不說，這十幾、二十年來，大做手腳的「金
瓶掣籤」製造了黨國需要的十一世班禪；由黨國授予的「活佛證」

顯示了極權對宗教的干預；在藏地，所有寺院開展多年的「愛國
主義教育」幾乎將僧侶們逼瘋，聽上去煞有介事的「法制教育」
不但強迫洗腦，還觸及肉體，一些藏人甚至被打成殘廢；如果不
願開口辱罵自己的根本上師達賴喇嘛，輕者開除重者下獄；以至
於迄今有一百四十多位藏人以身浴火。

與此同時，商業化帶來一步步顛倒失據，只要給足夠多的
錢，世俗中打滾的漢地庸俗男女也可以無視寺院戒規，腳蹬佛
座，給至尊的覺沃像行賄似的貼金；只要給足夠多的錢，因神聖
的蓮花生大士加持而著名的寧瑪大寺，位於康北高山雲霧中的噶
陀寺所屬的幾位仁波切：直美信雄、莫扎、旺波，爭相綻開諂媚
笑容，給吳達熔又是賜法名、又是贈法帽，等等。

五

此刻重讀奈保爾（V. S. Naipaul，即奈波爾）的《印度：受
傷的文明》[10] 真是應景。如這句話：「……真的現實是殘酷而迫
近的。」當霧霾濃重到站在窗前連旁邊的高樓都消失不見，數據
告訴你，PM 二‧五與 PM 十比世界衛生組織規定的上限高出了
幾十倍。住同城的朋友議論：「這啥概念啊，掉屎缸子裡也不至
於這樣吧！」「大自然對天朝人的報應。一大堆行屍走肉只想打

---

10 《印度：受傷的文明》，奈保爾（V. S. Naipaul）著，宋念申譯，三聯書店，2003 年。

順風車，靠別人抗爭，現在好了，土共為所欲為，我們被迫吸毒。」

把目光轉向網路，繼續關注張鐵林「坐床」後續。微博上有瞭解內情的網友透露：「為這事跟 XX 網負責人理論過，我說你們捧什麼人不好，非要捧這麼一個一句藏文不會的『所謂香港藏傳佛教領袖』的人。某負責人回覆說是統戰的需要。無語。為了所謂的統戰需要，香港 XX 辦需要親自出馬包裝一個『假法王』？」香港 XX 辦，其實是香港中聯辦。而 XX 網呢？是新華網？人民網？新浪網？鳳凰網？

如同一種佐證，在名為「祖古[11]白瑪奧色仁波切」的網站上，很容易找到他與當局重要官員的合影。這裡摘錄其中文字：

應國家宗教局熱情邀請，祖古白瑪奧色於二〇〇六年六月到京展開為期六天的訪問參觀活動……受到中央統戰部朱維群常務副部長、國家宗教局葉小文局長……的親切接見。國家宗教局蔣堅永副局長代表葉小文局長宴請。

祖古白瑪奧色仁波切將「同舟共濟」龍舟贈送給中央統戰部常務副部長朱維群。

二〇一二年二月，中央社會主義學院黨組書記、中共中央候補委員、全國政協常委、中華文化學院第一副院長葉小文書記到

---

11 祖古：藏語，轉世再來的佛教高僧，又稱仁波切。漢語中，錯誤的稱呼為「活佛」。

訪香港……作為香港佛教文化產業創會永遠榮譽主席的葉小文書記……對香港佛教文化產業主席祖古白瑪奧色仁波切一直以來推動佛教國際文化交流的貢獻，給予高度評價。

另一位人物亮相了。他的頭銜是：「中國佛教協會西藏分會會長，第七世珠康活佛」。著名官媒環球網發文「如何辨別真假活佛」，讓他宣布了「一條也不能缺」的四條標準：「第一，要有傳承，比如班禪現有十一世；第二，要有寺廟，活佛在寺廟裡修行；第三，有轉世靈童制度，找靈童的時候要符合宗教儀軌；第四，要有政府批准。」珠康活佛還以類似美圖秀秀修飾之後的光鮮形象，作為「環球人物」的封面威嚴登場。他就差還有一條標準沒說：反分裂。

然而，明擺著白瑪奧色與中國掌控宗教的最高官員親密無間，難道朱維群與葉小文早已代表中國政府批准他是活佛？如果沒有「政府批准」，他們跟這個假活佛又是什麼狀況？總不能說，他們宴請白瑪奧色法王，願意同舟共濟，是把他視為賣佛像的商人吳達熔？難道「為了統戰的需要」，中央統戰部、國家宗教局成了假活佛的後台？「為了統戰的需要」，假活佛於是兩度應邀參加雲集「黨和國家領導人」的「國慶招待會」？

珠康活佛本是一員靠猛烈反對達賴喇嘛飛黃騰達的幹將，他的每次公共亮相都是受命而來，既不能多說一句，也不能少說一句。而這回，他成了打「假活佛」的首席，就像是一齣大戲的第

二幕開演了。我有種感覺，「為了統戰的需要」，很有可能白瑪奧色與白瑪鐵林會被犧牲，因為他倆太急功近利了，不符合黨的統戰大業對地下工作者的要求，他倆太愛表演，吸引公眾眼球，已提前暴露了。於是珠康活佛登場了！就像幕後有人下令：「環球網：幕布拉開，打燈光，奏樂！」

　　想起博大精深的中國文化有太多「智慧」伎倆。比如三十六計，其中的借刀殺人、趁火打劫、隔岸觀火、混水摸魚、偷梁換柱等等，無不心機深遠，招招狠毒。還有螳螂捕蟬、黃雀在後的成語。還有被譽為璀璨瑰寶的《孫子兵法》奉信兵不厭詐，利而誘之，亂而取之，實則推崇的是欺詐之術，為達目的可以不擇手段，毫無底線。有評論稱《孫子兵法》是「中國人的人性癌變之始」，並「潛沉為一種有毒的文化基因」，我附議。

六

　　一覺醒來見窗外突現藍天白雲，驚喜之餘，會很快忘記昨日惱人的霧霾，而將眼前景象視為真實與恆常。帝都眾生不停拍攝在各自位置上發現的久違美景，似乎懷有莫名感激。然而這不是一種假象嗎？或者說，只是短暫的得以外出透氣的片刻。因為，霧霾只不過是被一陣北風颳走，彌漫到另外的人居之處，而非化為烏有。住在西雅圖的親戚說，西雅圖也有霧霾了，PM 二‧五達到一一四。雖然離爆表還遠，但會不會是從北京飄過去的？而

當北風不再吹，霧霾又來襲，這已成了不斷輪迴、真實不虛的日常。

媒體介入了。帝都大報《新京報》以剝洋蔥的方式，一篇篇剝開白瑪奧色法王那絢麗的外套，暴露他早年賣箱包、賣公仔、賣佛具，如今開「佛教文化產業」的公司，繼續賣佛像兼賣水、賣錶等；二十多個唬人頭銜都是偽造；連藏地幾位仁波切給的收據和信也被他竄改成了活佛認證書等等。並且，CCTV（中央電視台）也「起底」白瑪奧色法王和他的生意了。中央統戰部下屬的「中國西藏網」也「起底」他到底是「真法王？假法王？」。

但中國媒體都避開了另一個情況。之前暴露的「為了統戰的需要」怎麼不提？《新京報》提過一句，白瑪奧色法王託人傳話稱自己「有深厚的官方背景，能量很大，希望能夠發表一些正面消息」。

於是，掌控統戰大權的官員發話了。十一月三十日，中國全國政協民族宗教委員會主任朱維群在官媒《環球時報》發文[12]，稱活佛轉世的最高決定權在中央政府，說：「中央政府對活佛轉世事務的決定權不僅不能削弱，而且要進一步加強，以確保反分裂鬥爭的勝利。」幾天後，他對 CCTV 正義凜然地表示：假活佛從藏區跑到內地中東部地區行騙，一騙錢，二騙色，還拿著錢回藏區從事各種違法行為，甚至還用來支持分裂主義的活動，損

---

12 朱維群，「活佛轉世」最高決定權在中央：http://opinion.huanqiu.com/1152/2015-11/8069191.html。

害了藏傳佛教形象，嚴重的可能危害到國家安全。

朱主任又使出了「反分裂」這把屢試不爽的撒手鐧。這把撒手鐧厲害啊，既能轉移話題，又能讓藏人們心生恐懼，進而閉嘴，不敢窮追他及其他官員與假活佛吳達熔的關係。還有一個效果，可以讓廣大漢人網民對張鐵林「坐床」的興趣，變成對藏地仁波切的憤怒。

有沒有騙財騙色的假活佛？有。但據我所知，他們不是官府的紅人，就是沉溺於享樂、官府也懶得管的玩家。有沒有騙了錢去搞分裂活動的活佛？沒有。如果有，明察秋毫的朱主任何以不一一點名，昭示於天下？或者，他指的是丹增德勒仁波切[13]這樣的被中共當局定罪為「顛覆國家」的圖伯特高僧，被構陷策畫連環爆炸，已慘死於中國監獄。

萬里晴空下，那具有中國特色的「藏傳佛教活佛證」飄然而至，要緊緊控制八百多年來，藏傳佛教所有乘願再來的轉世祖古（尤其是達賴喇嘛）的靈魂，條件是必須聽黨的話。我想起最近讀過的《被隱藏的中國：從新疆、西藏、雲南到滿洲的奇異旅程》[14]這本書，在艱難轉過被喻為「雪山上的珍寶」的神山之後，作者

13　丹增德勒仁波切（ བསྟན་འཛིན་བདེ་ལེགས་ ）：一九五〇年出生在西藏康區理塘縣，是一位藏傳佛教上師。二〇〇二年四月七日在康雅曲卡（今四川省甘孜藏族自治州雅江縣）被捕，遭當局指控製造多起爆炸案。二〇一五年七月十二日在四川省川東監獄突然去世。二〇一六年六月十五日，美國國家民主基金會（NED）向丹增德勒仁波切授予民主服務獎章（Democracy Service Medal）。

14　原名 The Emperor Far Away，中譯本《被隱藏的中國：從新疆、西藏、雲南到滿洲的奇異旅程》，台灣八旗文化出版社，2015年。

大衛・艾默（David Eimer）寫道：「岡仁波齊峰不僅是對於信仰
力量恆久不變的聲明，也是對中共片面苛刻條件展現其至高無上
的明證；而中共不過就是中國歷史上另外一個有著興衰起落命運
的王朝而已。」

七

　　霧霾又來襲。「市空氣重污染應急指揮部」首次發出紅色預
警：「七至九日為空氣重污染，請您做好健康防護。」而鼓吹儒
家文化的中國學者于丹早就規勸過：「天昏地暗一座北京城，能
做的就是盡量不出門，不去跟它較勁。關上門窗，盡量不讓霧霾
進到家裡；打開空氣淨化器，盡量不讓霧霾進到肺裡；如果這都
沒用了，就只有憑自己的精神防護，不讓霧霾進到心裡。」前兩
項我做得到，反正我總是會宅在屋裡讀書寫作。後一項做不到，
我不可能成為一個無視真相的犬儒主義者。

　　一齣大戲貌似將至尾聲。捲土重來的霧霾中，傳來莫扎仁波
切沉痛的檢討：「我發願一生弘揚佛法，卻不曾想年近古稀時，
會被別有用心之人所利用，造成信眾的困惑，對噶陀寺、寧瑪派，
甚至藏傳佛教產生了負面影響，令我非常痛心。」我有些酸楚，
這多像文革時期的檢討書啊，「我錯了，我看走了眼，我被居心
叵測的階級敵人欺騙利用了……」也罷，老人家，知道你有一段
黑暗經歷。若有一天，就像東德極權崩潰，無數祕密檔案解凍，

我們是否會有機會看到其中有些報告，來自念珠不離手、慈悲不離口的告密者？

　　捲土重來的霧霾中，十世班禪喇嘛的女兒也表態了。不知從何時起，也不知由誰開頭這麼叫，她有了「公主」的身分，這既像是暗示班禪喇嘛當過圖伯特國王，又像是模仿市井流行的宮廷戲。不過此話不表，只說這件事：這位居住帝都的年輕女子，還真的以公主口吻下旨了，在微博上稱：「我想近日關於假法王這則鬧劇已經塵埃落定，且今後也無須再對此進行更多無謂的爭論。」然而，我很有興趣想知道，這是「公主」本人的旨意，還是另有他人要求「公主」向外界傳達的旨意？

　　張鐵林「坐床」是鬧劇嗎？吳達鎔「為了統戰的需要」變成白瑪奧色法王是鬧劇嗎？這些鬧劇真的已經塵埃落定？於是可以就此收聲，不再理會？美國印地安那大學教授、藏學家埃利亞特・史伯嶺，有關該事件用中文寫於 Facebook 的評論有必要轉載[15]：

　　這個究竟是什麼呢？是宗教上的占領和殖民主義。地理上的圖伯特被占領後，當局抹殺了博巴（藏人）的圖伯特而創造了一個歷史上從來不存在的假「中國西藏」。現在中國人可以隨意去拉薩和圖伯特，可以隨意定居高原。而博巴呢？沒有自治區的身

---

15 https://www.facebook.com/sophia.debeagle/posts/767709723359954?pnref=story。

分證，去拉薩有困難，住拉薩也麻煩……現在「藏傳佛教」正在受同樣的殖民主義影響。中國人可以隨意當祖古（「活佛」）；博巴呢？必須接受當局的確定，當局的認證，以及當局的「愛國」訓練！這樣呢，圖伯特佛教（「藏傳佛教」）就愈來愈沒有了；將來所存在的，可能只會是一種雜種化的「中國西藏佛教」。圖伯特佛教在這一殖民化的過程中被加米（漢人）假「活佛」占領了。中國當局於宗教領域正在複製地理上和民族上的圖伯特的命運。

　　但悲哀的是，「釜水已沸，而魚竟不知。」或者換一種說法，當世間充滿了太多貪婪的「夷達」（藏語的餓鬼），那不是眾生被餓鬼吞噬，而是世間已淪為地獄。

八

　　輿論太熱鬧，那個用藏名白瑪奧色行走江湖的假法王，跑到澳洲避風頭，表態要辭去仁波切的名號。他的一干明星弟子們也都噤聲。

　　輿論太熱鬧，於是假法王的後台亮相了，所要做的是轉移輿論導向，也奏效了。就在這時，中共體制內的藏人學者降邊嘉措在他的微博上連發兩篇文章[16]，猛烈抨擊朱維群和中共主管西

16 這兩篇文章在微博上已被刪除。但我已事先轉載到我的博客：一、降邊嘉措：葉小文現象批判──評葉小文：「活佛轉世」也要打假：http://woeser.middle-way.net/2015/12/

藏政策的另一個高官葉小文，點名道：「這些年假活佛猖獗、藏傳佛教界亂象叢生，根子在葉小文，葉小文是罪魁禍首，他必須承擔責任。」「朱維群……把批判的鋒芒直指藏族地區，指向藏族的喇嘛活佛，指向藏族同胞。一石三鳥：既污蔑、陷害和打擊了藏族同胞，又包庇了吳達鎔和張鐵林這些假『法王』、假『活佛』，同時又推卸了自己的責任，把自己同那些假『法王』、假『活佛』不乾不淨的關係，全部掩蓋起來。」

　　年逾七旬的降邊嘉措是北京的藏學權威，十二歲即加入中共進入西藏的軍隊，所以他遇到的麻煩只是文章被刪，而被他抨擊的官員卻未出聲，至少目前看來如此。但文章已在網路上，尤其是藏人中，激起極大反響，好評如潮。

　　然而，針對藏傳佛教的管控仍在步步為營。二〇一六年一月十八日，中共統戰部「活佛信息查詢系統」正式上線[17]，聲稱第一批共有八百七十名已被官方認證的活佛信息，今後民眾只要上線就可查明真假活佛。

　　一位漢人藏傳佛教徒在推特上評論：「兩個漢人引發的鬧劇，給整個藏傳佛教打了臉……國家威權似乎正以良好的發心和正義的名義介入，然而，這偏墮一邊的認證方式是否能保證藏傳佛教轉世認證系統的純潔，還是將衍生新的染污？祈禱上師。」藏人

blog-post_14.html；2、降邊嘉措：朱維群同志應該把話說清楚——評朱維群同志對央視記者的談話：http://woeser.middle-way.net/2015/12/blog-post_15.html。

17　大陸活佛信息查詢系統上線：http://www.cankaoxiaoxi.com/china/20160119/1056708.shtml。

網友則說：「啼笑皆非，活佛查詢系統上線。對於藏族民眾而言，那些日、月、星般的上師（尊者），那些本地域和寺院的覺悟傳承者，早了然於胸。這些就是他們的仁波欽，需要查詢嗎？至於內地有錢人，他們可以查下。自然，許多真正覺悟者並不會在認證範圍內。魚目堂而皇之混珠和大慧者隱祕都是現象⋯⋯」

然而我看到的是：這實際上是一種更廣泛意義的「金瓶掣籤」。只是這個「金瓶」變成了「中國佛教協會網站、國家宗教事務局網站」，「籤」變成了「活佛查詢系統」，「掣籤」者則是統戰部。過去，滿清中期之後才設立、且執行次數寥寥無幾的「金瓶掣籤」，主要針對的是達賴喇嘛的轉世。而今，由中共實行的「活佛查詢系統」，卻是針對藏傳佛教所有轉世高僧的「金瓶掣籤」。我想起遠走異國的阿嘉仁波切在自傳[18]中，回顧中共不但將尊者達賴喇嘛依藏傳佛教儀軌選出的十一世班禪喇嘛消失，且在大昭寺舉行「金瓶掣籤」時弄虛造假，欽定自己需要、卻被藏人稱之為「漢班禪」的事實。

九

我該結束這篇文章了。

但請理解我的喋喋不休，正如安迪在紐約回望他身後的中國

18　《逆風順水：阿嘉仁波切的一生和金瓶掣籤的祕密》，阿嘉・洛桑圖丹著，台灣大塊文化出版公司，2013 年。

寫道：「對於更好的明天——更清潔的空氣、正義、可以挑選自己的政治領袖的機會——的追求，不會完全泯滅。」[19] 因為，「我更愛自由」。

　　除了愛自由，我還愛我們的信仰，珍視它，如同珍視自己的靈魂。

　　　　　　　　　寫於二○一五年十二月三至二十一日，北京

　　　　　　　　　　　　　修改於二○一六年六月，北京

19　紐約時報中文網：http://m.cn.nytimes.com/opinion/20151130/c30jacobs/。

第四部

> 我們希望破除的是，包括了國家與國家主義者、強權與強權授權的殖民者的「除憶詛咒」。罪惡存在過，而且還在不斷累積，正如苦難存在過，而且也在不斷累積。

暴雨將至 ……[1]

　　摘番茄的僧侶。年輕的許下靜默戒的僧侶。在和平的時候，他可以兩年不說一句話，然而暴雨將至！

　　暴雨將至。一位許下靜默戒的僧侶正在摘取已經成熟的紅番茄。他微笑著，顯然滿足於這樣平靜的僧侶生活。他是真正熱愛這種生活的僧侶，所以他許下啞願。

　　暴雨將至。那最先撲來咬他一口的是隻蚊蠅，但緊接著是誰，不但要咬他，還要逼他破戒，還要當他的面，殺死他救助的那個異族女孩？

　　連正在成長中的孩子們也在玩戰爭的遊戲。不過，請相信那經歷過太多的老修士說的這句話絕不尋常：「時間不逝，圓圈不圓。」

　　夜深了。修道院的禱告結束了。流星劃過幽深的長空。星空下，身披長袍的僧侶們影影綽綽地走過起伏的山崗。——多麼地似曾相識啊。我的意思是，這分明是與我的家鄉西藏相似的景致。輕輕回響的音樂，有著濃郁的巴爾幹地區的風格，為什麼這樣憂傷？

1　電影 *Before the Rain*，中譯《暴雨將至》，又名《山雨欲來》，馬其頓／英國／法國於一九九四年合拍。導演：米柯・曼徹夫斯基（Milcho Manchevski），馬其頓人。

　　薩美娜。那個阿爾巴尼亞族女孩，把自己的名字告訴不說話的塞爾維亞族年輕僧侶。這名字只出現過一次，卻印在了他的心中。女孩子驚惶失措，臉上有傷痕，就像是正被追殺的小動物，乞求著保護。無言的僧侶走入黑夜，摘下幾個紅番茄，帶回藏匿著女孩的小屋。

　　槍。皮靴。殺氣騰騰的臉。出現在東正教修道院的日常儀式上。平日裡，這些持槍者也會百般恭敬，因為這裡是一個民族信仰的歸屬之地。但這時候，他們大喊大叫，疑心重重，氣憤填膺。只有那半瘋半傻的人才會慌亂地去親吻神父的手。

　　他們四處搜尋著女孩子。因為那女孩的緣故，他們中的一個人死了，而那個人原本是他們的驕傲。那個人，離鄉多年，相機不離手，成為著名的攝影師。可他從倫敦返回故里不久就死了。為了幫助差點被同族親戚姦污的異族女孩出逃，他承受了來自親人的子彈。

　　「我們一定要以牙還牙，以眼還眼！」

　　「別。轉過另一邊面頰吧。」

　　「不！我們已轉過！」

　　於是那半瘋半傻的人馬上就變了。在狂笑中，在瘋狂地掃射中，一隻匍匐在修道院房頂上的貓，被打得血肉橫飛。

　　「主，我雖走過深夜的陰谷，我無懼邪惡，因祢與我同在。」許下靜默戒的僧侶就要開口說話了。他還能再沉默下去嗎？在刺

耳的槍聲中，他的沉默已多餘。

　　我們本來習慣了聽不見他的聲音。這位許下啞願的僧侶，他的聲音在這部電影裡應該是不存在的。除了時時浮現在他原本脫塵的臉上那脫塵的笑。他的聲音，其實很遲才響起。當他不得不開口，他的聲音是那樣地突兀和陌生，讓我們覺得刺耳。而且，這聲音有些粗糙，有些生硬，甚至有些蒼老，似乎不應該是從這麼年輕的僧侶的喉管中發出的。

　　正如我們只習慣看他穿修道者的長袍，而不習慣他換上俗人衣裳的樣子。

　　深夜的修道院多麼美麗啊，如果沒有殺手和槍聲。年邁的神父只能將兩個年輕的孩子一起驅逐門外。將兩年不說話卻不得不開口的男孩子——他已經沒有做修士的資格了——和傷痕累累的女孩子驅逐門外，因為修道院是不能收留女子的，更因為這個異族的女子一旦被尋獲，會給修道院帶來滅頂災難。那麼。那麼就讓似乎自由了的孩子們在星空下出逃吧。

　　半瘋半傻的殺手在激烈的音樂中扭動身體。而後昏睡在地。在睡夢中，他還喃喃地念叨著「貓，貓」。——為什麼？不是已被他槍殺了嗎？

　　星辰明亮。圓月運行。大地瘡痍滿布。漸漸天色晴朗。漸漸烈日灼身。

　　暴雨將至的時候正是烈日灼身的時候。兩個以為可以奔向

自由——而這自由的象徵是男孩子的叔叔，正是那位已被同族親戚一槍斃命的攝影師，他們卻不知——的年輕人第一次擁抱在一起，卻被一股突如其來的力量憤怒地拉開。那是女孩子的親人，不是男孩子的族人。早已成為仇敵的兩個民族是兩個不可調和的陣營。於是，女孩子被她的阿爾巴尼亞族爺爺狠勁的耳光打腫了臉，而當她不顧一切地追趕被推開、被驅逐的男孩時，一串串吐著火焰的子彈從親生哥哥端著的槍膛裡噴射出來！

音樂。巴爾幹的音樂。最清晰可聞的是巴爾幹的一種風笛輕輕回響。憂傷極了。催人淚下。

「噓，別說話。」這是不是倒在地上的女孩子想說卻無力說出的話？看哪，她所有的力氣只能將顫抖的手指貼在嘴上，讓異族的男孩子悲痛欲絕地明白——這時候，噓，別說話。原來她死到臨頭，還惦記著男孩子的安全。

她年輕的臉貼著大地。她年輕的胸口冒著鮮血。她年輕的手垂落下來。已經到了這時候，她還能再說什麼嗎？——噓，別說話！而他，剛剛打破了靜默戒的僧侶，也只能守在愛上不及一日就死去的戀人身邊，欲哭無淚，欲訴無語！而遠處，似乎雷聲陣陣，暴雨將至⋯⋯

倫敦。新聞圖片社。那裡有著從動亂的世界各地拍攝的照片。仇恨的照片。殺戮的照片。饑餓的照片。疾病的照片。這個世界上竟然發生著這麼多的災難！但安妮這位資產階級女士對此

漫不經心，因為她的內心正經受著個人情感在選擇上的煎熬。

　　一段突然插入的歌曲，唱道：「……家不過是梗塞在喉管中的情緒。」

　　亞歷山大。獲得普立茲獎的攝影師。剛從內戰激烈的波士尼亞返回。他精疲力竭，良心不安，因為他處在加害者與受害者之間，用鏡頭抓住了生命被奪走的瞬間，卻像是讓手中的相機也充當了武器。

　　在安妮的愛欲懷抱中，他無法得到慰藉，似乎只剩下一條路：回家。「我的骨頭也思鄉得痛起來。」他說。那多年不歸的馬其頓啊，是他夢想中的最後一個和平家園。

　　「和平是例外，不是常規。」倒是安妮一語道出了未卜先知似的預言。

　　「要有立場。」亞歷山大說完這句話，踏上了回家的路程。

　　在一個燈光溫暖的餐館，已有身孕的安妮與不再有愛情的丈夫晚餐，要將分手的決定相告。周遭有天真的孩子和相戀的青年如食甘飴，也有失心瘋的男子與服務生一言不合即暴怒，卻無人注意到他再次返回餐館時多了一把槍，在狂叫中，在瘋狂地掃射中，無辜無關的男男女女被打得血肉橫飛。

　　倖存的安妮從血泊中尋見只剩下了半邊臉的丈夫，驚駭得嘔吐不止的她只會說出一個詞：臉。

　　大街上。倫敦的時髦少女也正聽著馬其頓鄉下的槍手聽著的

流行舞曲。倫敦的牆上塗抹著馬其頓修道院老神父說的這句話：
「時間不逝，圓圈不圓。」

暴雨將至。雨在馬其頓下，也在倫敦下。雨水傾瀉在世界各
地，像流不完的淚水。這麼多的雨水啊，想要沖沒的是什麼？

就像是在那兩個族群為鄰的地方，曾有過許多年的相濡以
沫，如今兩邊都有那麼多拿槍的男人！連成長中的小男孩都端著
槍，都在玩著，不，在進行著戰爭的遊戲。而女人們只有哭泣。
當她們失去長輩、失去愛人、失去手足、失去兒女的時候，她們
只有哭倒在地。

暴雨將至。卻不只是這裡暴雨將至。在這個世界上，不只是
他們和他們有這樣的命運。槍聲中，「你的家、你的朋友和你的
祖國倏忽全失……」[2]

「鳥兒吱吱叫著，飛越漆黑的長空，人們沉默無言，我等到
血都痛了！」

寫於二〇〇七年九月，北京

修改於二〇一六年十月，北京

2　引自《雪域境外流亡記》（美）約翰・F・艾夫唐（John F. Avedon）著。第 75 頁達賴喇
　　嘛語，台灣慧炬出版社，1991 年。

影響我們的一本書

塔澤仁波切（Taktser Rinpoche）圓寂了。

這個消息，最先是遠在他國的德慶邊巴啦告訴我的。一時間我只會說：「是嗎？是嗎？」前不久，在網上見到他最近的照片，坐在輪椅上，手舉流亡藏人第二代傳遞的自由火炬。看上去，他的身體十分衰竭，這令我意外而且難過。記憶中，是他在以往歲月裡的幾張照片：穿袈裟時，是塔爾寺形象威儀的主持；穿俗裝時，是卓爾不群的安多男人；當他跟嘉瓦仁波切在一起，他是年長十三歲的兄長，慈愛中飽含恭敬。

而他對我，可以說意義非凡，因為他是影響我或者說啟蒙我的人。確切地說，是他寫的那本書，對我的影響至深。那本書，我最早看到應是一九九〇年，當時我剛回到拉薩，是一個已被漢化得對自己民族的歷史和文化幾無所知的年輕人。那本書，在我以及境內許多藏人當時的閱讀範圍內，是我們能夠讀到的第一本譯成中文的圖伯特人寫真實圖伯特的書。從那時起，那本書被我視為珍寶，走到哪裡都要帶在身邊。

那是一本設計簡單、印刷粗糙的書，名為《西藏——歷史·宗教·人民》[1]，現在，此刻，就在我的手邊，又被格外珍視地

1　《西藏——歷史·宗教·人民》，土登晉美諾布、柯林·特尼布爾爾著，陳永國、張曉明譯，

翻開，並與諸位分享。

　　記得一九九八年的元旦之夜，在布達拉宮背後不遠處的某個院落，親人們已安睡，我在燈下翻開讀過許多遍的三本書，寫下這樣的感受：

　　……我再度百感交集地聞到了西藏的氣息。那是芬芳中的芬芳，夢幻中的夢幻，啜泣中的啜泣。——我的意思是，我人在西藏，卻往往只能在那樣的書中看見真正的西藏。

　　……顯而易見，它們是那遍布雪域的壯美或樸素的建築中（不少已淪為廢墟）難以計數的、又長又窄的、被一根結實而污黑的牛皮繩緊緊捆紮的紙張堅韌、筆跡清晰卻似亙古流傳下來的所有典籍的精粹、扼要和濃縮；另外，它們尤其是一段重要的過去的記憶。這記憶太多了，太重了，這記憶的比重、體積和價值，隨著時間的流逝非但不曾減弱半分，反而像發了酵似的，漸漸地充滿了整個有形和無形的空間，當我們——尤其是像我們這些在生命的最初，並未得到過故鄉那醇厚而甘甜的乳汁哺育的人——呱呱墜地，就不偏不倚地「啪」地打在了身體裡最柔軟的那個地方，隨著成長，日漸深刻，一如難以癒合的傷痕。[2]

　　西藏社會科學院資料情報研究所編印，1983 年。

2　《西藏筆記》，唯色著，中國花城出版社，2003 年。台灣版《名為西藏的詩》，大塊文化出版公司，2006 年。

那三本書是：塔澤仁波切寫的
《西藏——歷史‧宗教‧人民》；
尊者達賴喇嘛的自傳《流亡中的自
在》[3]；以及美國人約翰‧F‧艾夫
唐（John F. Avedon）寫的《雪域境
外流亡記》[4]。當然，我說的都是
中文譯本。

不知道有多少人聽說過塔澤
仁波切寫的那本書。更不知道塔澤
仁波切本人是否見到過那本書。甚
至，他會不會知道用藏文、印地語

塔澤仁波切（Taktser Rinpoche）
的原著封面。（友人供圖）

和英文（合著者是科林‧特尼布爾〔Colin Turnbull〕）三種文
字撰寫的原著，英文版已被翻譯成中文，於一九八三年八月在拉
薩，——是的，在拉薩出版？

中文譯者是兩個漢人：陳永國和張曉明，當時應該都在西藏
社會科學院工作。如今陳在何處，無從打聽，不過從網上搜索來
看，他翻譯過一些藏學著作。而張，是中共涉藏宣傳喉舌《中國
西藏》雜誌的主編。意味深長的是，他們翻譯塔澤仁波切的書，

目的在於「以備批判」，因此書中註明是「內部資料」，言下之意即不能對外流通。

很難揣度當時西藏官方學界的心思，或許跟自我感覺甚好的中共官員一樣，以為被「解放」的西藏人民都對「舊西藏」懷有不共戴天之仇，都對「新西藏」充滿感恩戴德之情，為了更好地認清「舊西藏」的本質，需要進一步地提高思想認識，加強理論水平。總之，西藏社會科學院曾在一九八〇年代翻譯出版《西藏研究參考資料》系列書籍，包括國際藏學家的研究論著，他們被認為是「侵略西藏的帝國主義分子」，其著述是「很好的反面教材」；以及流亡藏人的史記或傳記，他們被說成是「叛國外逃的反動大農奴主」，「打著西藏學者的幌子，在某些人當中，就具有較大的欺騙性」。

這些書雖然全都註明「內部資料」，但僅在拉薩，我就瞭解到，凡藏、漢文人學者，幾乎人手一本。而且，事實上，如果有關係，還可以去社科院資料室以低廉的價格，買到這些「內部資料」；全都是不可估量的好書，讓我如獲至寶。無論如何，我要感謝所有的譯者和西藏社科院。無論如何，我要感謝上世紀八〇年代上、中期，那時候，似乎既可以出版社會主義的「香花」以資宣傳，還可以出版各種各樣的「毒草」以供「批判」。正是這些「批判資料」，使我逐漸地脫胎換骨，看來確實具有「欺騙性」。

　　不只我一個，在一些如我一樣用中文寫作的藏人當中，塔澤仁波切的那本書潛移默化地影響著我們，我多次在許多文章中看到過或隱或顯的痕跡。有的人會一段段地摘錄，有的人則學習用書中的視角來闡釋。對於如我一樣在圖伯特巨變中成長以及喪失的人來說，當我們或多或少地意識到，渴求著，尋覓時，如塔澤仁波切的那本書——他說他的寫作目的「只想表現一個西藏人對西藏的真正理解」——恰是「故鄉那醇厚而甘甜的乳汁」。

　　多麼難忘遍布書中的那些深邃、真切而傷懷的文字啊。比如：

　　……西藏不是聖賢或奇蹟的國土。西藏是皈依宗教道路的人民的國土，他們不是痛苦地履行義務，而是充滿熱情和極大的歡樂遵循這條道路。在這片國土上只要我們希望，我們就能得到觀世音的保佑。如果這就是奇蹟，那麼西藏就是一個充滿奇蹟的地方，因為觀世音總是不斷地顯聖，引導和幫助我們。

　　……然而，由於某種不幸的原因，使我們宗教努力成為可能的西藏生活狀況改變了。其變化悲慘而劇烈，把我們拖進了一個異常的世界中。在那個世界上，一點金銀就勝過終生的宗教思想；在那個世界上，政治權術超過了宗教的虔誠；在那個世界上，人的理想、目標和全部生活都集中於這個暫時星球的現實存在上；在那個世界上，上述的觀點被認為比通過宗教的徹悟使生命獲得解脫更「通情達理」……悲劇就在於我們現在仍然有信仰，但我們卻無法挽回地生活在一個沒有信仰的世界裡。

　　而且，他依循圖伯特傳統典籍的形式，在每一章之前都加上一節佛經、一段典故、一句遺訓、一首諺語，甚至十八世紀時來拉薩傳教的一位天主教神父的記錄、六世達賴喇嘛倉央嘉措的詩歌，如同偈語或頌辭，讀起來是那麼優美，銘記在心。比如第十六章「外強角逐場」的開頭，即是《瑪尼・噶奔》中的經文：

> 歇息吧，我忠實的人民；
> 放心吧，我可愛的雪域。
> 總有一天我要回來，
> 以一千個不同的形體
> 帶來幫助和慰藉。

　　身為第一代流亡藏人，塔澤仁波切在書中傾訴了對故土的無盡思念和深情：

　　……我知道，對於我們這些不得不離開西藏的人來說，不能看到西藏的崇山峻嶺，感覺不到家鄉的微風，呼吸不到清新的空氣是真正的損失。是鄉村把我們的思想變得內向。在西藏，我們不僅生活在世界之中，而且和周圍的世界融為一體，西藏本身看來就是我們祝福的一部分。

　　然而，漫長的流亡歲月，卻讓許許多多流亡中的藏人空懷對

故土的無盡思念和深情。遙想不得不在異國他鄉踏上解脫之路的
塔澤仁波切，我彷彿看見了他在書中描述的一個美麗的、悲哀的
場景：

　　傳說米拉日巴死去時，天空中的烏雲出現了奇妙的情景，
神祇們降臨到大地上，在人們中行走，哭泣的神落下了眼淚的花
朵……

寫於二〇〇八年九月七日，北京

他說「西藏是我家」

　　住在拉薩的扎西次仁先生去世了，我因此想起他的許多事。有些事有趣，有些事就不是趣事了。

　　容我先說趣事吧。比如他說話。他說話總是一串藏語裡夾一、兩句英語或漢語。他這是習慣，不是顯擺。因為他英語、漢語說完後，會很自然地又用藏語說一遍，整個過程是完整的、善解人意的。想想看，出生於衛藏鄉村卻有著無比「堅強的求知欲」的他，小時候就把去拉薩當作人生轉變的契機，後來去印度學習英文，又去美國的大學「像瘋子一樣地用功讀書」，並受到「天真和愚蠢的樂觀主義」驅動，於一九六四年一意孤行地返回，渴望把學到的知識報效巨變後的圖伯特，「設法協助我的那些在共產主義環境中的同胞」，結果卻被聲稱「解放西藏」的中國共產黨放在連千年前的杜甫都寫過「塵埃不見咸陽橋」的咸陽，幸虧他好不容易學會的漢語沒有陝西口音，沒有把「我」說成「呃」，不然他最愛說的漢語口頭禪「我扎西次仁」，豈不是成了「呃扎西次仁」？那聽上去多麼有損形象。

　　在他口述的自傳中，他深情告白：「西藏對我來說不只是一種觀念或一種抽象的詞語；那是一個地方——我的家。」[1]所以他會在人生的最好年華即三十五歲時，從大洋彼岸急不可耐地、

躊躇滿志地歸來，一廂情願地以為可以把「社會主義、民主，和幸福，建立在西藏」，然而「無法預測」的中國共產黨既沒有依他要求送他先去北京大學學習，也沒有遂他意願讓他備受歡迎地返回拉薩效力，而是根本沒有任何商量餘地的，讓他在之前從未聽聞過的咸陽及周邊要多土有多土的中原黃土待了漫長的十四年有餘，期間包括被監視、被告密、挨批鬥、關牛棚、下牢獄、服勞役、務勞工等等，這太讓人絕望了。前些年我曾去過設在咸陽的西藏民院幾天，除了吃麵就是吃泡饃，除了吃泡饃就是吃麵，而且差不多得用小臉盆來裝，水土不服的西藏孩子們男的變瘦、女的浮腫。不記得扎西次仁先生有沒有說過對咸陽麵食的感受，反正他在自傳中無奈感嘆「我們吃的東西真是粗糙無味」。但他更慘的不是盡吃這樣的東西，而是被關在長武監獄時，竟然猛喝尿缸裡囚犯們骯髒的尿，以為這樣能自殺。

　　這期間他兩次回到拉薩。第一次是他作為咸陽西藏民族學院的紅衛兵——是的，那時候他真的被洗腦成了熱愛毛主席的紅衛兵，還坐火車去北京哭著喊著地見到了在天安門城樓上揮手的「革命的原動力」——與幾千個學生紅衛兵，於一九六六年底鬥志昂揚地返回拉薩「分享對文化大革命的經驗」，住在被當成「四舊」砸爛後改作招待所的小昭寺達四個多月。奇怪的是，他似乎不太關心包括小昭寺在內的無數圖伯特寺院幾近毀滅的悲慘

1　《西藏是我家》，扎西次仁口述，梅·戈爾斯坦、威廉木·司本石初執筆，楊和晉中譯，
　　明鏡出版社，2000 年。

下場，也沒有交代他與其他紅衛兵有什麼樣的革命行為。而第二
次才時隔四年，他居然是被戴著手銬、臉上蒙著白布，直接關進
了拉薩的監獄。之前他已經在咸陽、長武等監獄被虐待了三年
半，罪名是「美國間諜」、「藏獨分子」。他在拉薩著名的扎基
監獄[2]被單獨囚禁兩年半，打發時間的方式之一是跳「噶足巴」
的舞蹈。作為年幼時因為形象好、家庭乾淨被挑選到布達拉宮，
成為達賴喇嘛與甘丹頗章政府儀典樂舞隊無上榮光的一員——噶
足巴，雖然他並不甘心當藝人，對噶足巴的特殊地位也興趣缺
缺，而是以有現代學問的學者為榜樣，渴望做一個「現代化」的
藏人，但在獄中，他每天都有一段時間沉浸在儀式感和美感十足
的傳統舞步之中，自嘲說似乎是自己的肌肉記得每個動作。極具
諷刺且令人抓狂的是，獲釋後黨並沒有讓他留在拉薩，允許他用
一份難得的愛情恢復生活，而是立刻將他帶回咸陽，繼續鉤心鬥
角、擅長告密的土包子們待在一起，飽受失去尊嚴的折磨，還要
受到窘迫困頓與孤苦伶仃的折磨。實際上，他在咸陽度過的歲月
綜合了集中營的洗腦與磨難，以至於朝思暮想早日離開這個「鬼
地方」的他，曾經難以自控地叫喊：「我痛恨咸陽的學校！」而
他終於回到拉薩且定居下來，已是一九八一年他五十二歲快老的
時候了。

2　扎基監獄：即西藏自治區監獄，又稱西藏第一監獄，位於拉薩北郊扎基村，成立於
　　一九六〇年，是西藏關押重刑犯、女犯和「危害國家安全犯」的監獄，也是西藏自治區
　　最大的監獄。

2004 年，在扎西次仁先生家。（攝影：王力雄）

　　我是在連夜讀完了他的自傳後，讓我一位認識他的親戚帶去拜訪這樣認識他的，說起來已有十三個年頭。那以後，雖然不是經常，但也還算是常常登門。我們都叫他格啦[3]。他住在大昭寺廣場西頭緊挨「德克士」快餐店的二樓上。他那總是雙唇蠕動、默默念經的夫人被他親切地喚作「阿媽啦」，做得一手特別好喝的「羌」，他家就分出三分之二的地盤拿來做酒館：露台、廚房、儲物間。來訪者要與他見面的話，得穿過沉醉在青稞酒中的酒客們，基本上都是來朝佛兼買生活必需品的鄉下藏人，再穿過散發著濃郁的青稞酒香的狹長過道，才能進入鋪滿藏式地毯的小屋，

3　格啦：藏語，先生的意思。

坐在窄窄的床上或簡陋的椅子上，與有時候繫著領帶、有時候
赤著雙腳的格啦聊天。我頭幾次去的時候，總是會被滿屋美麗的
藏式地毯吸引住，他就會說他辦學校，全靠雇請民間的手藝人編
織這些地毯，再賣給各國的或來旅遊的「其結米」[4]，當然還有
他們的無私捐助。「光靠我的那點工資，光靠阿媽啦賣『羌』，
我扎西次仁怎麼可能辦得起百所學校啊。」他得意洋洋地說。他
有一個給人印象深刻的動作：與訪客交談時，桌上總是放著一摞
紙和幾支筆，當他要強調某句話或某個詞時，會一把抓起筆來在
紙上有力、飛快地寫下，而且常常是用藏文、英文和中文各寫一
遍。同樣，他認為對方的哪句話或哪個詞需要強調，也會如此記
下來。對於沒聽明白的中文或英文，他則讓對方寫下來，然後會
反覆端詳、念誦，就像是很用功的學生。我幾次猶豫過，是不是
該問他要一張寫得密密麻麻的紙做紀念？可惜終究未能說出口。

　　格啦口述過兩本書，一本口述他在「舊西藏」和「新西藏」
的大半生，包括在國外求學的經歷；一本口述他從一九八六年起，
以他的家鄉為起點，在衛藏許多鄉村興辦小學和職業學校[5]。都
是美國藏學家替他記錄的，也就是說，原著都是英文版。前一
本是寫中譯本《喇嘛王國的覆滅》的梅・戈爾斯坦（Melvyn C.
Goldstein）主要記錄的。他倆是華盛頓大學的校友，當年就認識，

4　其結米：藏語，指外國人。
5　即《西藏興學記——扎西次仁與三千學子》，威廉木・司本石初、扎西次仁著，楊和晉
　　中譯，美國輕舟出版社，2004 年。

還一起打過麻將，結下深厚友誼。我得知這個世界上有格啦這樣的傳奇藏人，就來自那本中譯本叫作《西藏是我家》的自傳。需要說明的是，同名中譯本有兩種，香港出版的據說一句也沒漏掉，完全忠實原著，而數年後由中國藏學出版社出版的那本，呵呵，就有意識地刪節了不少，屬於殘缺不全的「潔本」。幸好我讀的是香港版，不屑於讀北京版。還要說明的是，原著英文版的書名是 The Struggle for Modern Tibet，應該譯作「為西藏的現代化而奮鬥」吧，雖然太像一句有著時代烙印和意識形態的中國口號，卻更符合他的生平而不似中譯本的書名多少有些煽情。我曾問過他是否知道自傳的簡體版被動過手術，他好像並不在意，還做出深諳中國國情的樣子，圓滑地說：不動手術的話，能在中國出嗎？

他用藏文寫過一本書，是他在美國求學期間抽空寫的，書名為《我對美國生活方式的看法》，一九六三年在印度大吉嶺出版。這本書貌似並不為人所知，但對格啦本人應該屬於意義重大。用他的話來說，「我覺得像那些真正的財富和物質上的東西，美國真是人間的天堂……而且在美國的文化裡比較沒有階級的意思……讓我最驚嘆的是教育的普及，不分階層和年歲，大家都有受教育的機會。」也正是這個時期，他「真的開始認為自己是一個新式的、『現代化的』西藏人」。

他的主要成就當然是眾所周知的在民間興學，此乃嘉惠眾生的無量功德，我母親的日喀則老家就有許多窮苦孩子因此改

變人生。除此，他還編撰了藏、漢、英三種文字對照詞典，多年
來不停增補，厚厚一本變成了厚厚三本。通常他是不會贈書的。
他可以在他的書上簽名，但前提是你得買書。他理直氣壯地說，
他要這些錢是為了辦學校。那麼，你不但要買可讀性強的傳記，
最好連厚厚的詞典也一塊兒買了。不過呢，一套三冊的三語詞
典，我記得是六百元，我一位心腸很軟的朋友就掏錢買下了，我
一位堅持個人原則的朋友則給他寫了一封英文信，稱自己是個
minimalist（簡約主義者），不想擁有太多東西。信是當面交給
格啦的，他還拿出筆逐個字點著讀，讀到簡約主義者時停筆用英
文問什麼意思，朋友解釋了，他還像個學生似的做了筆記，全然
忘記了賣書。不過格啦倒是沒讓我買，而是用憐憫的口氣說，妳
沒有單位，也沒有工資。於是我獲得了他慷慨資助的三語詞典。
不過我的感覺是，他更希望我成為像他那樣三語皆通的有用人
才。唉，格啦，你若這麼想，那我讓你失望了。

　　格啦生活簡單，除了愛吃牛排，如果這算是奢侈的話。他喜
歡去丹傑林路上離他家不遠的「雪域餐廳」吃牛排。我倒是不敢
去「雪域餐廳」了。因為拉薩人私下都傳這家餐廳的老闆供奉那
個被稱為「堆傑」[6]的惡神，最好不要去。可是格啦他從不在乎
這些說法。他有無神論者的那種氣概，天上地下都無所畏懼的樣
子。既然他覺得「雪域餐廳」的牛排做得好，要去吃，而且邀請

6　堆傑：藏語，魔王的意思。指破壞佛法的惡鬼 Dorje Shugden，中文譯為朵傑凶天。

我一起去吃，如果我說因為有那樣的說法我就不去，其實是壓根說不出口的，畢竟我是晚輩啊，而且依照藏人傳統必須得是必恭必敬、一口一個「樂絲」[7]的晚輩，所以我就跟著他去吃過好幾次「雪域餐廳」的牛排。說實話還真的好吃，可就是每次去我都得縮頭縮腦的，生怕被認識的人撞見了說我不抵制「魔王」。有一次，不對，有兩次，他還請王力雄吃了牛排。

　　王力雄第一次見到格啦也有十三年了，那時候還保持著出門旅行記日記的好習慣，我讓他從電腦上找當年的日記，居然找到了寫於二〇〇一年和二〇〇四年的片斷，很是濃縮性地概括了格啦的思想和狀況。遺憾的是，王力雄後來還跟他見過也聊過，可是沒有再寫日記，我也就只好把現有的片斷搬到這裡：

二〇〇一年七月四日，星期三，晴

　　下午見扎西次仁。

　　扎西次仁說所有的外國人都說沒有想到拉薩達到如此現代化的程度。他也感慨拉薩現代化的速度實在太快了。但西藏只有城市是這樣，農牧區的變化還是不大。

　　他已經建了五十四所小學。最近又投資一百萬在南木林縣建一職業學校（當地出四十萬），教縫紉、駕駛和種菜。九月開學，六十名學生。他還要在拉薩辦一個HOSTEL，給南木林在拉

7　樂絲：藏語，是。

薩的學生提供食宿。他的一生就是要辦學校。他自己住的地方挺簡陋。掙的錢都放在辦學上了。

　　算起來，他在美國待了四年，在咸陽待了十四年，可是他的漢語似乎遠不如英語好。很多詞彙必須用英語說。他學英語有動力，下工夫學，對漢語是抵觸，不得不被動地學，兩種效果是不一樣的。

二〇〇一年七月八日，星期日，晴

　　扎西次仁在雪域餐廳請吃西餐，喝他家自釀的青稞酒。他對西藏問題這樣說，西藏是沒有選擇的，有選擇的只是我扎西次仁，我當時可以留在美國，可以到印度去，也可以回西藏，我在外面可以過得很好。西藏卻只能在中國和共產黨的統治下，沒有別的可能。所以我要回來。我在西藏只能做力所能及的事情，對無法改變的那些事，我想沒有用，也不願意想。我無法從頭開始，按照我的想法安排，那首先需要有軍隊。噶廈政府有軍隊，都被解放軍打光了，我什麼都沒有，能做什麼？

　　他在八五年時寫過關於西藏高等學校藏漢學生比例失衡（當時漢族學生占六〇％），希望在民族自治地區對學生比例有所規定的報告，漢、藏、英文，在胡啟立率中央代表團來西藏參加自治區成立二十年紀念的時候，託雪康（舊西藏大貴族）交給胡啟立，並同時給各方面官員和機構。所有的漢人幹部和機構都沒有回話，只有兩個藏族官員，一個是阿沛阿旺晉美批了字，表示

要送到人大法制委員會研究,另一個是熱地批了字,也是籠統的話。但畢竟看得出,本民族的官員對本民族的事情是關心的。

他還說,漢藏的接觸,過去是大喇嘛與皇帝,駐藏大臣與噶廈,後來是共產黨的幹部對老百姓,只有改革開放以後,才是老百姓對老百姓。這個變化帶來前所未有的問題。

關於西藏問題的解決,他說達賴喇嘛的權威在西藏老百姓中是最高的,還是得通過他解決。他九四年見達賴喇嘛的時候說應該和中央談判,達賴喇嘛說我盡了最大的努力,可是他們不理睬。扎西說如果他有機會跟決策者說上話,要提這一點。

二〇〇四年八月二十二日,星期日

扎西次仁家見面,談話,喝青稞酒。他是少有的藏人中不信宗教的人,換句話說,他說他是「無神論者」。但他回答我是否信仰宗教的問題時,繞了一個很大的圈子進行解釋,簡單地回答不信對他是困難的。他力圖解釋為他以行為達到和宗教同樣的境界,不搞儀式,而且他的實際所為同時超過僧侶和共產黨。我能理解他這種「實修」,我也有類似的想法。但為了搞清他的精神世界,我進一步問他是否信神?他說釋迦牟尼也是人,達賴喇嘛是人,他對偉人是尊敬的。他把他們與馬克思、甘地、曼德拉等都歸入偉人。佛教本質上可以認為是無神的,他這種看法不能說明他和宗教的分野。最後我問是否相信來世?對此他不能迴避,回答不信。這可以說明他和西藏宗教在世界觀上的不同。

　　他過去見識了宗教界的腐敗。出國後開始轉變，接受科學主義和理性主義，乃至共產主義。現在共產主義已經不信了，並且笑言自己也成了資本家。但又說自己掙的錢全部返還給社會（我問總共拿出多少錢，他說沒有算過，大概上千萬元）。他的主張是現代化，西藏要發展，關鍵是教育，所以他要辦學，已經辦了六十一所學校。他自稱和太太是兩個世界，房間裡的唐卡、法器等是太太的世界，電腦、傳真機、太空人的照片等是他的世界。

　　沒錯，格啦說過他是無神論者。他還說過，雖然自己不會像阿媽啦那樣，每天早晨在佛像前供奉清水和梵香，傍晚牽著捲毛狗繞帕廓轉經，還經常去寺院朝佛點燈供養布施，但他做的事情卻是利益眾生的菩薩行為，稱得上是真正的菩薩。有一次他放低聲音壞笑說，阿媽啦這麼虔誠的佛教徒，可有時候對家裡的保母不夠慈悲啊。不過，對於格啦而言，他的信仰或者個人身分正如他在傳記中所強調的：「我一直認為自己是一個西藏的民族主義者，也是愛國者……我堅決地反對回返到古遠的那種像舊式的西藏神權封建社會，但我也不認為改變和現代化的代價必須是失去自己的語言和文化。」或者說，他是這樣一個人，就像一九六〇年初他去達蘭薩拉觀見尊者達賴喇嘛，已不是曾在尊者儀典隊服務過的噶足巴，而是將赴美國讀大學的有志青年，為此尊者對他的要求是：「做一個好的西藏人。努力學習。而且要用你所學到的知識去為你的同胞和國家服務。」當時，他的「內心裡有了一

種微笑」，我想是因為尊者說中了他的心思。也因此，一九九四年他去美國協助戈爾斯坦修訂藏英字典，恰逢尊者在密西根大學演講，他去拜見尊者，還獲得單獨再見的機會。他雖然向尊者建言如何與中國人打交道，內心卻在翻騰：「現在他會覺得我曾盡力照他的話去做嗎？我對自己的評價又是如何？那麼多的歲月都已經過去了；那麼多的河水也曾在橋下流過。」

有著圖伯特社會少見的固執堅持個人主見的格啦一直都是比較注意個人形象的，出門總是會打扮一下：在脖子上繫條小方巾，把愈來愈少的頭髮梳得紋絲不亂，戴上很酷的遮陽鏡等等。一位朋友笑說，格啦是拉薩城裡最醒目的老人，他總是愛穿雪白的褲子或者色彩鮮豔的上衣。是的，他身上有種氣質，與拉薩同代老人不一樣，不是過去時代的那種優雅萬狀的貴族氣質，也沒有在單位裡度過了半生的退休幹部的味道，更沒有像他夫人那樣終日虔誠禮佛的普通藏人的味道。總而言之，你一看見他吧，就會覺得他另類，有著卓爾不群、標新立異的風度。有一次，他請我和好友去吃飯，貌似那時「雪域餐廳」已搬走，他就帶我們去策墨林那邊一家藏人開的餐館，他和我依然點的牛排，好友吃素但忘記吃什麼素了，我們還喝了咖啡或者甜茶記不得了。吃完後，我和好友挽著他的胳膊送他回家，我吭哧吭哧了半天，還是沒敢問他少年時因為長相俊秀被某個僧官包養過、被個別僧侶騷擾過的軼事。其實他的傳記裡寫過不少的驚世駭俗，成長為青年後，

他又是多麼風流倜儻啊。但我不能這麼直截了當地問啊，那多麼有違藏人的禮節習俗，是要被恥笑的。所以我和好友一唱一和地說，格啦啊，你這麼帥，這一生一定有很多女人愛上你吧。「當然啦」，格啦又開始得意起來。說我們西藏女子就不提了，這個國家的女子、那個國家的女子多得是，還有「加姆」追求過他。「加姆」是漢人女子的意思，不知道是不是他在咸陽那些年碰上的，自傳裡可沒寫過。補充一句，格啦有一個兒子，不過不是和阿媽啦生的，而是與他自傳裡寫的，年輕時很相愛的一位漂亮小姐生的，但由於美人那富有家庭的阻擾，他這一生用情最深也比較瘋狂的戀愛不得不結束。另外他這一生有過三次婚姻，前兩次都是別人安排的，很快無疾而終，第三次婚姻即是與他總是讚其善良、虔誠、獨立的阿媽啦在他落難時締結的姻緣，所以同甘共苦到生命的盡頭，度過了他透過自傳向全世界宣布的幸福生活。

大概是二○○七年的年初，我從北京回拉薩過藏曆新年，在他家附近碰見了他，被他握著手像個記者那樣問道：「沒回拉薩有多久了？」我說：「十個月了。」「覺得拉薩最大的變化是什麼？」我說：「人多了，主要是漢人和回族人太多了，藏人在拉薩快成了少數民族。」「哈哈，」格啦朗聲笑道：「妳的話沒錯，但我對形勢還是比較樂觀的。無論如何，至今為止，北京的黨中央還沒有給西藏下達這樣一個政策，明確地指示中國各地的大批漢人到西藏去打工、去生活，這就很不錯了，謝天謝地。」我就反駁說：「如果真的有這麼一個白紙黑字的政策，那豈不是

太愚蠢了呀？」格啦就狡黠地眨眨眼睛說：「誰說不是呢？所以英明的黨中央怎麼可能會下達如此愚蠢的政策？只要沒有這樣的政策，我扎西次仁對現實就會比較滿意的，對未來也就會比較樂觀的。」哈哈，格啦，他這可是典型的拉薩式的幽默啊。

我最後一次見到他是前年（二〇一二）夏天，不對，是二〇一一年夏天，結束了在康區旅行的我和王力雄回到拉薩，有天轉了一圈帕廓後就徑直去了附近的格啦家，他剛接待了幾個客人，身穿天藍色的衝鋒衣，看上去精神、氣色都不錯。他翻出一頁紙給我們看，上面用藏、漢、英三種文字寫著「西藏扎西次仁教育發展有限公司」，他很開心地揮舞著手說：「我扎西次仁的理想就是希望西藏的孩子們都能上學、念書，我扎西次仁一直在奮鬥，也取得了成功，拍我的紀錄片最近在 CCTV 4 播出了。」可是，在我們與他告別時，他突然擁抱著我泣不成聲，全然沒有先前的驕傲和滿足，顫抖著的衰老身體傳達出無法言表的痛苦，令我手足無措，內心震驚。我喃喃著「格啦敘啊，格啦敘啊[8]」，慌亂離去，直到走在陽光燦爛、中國遊客與軍警密布的大街上，才潸然淚下。

格啦他為何哭泣呢？這個受盡苦難卻超級堅強的人，支撐畢生的信念是希望自己的故鄉與人民能夠變得現代化，且又「必須拚命確保我們在語言和文化上的傳統」，那麼，他是因為理想被冷酷的現實摧毀而痛哭嗎？當我含淚回頭，在可以瞭望整個大

---

8 敘啊：藏語的告別語，您在、留步的意思。格拉敘啊，即「先生請留步」。

昭寺廣場的他家屋頂上，兩名手持鋼槍的狙擊手從二〇〇八年三月的抗議之後就站在那裡，等於就是日日夜夜踩踏著他的頭顱。其實進門之前，我已經看到格啦貼在牆上的中文告示，是他寫給屋頂上的狙擊手看的，也是寫給更多的人看的吧。我當時匆匆拍下，此刻轉錄於此，不禁為這樣的話語深深悲傷：

　　尊敬的人民子弟兵，你們好！

　　根據三大紀律八項注意，你們在我家房頂上執行任務時盡量給我提供寫書的安靜環境（一九八八年第一次出版社的《英藏漢對照詞典》基礎上正在編寫詞解和例句，要做白天黑夜的思索和修改等工作）。

　　回國四十四年以來，我做了大量的辦學和慈善工作，最近獲得了「中華慈善總會西藏慈善先進個人獎」。

　　我願你們執行時繼續提供便利！

　　此致

　　　　　　　　　　　　　　　　　　　　　　　扎西次仁

　　　　　　　　　　　　　　　　　　　　　二〇〇八年十月二十日

　　說到二〇〇八年三月的抗議，指的是三月間發生、從拉薩蔓延至整個藏區的憤怒之火震驚了中外。中國官方的說法是「三‧一四打砸搶燒」，但實際上是始於三月十日的哲蚌寺、色拉寺僧侶和平請願抗議，以及之後幾座寺院的僧侶和平請願抗議被鎮

壓，引發三月十四日的民眾街頭抗議，但也從當日下午起，被當局更凶猛地鎮壓了。我的一位朋友因為護送激動而酒醉的同事，被隆隆開來的裝甲車及橡皮子彈堵在布達拉宮西側，無法返回位於東邊的家中，那裡藏人聚居，是「重災區」，已被戒嚴。第二天上午，她回家心切卻被持槍軍警堵在林廓東路的一個路口，很多藏人都被堵在那裡，其中就有格啦，他也歸家不得。朋友心急而失聲痛哭，格啦倒是從容而平靜，拍著她的肩膀說了很多安慰的話，除了藏語和英語，還用漢語說了一句高瞻遠矚的話：「這只是歷史進程中的一個點。」可這是什麼樣的「點」呢？轉折點嗎？平衡點嗎？或者是一個小小的休止符號？

最後，我要解釋何以長達三年沒再與他見面。前年（二〇一二）、去年（二〇一三）和今年（二〇一四），我在拉薩住的時間合計近一年，實際上我多次走到他家樓下，有兩、三次上了樓梯，到了門口，但最終還是倉皇離去，因為我身後有幾雙比攝像頭還巨細無遺、緊盯不放的眼睛啊。唉，我不願意因為自己的拜訪而令格啦受連累被「喝茶」，而且我也被屋頂上走來走去的狙擊手影響了心情（他們甚至影響了阿媽啦青稞酒館的生意，似乎沒有藏人敢來這裡喝酒了）。此時此刻，我是多麼地自責與後悔啊，在我以記錄翻天覆地的西藏（包括安多、衛藏和康的圖伯特）為己任的生涯中，由於我的遲疑、疏懶、拖延，錯過的又何止是格啦一人，而且我的這種錯過，總是發生在他們已踏上生命

的輪迴長途之後，根本沒有機會彌補。

從拉薩傳來的消息說，格啦在去世後的第三天，被親友送往拉薩西邊的堆龍德慶縣丘桑鄉曲桑寺天葬台，以圖伯特傳統的天葬儀式，消失於執行天葬的僧侶刀下，消失於從山頂飛來的眾多鷹鷲口中，圓滿完成了他今生最後一次布施。曲桑寺是座小寺，但偉大的藏醫學大師宇妥·雲丹貢布，即誕生在緊挨這座小寺的村莊。聽說格啦因肝癌而病故，會不會是當年坐牢時落下的病患呢？他在自傳中說過，在「地獄一般」的長武監獄裡「得了消化不良的毛病，身體機能出了問題」。這位生於曾經自主自足的圖伯特農戶人家，卻長在圖伯特被無法抗拒的強力撕裂狀態中的扎西次仁，是在「白拉日珠」[9]的前一天，即二〇一四年十二月五日去世的，享年八十四歲，依藏曆八十五歲，屬相為馬。

寫於二〇一四年十二月十日至十九日，北京

附：被《經濟學人》簡單化的扎西次仁先生 [10]

本月五日，著名的藏人知識分子扎西次仁先生在拉薩去世。十五天後，《經濟學人》發表訃告[11]。之前與我聯繫，要了扎西

9　白拉日珠：與藏傳佛教至尊護法神班丹拉姆相關的傳統節日，漢譯吉祥天女遊幻節。

10　該文是我給自由亞洲特約評論專欄寫的文章：http://www.rfa.org/mandarin/pinglun/weise/ws-12232014102002.html。

11　《經濟學人》2014 年 12 月 20 日，Obituary: Tashi Tsering Between two worlds, http://www.economist.com/comment/2600058#comment-2600058 。

次仁先生的一張照片，是十年前王力雄在他家拍攝的。照片上，扎西次仁先生望著前方侃侃而談，顯得充滿自信，而印著星條旗的Ｔ恤和卡其色夾克外套，又令他具有時尚的活力。那時他已七十五歲。

朋友翻譯了訃告發給我。我讀後很驚訝。作為認識扎西次仁先生長達十三年的一位藏人（或者算是現代藏人吧），我認為這篇訃告寫得比較糟糕，就像是出自中國官媒的英文文宣，使得扎西次仁先生儼然成了「翻身農奴得解放」的代表，而帶去了革命和「現代化」的中國共產黨作為「甚至連一根針」也不拿的「解放者」，只是偶爾會不可避免地犯錯，以至於獲得「解放」的圖伯特「沒自由但平等」（Not liberty, but equality）。

真不知道《經濟學人》是怎麼認識「自由」與「平等」的，難道這意思是，監獄中的死刑犯在死刑面前一律平等嗎？

訃告對扎西次仁先生的自傳斷章取義，只是渲染他最初對中國共產黨的迷思，而不提及他後來的變化，使得訃告中的扎西次仁先生更像是活在他的二、三十歲，而不是事實上的八十五歲。說實在地，如果把達賴喇嘛自傳斷章取義，也可能會讓人覺得他畢生崇拜毛澤東。訃告還誤讀自傳中引述的某位貴族（其實是達賴喇嘛的二哥嘉樂頓珠先生）所說的，藏人分為「吃糌粑的人和吃屎的人」兩種，實際上這句話的本意應該是：一種藏人有自己的民族認同，所以被比喻為「吃糌粑的人」，而一種藏人是出賣民族的畜生，所以被比喻為「吃屎的人」。我們都知道，「糌粑」

並不只是指用圖伯特特有的糧食作物——青稞炒磨的主食，在藏人的文化中，糌粑還象徵著民族屬性，意味著民族認同，如果問你「吃不吃糌粑」，如同問你是不是藏人，也因此，每次爆發抗議時，會喊這句話：「吃糌粑的出來」。

不過我並不是非要對《經濟學人》吹毛求疵，更無意要求《經濟學人》有所認識或表示。全世界都知道《經濟學人》向來比較酷，不輕易讚人也不太樂意承認失誤。據說《經濟學人》對流亡西藏最慷慨的評價，只說那是世界上最嚴肅的流亡政府。所以當我收到寫這篇訃告的《經濟學人》資深編輯安‧若（Ann Wroe）女士及圖片編輯的郵件不免感到意外。安‧若女士解釋說，差不多所有文字，包括對扎西次仁先生在不同時期的心態描述都是出自他的自傳。可是，自傳完成於一九九六年，當時扎西次仁先生六十七歲，而通常意義上的訃告，應該是對一個人的一生進行蓋棺論定，否則不完整。

實際上我想說的是，不怪《經濟學人》幼稚，而是因為扎西次仁先生本人太複雜——這倒恰如訃告題記：「扎西次仁，現代西藏困境的典範」（Tashi Tsering, exemplar of the dilemmas of modern Tibet）——無論他的人生道路、人生際遇以及他超前思想和超乎尋常的行為，都無法被簡單化或臉譜化。或有可能安‧若女士並沒見過扎西次仁先生，即便見過，也應是泛泛。

而在得知扎西次仁先生去世的消息後，我用了整整十天，重讀了他口述、美國學者記錄的兩本書：一本口述他在「舊西藏」

和「新西藏」的大半生，包括在印度和美國求學的經歷，中譯本名為《西藏是我家》（香港版）；一本口述他從一九八六年起，以他的家鄉為起點，在衛藏許多鄉村興辦小學和職業學校，中譯本名為《西藏興學記》。我還找出從二○○一年起，多年來與他見面時拍攝的許多照片，以及王力雄與他交談的日記。同時我寫了一篇關於他的文章，愈寫愈長，寫到八千多字還覺得不充分，很膚淺。其實我當年就寫過一篇有關他的文章，那時還不認識他，所以會在結尾寫道：「若有一天能見到這位老人，我想問他一個問題，雖然舊西藏的『舊日權貴』把他這位『西藏的民族主義者』關在門外，可是新西藏卻將滿腔熱忱的他關在監獄裡，他又如何辨別這兩者的無常哪個更悲哀呢？」

在剛完成的長文中，我對扎西次仁先生的簡介包括：「這位生於曾經自主自足的西藏農戶人家，卻長在西藏被無法抗拒的強力撕裂狀態中的扎西次仁」；「……出生於衛藏鄉村卻有著無比『堅強的求知欲』的他，小時候就把去拉薩當作人生轉變的契機，後來去印度學習英文，又去美國的大學『像瘋子一樣地用功讀書』，並受到『天真和愚蠢的樂觀主義』驅動，於一九六四年一意孤行地返回，渴望把學到的知識報效巨變後的西藏，『設法協助我的那些在共產主義環境中的同胞』，結果卻被聲稱『解放西藏』的中國共產黨放在連千年前的杜甫都寫過『塵埃不見咸陽橋』的咸陽……」

其實我想陳述的是這個事實：扎西次仁先生是在人生最好年

華即三十五歲時從美國回來的，然而他直到五十二歲才終於被允
許返回拉薩，這期間他被定罪「美國間諜」、「藏獨分子」，分
別被關在咸陽、長武和拉薩的監獄共計五年七個月，而不是《經
濟學人》的訃告所說的坐牢十一年，關於這，他的自傳寫得很清
楚。安‧若女士解釋說這是由他軟禁在家開始計算，可這顯然語
意不清楚，也與事實不符。除去坐牢的時光，其餘歲月他是在被
監視、被告密、被洗腦、挨批鬥、關牛棚、下牢獄、服勞役、務
勞工，以及他積極參加「革命」，跟紅衛兵一起去北京朝拜毛澤
東、去拉薩「分享對文化大革命的經驗」等等諸如此類、不得不
在浪費生命的苦難和荒誕中度過，歷時十一年，合計十七年。人
生能有幾個十七年？人生會有幾個如訃告所言的那種「沒自由，
但平等」的十七年？

　　我並非只是動感情地批評《經濟學人》或者類似的對扎西
次仁先生如此簡單化的概括。我比他年輕三十六歲，我出生在、
成長在被「解放」的「新西藏」，屬於與扎西次仁先生完全不同
卻本應該符合他的理想的那種西藏人。但是，為何我會在十三年
前，激動不已地連夜讀完他的自傳？為何會去拜訪他，聽他講述
理想與抱負在跟現實遭遇時卻被屢屢打擊，而他依然不屈不撓地
奮鬥？為何會從他那裡獲得對「舊西藏」與「新西藏」的認識與
感悟，從而改變我曾被洗腦而形成的那些謬見呢？其實我知道，
我非常清楚，在本質上，我與扎西次仁先生的這份感情是一樣的：
「西藏對我來說不只是一種觀念或一種抽象的詞語；那是一個地

方——我的家。」

　　我很想告訴《經濟學人》或更多的人這個故事，是發生在扎西次仁先生去世前三年的一件真事，我認為比一萬個報導都更能說明所謂的「現代西藏困境」。當然這也是我那篇獻給他的文章中的其中一個故事：

　　「二〇一一年夏天，我和王力雄回到拉薩，有天轉了一圈帕廓後就徑直去了附近的扎西次仁先生家，他剛接待了幾個客人，身穿天藍色的衝鋒衣，看上去精神、氣色都不錯。他翻出一頁紙給我們看，上面用藏、漢、英三種文字寫著『西藏扎西次仁教育發展有限公司』，他很開心地揮舞著手說：『我扎西次仁的理想就是希望西藏的孩子們都能上學、念書，我扎西次仁一直在奮鬥，也取得了成功，拍我的紀錄片最近在 CCTV 4 播出了。』可是，在我們與他告別時，他突然擁抱著我泣不成聲，全然沒有先前的驕傲和滿足，顫抖著的衰老身體傳達出無法言表的痛苦，令我手足無措，內心震驚。我喃喃著『格啦敘啊，格啦敘啊』，慌亂離去，直到走在陽光燦爛、中國遊客與軍警密布的大街上，才潸然淚下。

　　「格啦他為何哭泣呢？這個受盡苦難卻超級堅強的人，支撐畢生的信念是希望自己的故鄉與人民能夠變得現代化，且又『必須拚命確保我們在語言和文化上的傳統』，那麼，他是因為理想被冷酷的現實摧毀而痛哭嗎？當我含淚回頭，在可以瞭望整

個大昭寺廣場的他家屋頂上，兩名手持鋼槍的狙擊手從二〇〇八年三月的抗議之後就站在那裡，等於就是日日夜夜踩踏著他的頭顱。」

——直到他去世，那些持槍的兵踩他的頭，踩了六年多。

寫於二〇一四年十二月二十三日，北京

從《農奴》到《第三極》

　　一部最近在 CCTV 國際頻道黃金檔播映的六集紀錄片《第三極》被中國觀眾熱捧。所謂第三極，指的是北極和南極之外的圖伯特高原。我重又閱讀了被認為是「專業藏學家」的中國人民大學教授沈衛榮所著的《尋找香格里拉》[1]一書。其中批評西方對圖伯特有「香格里拉情結」、「香格里拉迷思」，是一種陷入神祕化的「東方主義」。

　　關於「香格里拉」的出處，應該不需要解釋了。如此著名和流行，源於英國作家詹姆斯·希爾頓（James Hilton）一九三三年出版的小說《消失的地平線》[2]，被好萊塢拍成電影後，影響甚廣，《不列顛文學家辭典》稱其為英語詞彙創造了具有世外桃源意義的一詞，即香格里拉。其中文譯本最多見於早已更名為香格里拉的中甸及麗江、大理等旅遊景點。

　　沈衛榮教授生氣地說：「香格里拉是一個充滿了帝國主義腐臭的地方。它是西方人創造的一個精神家園，而不是我們的，也不是西藏人的精神家園。」沈教授繼續聲討說：「將香格里拉等

1　《尋找香格里拉》，沈衛榮著，中國人民大學出版社，2010 年。

2　《消失的地平線》：正如維基中文百科該詞條所言，《消失的地平線》（*Lost Horizon*）是一部英國小說，詹姆斯·希爾頓（James Hilton）於一九三三年四月推出這部作品，並曾被法蘭克·卡普拉（Frank Capra）翻拍成同名電影。

同於西藏是西方出現的一種非常典型的傾向……西藏被西方人當成了香格里拉，被整個西方世界當成了他們所期待的一個精神家園。這也是西方社會如此持久地出現西藏熱的原因。」

那麼，沈教授所說的「我們的」精神家園在哪裡呢？可以肯定的是，「我們的」精神家園，很長、很長時間裡，並不在被西方人當成「香格里拉」的圖伯特高原。以電影為例，在中國，最著名的涉藏電影非一九六三年發行的劇情片《農奴》莫屬。由占領圖伯特高原的中共軍隊的文人編劇，用中共術語來說，揭露了「最反動、最黑暗、最殘酷、最野蠻」之「舊西藏」，但已被諸多研究者指出，這是一部妖魔化圖伯特文明、改寫圖伯特歷史的電影，是編造的神話，是中共宣傳的代表作，「深刻影響了中國人對於西藏的看法，以及中國在西藏所扮演的『解放者』角色。」

然而，同樣是圖伯特高原這片土地，同樣是包括藏傳佛教的圖伯特文明，在今天的中國主流電影人那裡，第一次脫掉了被妖魔化的外套，而被化妝成人間淨土了，或者說，被化妝成香格里拉了，這體現在由五集電視紀錄片和一集花絮片組成的《第三極》。據中國官媒介紹，該片「通過近四十個故事，以自然為背景，以人類活動為中心，展現青藏高原上的生命之美和人們的祥和生活。反映藏族傳統文化得到繼承、傳統生活方式得到延續，以及自然環境得到保護等情況。」

有趣的是，沈教授批評西方人對圖伯特的熱愛「是西方『東方主義』的一個經典例證。西方人視野中的西藏與現實、物質

的西藏沒有什麼關係⋯⋯是一個充滿智慧、慈悲的地方，沒有暴力，沒有爾虞我詐；藏族是一個綠色、和平的民族，人不分貴賤、男女，一律平等，沒有剝削，沒有壓迫」，而這些，卻成了《第三極》讓人們看到的西藏和藏族，簡直比香格里拉還香格里拉，與五十年多前的《農奴》截然不同。《第三極》裡呈現的藏傳佛教是大善，而《農奴》裡呈現的藏傳佛教是大惡，二者彷彿根本就不在同一塊土地上，彷彿根本就沒有傳承關係，前者橫空出世，被無限讚美，後者卻是歷史垃圾，必須徹底清除。

實際上六集紀錄片《第三極》乃官方產品，為中國國務院新聞辦公室策畫監製，中央電視台中文國際頻道、北京五星傳奇文化傳媒有限公司拍攝製作。據報導，《第三極》已被美國國家地理頻道直接採購並將推送到其全球電視網絡。那麼，這算不算是沈衛榮教授在《尋找香格里拉》書中，對雲南省迪慶藏族自治州中甸縣更名為「香格里拉」的批評？他說：「⋯⋯這是在賤賣自己的傳統文化。這是內部的東方主義，Inner Orientalism，是取悅於西方，按照西方的設想製造一個東方的形象。」

紀錄片《第三極》當然不只是取悅西方這麼簡單。每個故事都是精心設計的，巧妙剪裁的，覆蓋現實的。比如，其中一個故事講述去年即二〇一四年，有藏人依照馬年朝聖神山岡仁波齊的傳統，自由自在地繞神山磕長頭，心滿意足地重返世俗生活，傳達的是這一傳統得到了完全無阻礙地延續，所有藏人都擁有信仰自由。然而事實上呢？不但去年絕大多數渴望轉山朝聖的藏人因

2009 年，北京民族文化宮，「西藏民主改革 50 年」的展覽布景。

得不到邊防通行證而受阻，甚至今年同樣不被批准去岡仁波齊，只有中國各地漢人來去自如。可是紀錄片《第三極》對此根本不提，反而用以偏概全的方式遮蔽了真實的、普遍的現實。該片總導演對媒體表白：「比如岡仁波齊馬年轉山，我們獲得了全球唯一的拍攝許可。」[3] 那是必然，國新辦策畫監製的紀錄片，自然會有特權拿到拍攝許可，這沒什麼可以值得炫耀的。

3　中國首部 4K 紀錄片《第三極》深入青藏高原拍「轉山」：http://shcci.eastday.com/c/n868127/u1a8344988.html。

　　二〇一五年發行的紀錄片《第三極》雖然每個鏡頭都堪稱令人神往的香格里拉場景，其實與一九六三年發行的劇情片《農奴》乃一幣雙面而已。製作者都是為同一個權力站台，並且也能自圓其說，即：《第三極》之所以變成了最幸福的「人間天堂」——香格里拉，是由「解放」了「西藏百萬農奴」的中國共產黨實現的，這就像在拉薩老城裡毀於一九五九年、文化大革命及之後的喜德林廢墟張貼的「中國夢」宣傳畫上所寫的：「中國何以強，緣有共產黨」。

　　而且，堪稱妖魔化圖伯特歷史、妖魔化圖伯特文明的鼻祖電影《農奴》並未停止播映，至今仍然在各種場合對中國人的「西藏觀」洗腦。更值得一提的是，最近幾年來，西藏自治區電視台每晚的「西藏新聞」都有兩分多鐘的所謂「新舊對比」、「憶苦思甜」節目，控訴「舊西藏」，感恩「新西藏」，屬於仍在繼續編造的《農奴》版系列。累計下來，可能比每集四十六分鐘總計四個多小時的《第三極》還長得多。而這個《農奴》版系列是對圖伯特高原非香格里拉化的敘述，卻與把圖伯特高原香格里拉化的《第三極》有著異曲同工的效果。

寫於二〇一五年六月，北京

《西康史拾遺》中的趙爾豐

　　一九九〇年代中期，我從拉薩去康定——我與家人住過多年的今行政區劃的四川省甘孜藏族自治州首府，得到《西康史拾遺》上、下兩冊，甘孜州政協文史資料委員會一九九四年編印，由住在康定的已故舊文人馮有志編著。

　　在緒論中，馮說：「西康之名，定於清宣統三年（一九一一）閏六月，代理川滇邊務大臣傅嵩炑請建立西康省的奏摺……查邊境乃古康地，其地在西，擬名曰『西康』。」由此可見，所謂「西康」之名，不過始於一九一一年，雖然「康」是藏人自己的命名，古來有之，意為邊地，但「西」卻是他者的視角，而他者的圖謀在於成為主人，也因此，與「達折多」被更名為「打箭爐」、「康定」一樣，「西康」也是一個殖民意味濃厚的地區之名，實際上就是殖民者的命名，包含改寫歷史的印記。

　　此書開篇即承認：「西康古無其名……係藏族聚居地區，語言不同，風俗殊異」。前半部分主要敘述清末大臣趙爾豐為建西康省，而實行「改土歸流」的種種「事蹟」。所謂「改土歸流」即殖民政策的細化，而這個詞本身即含有歧視和同化之意。這些稱謂都是歧視之稱：土司、野番、番人、蠻子，一個比一個意在矮化，甚至侮辱。至今在康地，仍可聽到「土司」一詞，當然是

用漢語說的「土司」，而藏語一概說「傑布」，意為王，如德格傑布，而不是德格土司。

在「改土歸流」前，康區發生兩個重大事件。

一是「泰寧事件」。泰寧今日屬甘孜藏族自治州道孚縣。當時清官員派人開採泰寧金礦，泰寧寺阻擋，四川提督馬維琪率兵鎮壓。這與二〇〇七年在此地開採金礦，引發藏人抗議被鎮壓，全然是歷史重演。

二是「鳳全事件」。鳳全是駐藏幫辦大臣，赴拉薩途經海拔較低的巴塘，因氣候溫和土地膏腴，準備從四川移民開墾巴塘，並為抑制寺院權力，一方面「招募土勇練兵」，一方面大舉限制僧侶人數，強令「每寺只許住喇嘛三百名，餘則一二百名即行還俗，如不遵允，定行誅戮……又執槍炮，打斃近衛喇嘛十餘名」[1]，激起藏人僧俗憤而抗擊，鳳全及其隨行衛隊共六十五人被殺。趙爾豐由此上場，迅速前往「征剿」，之後開始了他的「經營川邊七年」[2]。而鳳全所為，如今同樣重現。而且鳳全喪命處即鸚哥嘴，如今成了縣級和省級文物保護的景點，被解釋為「鳳都護殉節」、「殉難」處。

趙爾豐是山東泰安人，巧合的是，前西藏自治區黨委書記

1　「趙爾豐及其巴塘經營」，見《西藏研究》1989年第4期。本文其他引文未有註釋，皆引自《西康史拾遺》。

2　實際上，準確地說，趙爾豐經營川邊事務為六年，即一九〇五年六月至一九一一年七月。

張慶黎[3]也是山東人，他被藏人稱為趙爾豐二世。一九〇三年隨晚清重臣錫良赴四川剿匪，因敢於殺人如麻，當上了道員。一九〇五年，率兵入抵達折多。之前上書《平康三策》，聲稱由於駐藏大臣和英國人都將達折多以西視「為西藏轄地」，故「力主改康地為行省，改土歸流設置郡縣」，他的意思是，這樣既可以穩定四川，又可以控制接壤西藏的邊境，還可以逐漸將勢力伸入拉薩，乃至「藏衛盡入掌握」。

一九〇五年六月，趙爾豐率兩千軍人由南路而上，經理塘，血洗巴塘。「火焚丁林寺，馬踏七村溝，將正副土司及喇嘛八角等，概行斬首。」「剿辦巴塘七村溝，搜殺藏民達數百人，屍體拋入金沙江，而且將其中七個暴動首領，剜心瀝血，以祭鳳全」[4]。二〇一二年夏天，一位巴塘老人站在如今規模大大縮小的丁林寺（藏語名為曲德貢巴）前對我說：「當年趙屠夫砍我們藏人的頭啊，從街上一直砍到了寺院門口。」順著他的手指看去，漫長的距離讓人不寒而慄。

繼而鎮壓得榮的浪藏寺。

一九〇五年十一月至一九〇六年四月，圍攻鄉城桑披寺長達半年，終於破城後，「拆毀廟堂，掘平城牆，寺內銅佛，亦抬出交收支局鑄成銅元，充作軍餉。」「……經書拋棄廁內，護佛綾

3　張慶黎：一九五一年生，中國山東人，中共官員。二〇〇六至二〇一一年任中共西藏自治區黨委書記。現任中國政協副主席兼祕書長。

4　同1。

羅彩衣，均被軍人纏足。慘殺無辜，不知凡幾。以致四方逃竄者，流離顛沛、無家可歸。」[5]「於是趙屠夫之名傳遍邊境，當時傳說，謂小兒啼哭，嚇以『趙爾豐來了』，小兒即不敢哭。」其罪惡，可謂擢髮難數。

接著鎮壓鹽井，「毀廟殺僧」。

從另外的資料得知，美國的基督教神父史德文醫生[6]，上世紀初到藏東巴塘行醫、傳教，在日記中記載，趙爾豐的軍隊把藏人僧侶與百姓，放進寺院煮茶的大鍋裡活活煮熟至死，然後餵狗吃。有的人被四肢捆綁於犛牛之間，受撕裂而身首異處。有的人被潑灑滾燙的油，給活活燙死。

趙爾豐血洗康南後，駐紮巴塘，為避免康成「川藏中梗」，致「邊疆不治」，而開始實行「改土歸流」。首先更改了一系列地名，如將巴塘改為巴安，鄉城改為定鄉，理塘改為理化，達折多改為康定，皆為殖民侵略之標誌。而趙本人，被提升為川滇邊務大臣，其轄區東起康定，西至藏邊，南抵雲南的維西、中甸，北至青海玉樹，基本上就是今日的甘孜藏族自治州的範圍。

繼而，趙爾豐依《平康三策》所言：「川藏萬里，近接英鄰，

5　同1。

6　史德文（Dr. Albert Shelton）：一九○四年，美國基督教會派遣醫學博士史德文、牧師浩格登來巴塘考察。一九○八年，史德文來巴塘籌辦教務，以行醫為入世之謀，漸得巴塘信仰。第二年在城區設立基督教堂，建立巴安基督教會小學，一幢孤兒院和牧師住宅等，並大面積栽植從美國引進的蘋果樹。一九一一年，史德文、浩格登在巴塘正式成立巴安基督教區。一九一九年，建立基督教半西式醫院——華西醫院。一九二二年，史德文被當地強盜打死，後葬在巴塘。他著有《圖伯特歷險記》（Pioneering in Tibet）。

山嶺重沓，寶藏尤富，首宜改造康地，廣興教化，開發實業……」在康南執行「經邊六事」：一、練兵。招募並訓練巡防兵、步兵、炮兵、馬隊、工程兵。二、興學。也即是奴化教育、同化教育，其教材主要有中國儒教的《三字經》、《百家姓》等，並宣講君臣之道、儒家規訓。趙稱其為「開蒙」，自然是將藏人視為未開化的野蠻人。三、通商。將康之豐饒特產與漢地日用所需交換。四、招墾。招納漢地農民入藏開墾種地，而這些移民「都是極貧佃戶，自無寸土」，為使其定居墾種，由官府給予諸多優惠，如口糧、土地、貸款等等，這便是最早的進藏包工隊。五、採礦。這是尤其重要一項，「川、滇邊地，產金之處甚多」，乃聚寶盆，因此「由官設廠……雇夫開採」，除官營採礦，還大力招商開礦，德格、河口、理塘等地小金廠應運而生，並開銀礦、銅礦等。六、發展交通。即開路修橋、架電線建旅店。看上去是引入現代化，實際上是為殖民化及掠奪資源打基礎。

一九○八年，「血染頂珠」的趙爾豐兼任駐藏大臣，這之後「邊事、藏事，由其一人籌畫辦理」。他及清官們恨死「川邊土司」、「川邊諸番」對滿清的不認同，「只知有藏衛，不知有國家」，決心大開殺戒。同年十一月，他帶兵進軍康北，從道孚、爐霍、甘孜到德格更慶，又是老一套，屠戮不順從的藏人僧俗，以離間之術各個擊破，招降恐懼而懦弱的土司，如德格傑布多吉僧格就無奈交印獻地，被賞三品頂戴花翎，而康區最重要的土司之一甲拉傑布（甲拉王，即漢語所說的明正土司），卻參與對族

人的鎮壓，事後被接連封賞。德格，我父親的老家，被改名為「德化」，也由此開始被漢化的命運。

一九〇九年，趙屠夫帶兵由崗托渡過金沙江，抵察木多，強迫藏方噶廈在江達分界，即所謂的以西屬藏（西藏），以東屬邊（西康），並改察木多為昌都，實行「改土歸流」。之後，又帶兵威逼康北各縣頭領交印獻地，一個都不放過。還將屬於七世達賴喇嘛的瞻對（藏語又稱娘戎），改為懷柔縣，後改稱瞻化縣，繼續炮製殖民意味的地名，而對康區全面「改土歸流」。其中，造成極大後果且綿延至今的主要包括：

一、安置墾民：「由四川招致墾民到關外開墾」，如一九〇六年，招來墾民八百名，有眷屬者三百七十餘人（那麼，其餘四百多男丁則很有可能會在當地娶妻成家），分給鄉城、稻城、巴塘、雅江、東俄洛各兩百名。一九一一年，又招墾民一千七百二十三人，有眷屬者六百餘人（也即一千一百多男丁將在當地娶妻成家），分給康定、雅江、稻城、鄉城、巴塘、鹽井、道孚、甘孜各縣。

二、辦學漢化：從一九〇七年到一九一一年，創立小學一百七十餘所、師範學堂二所、蠶桑學堂一所、游牧改良所一所。並在巴塘設立印刷官局刊刻、印刷漢字書籍。要求各學校學漢文，尊孔教，忠君愛國，男女授受不親等。簡言之，即所謂的穿旗袍，說官話，用漢姓，取漢名，寫漢字，信孔教。趙屠夫稱這是「開草昧輸以文明」、使得「邊民子弟尊敬朝廷，喁喁向化」。

至今康區有不少漢姓藏人，多是那時傳下。

三、推行漢藏通婚：頒發《漢蠻聯婚通飭》，鼓勵制營漢人官兵與藏人婦女婚配，對婚配者「由公家每月發給青稞一斗，生兒育女者，一人一斗為津貼。有願隨營開墾者，所得之地，係為己有。三年後，除納官糧之外，免去一切雜差」等。「此令一出，不但軍中遵行，有此墾良商民，亦多在當地與藏族通婚，安家落戶。」最重要是這幾句，「爾豐深知，經邊事業，是長久而持久的工作……解決之道只有漢藏通婚……積年累月，藏漢之間，扞格消泯，邊境的長治久安，才有堅實基礎。」而二十一世紀的今天，中共統治西藏的官員公開發文宣布要「在上學、就業、入黨、參軍、創業扶持、評優創先等方面給予政策傾斜，切實調動各族人民通婚的積極性」，顯然是歷史之翻版。要實現「民族通婚」，自然需要除藏人原住民之外的異族移民來配合，實際上是鼓勵漢人移民，用移民的方式來沖淡、淡化民族問題、民族矛盾。

四、另外還有所謂的「移風易俗」、「改革舊習」，如認為藏人的天葬、水葬、火葬風俗屬「蠻俗」、「惡習」，「有違禮教」，「毫無人理，實堪痛恨」，勒令改習文明的漢俗土葬，否則「定按不孝之罪，重懲不貸」。還要求僧侶還俗，娶妻生子，此類事例不勝枚舉。

總而言之，正如《西康史拾遺》所說，「自改土歸流以來，關外各縣，興學開墾，漢人漸多……」「內地人民，遷往日多。」一九四一年，「漢人遷居西康，有行商墾戶及軍人在康安家者，

達到四萬五千餘戶。漢藏一家，水乳交融，地方風氣，為之大
變。」

　　耐人尋味的是，趙爾豐這樣一個不但殺人如麻、且以同化的
方式毀滅藏人文化的劊子手，一直以來為各種意識形態的漢人褒
獎有加。如《西康史拾遺》即讚不絕口：「……因他立志經邊，
銳意經營，時間雖短，建樹頗多，把沉睡千年，宛如一潭死水的
邊境，攪得沸騰萬丈，革故鼎新。」顯然無視這所謂的「一潭死
水的邊境」，實則已成屍橫遍野。

　　同樣地，趙爾豐也被中共評價極高。西藏自治區黨委外宣
局官員馬菁林就說：「在這一事件的具體過程中，作為具體實
施者的趙爾豐，無論其本人屬於哪一個階級，其具體的手段是否
正確，都應放在當時特定的歷史環境中去分析、理解和把握。只
要其行為是順應了歷史發展必然規律的，就應當給予充分的肯
定。」[7] 而這個說法，亦適用於一九五〇年代對藏人的屠殺，適
用於二〇〇八年對藏人的屠殺。

　　中國體制內的學者、作家也對趙爾豐推崇備至。如曾在西藏
生活二十餘年、以書寫西藏聞名的漢人作家馬麗華，就在書中抒
情感嘆：「行將就木的一個朝代居然出現這等有所作為的封疆大
吏。」[8] 還如是代言：「後來的西藏人即使在說趙爾豐的壞話時，

7　馬菁林文章〈清末川邊藏區「改土歸流」的宏觀歷史分析〉：http://www.tibet.cn/periodical/
　　xzyj/2001/03/200706/t20070620_255653.html。

8　《如意高地》，馬麗華著，十月文藝出版社，2006 年。

也不免先自帶了三分敬意。」中央民族大學一位研究藏學的人乾脆撰文〈Zhao Erfeng: a Hero of Kham〉（趙爾豐：康區的英雄）。

而在網上輸入「趙爾豐」，會看到許多中國人提及趙爾豐殺漢人，認為是他的「歷史污點」，卻對他在西藏的惡行讚嘆不絕，如「沉冤百年的民族英雄」、「帶兵入藏平叛的清朝大臣趙爾豐的歷史功績」、「懷念民族英雄趙爾豐」、「收復西藏的英雄」等等。也即是說，殺漢人屬殘忍，殺藏人屬愛國。

二〇一四年，清華大學教授汪暉出版了一本有關「西藏問題」的書[9]，其中把趙爾豐對藏人的血腥同化很技巧地歸結為一種「回應」：「一九〇八年，川滇邊務大臣趙爾豐則在平定了康區叛亂之後，在川邊（西康）一帶實行大規模改土歸流……需要說明的是：『新政』是為了回應英國殖民主義的入侵和支配而產生的回應措施。」在推特上，有推友評說：「看來英國夠倒楣的，不僅為利益出賣西藏而名聲不佳，還以背黑鍋的宿命為後來的殖民主義入侵西藏提供了藉口。」

新近出版的一本關於「康定土司人生史」的「三聯・哈佛燕京學術叢書之一」[10]，就明正土司這個「康巴漢子」與趙爾豐之間的「友誼與敵對」（狼與羊有友誼嗎？），巧妙地把天平偏向了趙爾豐：「友誼與敵對同時存在，或者更準確地說，兩者隨時轉換，在打箭爐並不是一件難以理解的事情。我在康定進行田

9 《東西之間的「西藏問題」》，汪暉著，三聯書店，2014年。
10 《漢藏之間的康定土司》，鄭少雄著，三聯書店，2016年。

野調查的時候，我熟識的藏族朋友經常說：『我們康巴漢子和你們漢族人不一樣。康巴漢子前一分鐘剛剛打完架，刀子都動了，只要不見血，下一分鐘又可以坐在一起喝酒。幾句話說不通，又開始打架。不打架哪能叫作兄弟呢？』」呵呵，「康巴漢子」那非理性、情緒化甚至顯得弱智的蠻子形象，就被這位北京大學社會人類學博士，現在中國社會科學院就職的研究者，以藏人自己的口吻表述了。而趙爾豐，這個在藏東康區大地對藏人實行各種「凌遲」的劊子手，在這種表述面前顯得既無辜，又大度，且被作者推崇為「顯示出他（即趙爾豐）對康區經營總體的現代性和國族主義的追求」，這簡直是一種技高一籌的讚美。而且，這本長達三十萬字的學術著作的最後一段是這樣寫的：「最後我希望再次強調末代土司把自己誇耀成果親王之後的傳說……這個生物性（同時也是文化性）的隱喻可以這樣理解：父母通過孩子達成最穩固的關係。」其實說白了，他的最終結論就是這句話：要實現藏區的穩定，就要漢藏通婚。或者如作者在其他文章中直言的：「漢父夷母」[11]。一股意在遮蓋血腥、而且散發腐朽的殖民者氣息，透過其斯文與學術的外表撲面而來。

　　正如推特上的網友所言：「在邊疆史、民族史等領域，少數民族裔幾乎沒有話語權，歷史的書寫掌握在中國（漢）本位觀念根深柢固的漢族學者手中，顛倒黑白之事只會愈來愈多。」這些

11　鄭少雄：我的人類學問道之旅：http://www.cssn.cn/shx/shx_bjtj/201405/t20140519_1177059. shtml。

漢人學者在書中旁徵博引，滔滔不絕，卻無藏人的聲音，即使有，也是為他所利用。為什麼會這樣呢？很簡單，有著殖民者情懷的國家主義者即如此。

一九一○年，趙爾豐率川軍開拔拉薩，企圖乘勝占領西藏全土，宣稱「廢黜」達賴喇嘛，逼迫十三世達賴喇嘛流亡印度三年之久。不過趙爾豐未能進入拉薩，概因中國各地烽煙，動亂頻發。一九一一年十一月，趙爾豐調任四川總督，接管川政，繼續喋血，製造史稱的「辛亥保路死難事件」，不久被舉事兵民設計生擒，生生斬首，大快圖伯特人心！

然而歷史輪迴，總是不停重演，無止無息，至今依然。其中弔詭的是，一百年前，靠殘酷殺戮在康區推行的「改土歸流」，竟然至今未能改變這片大地上的藏人們「只知有藏衛，不知有國家」。一個個趙爾豐揮刀而至，極盡文武之術經營多康[12]，但一代代糌粑[13]認同的仍是自己的糌粑，而非大米。

寫於二○一四年八月，北京

修改於二○一六年六月，北京

---

12 多康：按照圖伯特（西藏）傳統地理觀念，由高至低，分為上、中、下三大區域，即上阿里三圍、中衛藏四如、下多康六崗。其中，「多」為安多（多麥；Amdo），「衛」為衛藏（前藏、後藏、阿里；Dbus-Gtsang），「康」為康（多堆；Kham）。又簡稱多衛康三區，即藏語的確咯松。

13 糌粑：藏人的主食，由圖伯特特有的糧食作物——青稞炒熟磨製而成。在藏人的文化中，糌粑還象徵著民族屬性，意味著民族認同，如果問你「吃不吃糌粑」，如同問你是不是藏人。而大米則隱喻的是漢人。

讀《翻身亂世：流亡藏人口述錄》

一

二〇一〇年夏天，旅居以色列的漢人作家唐丹鴻，與流亡藏人作家桑傑嘉合作，在印度達蘭薩拉、貝日、達蘭豪斯、芒高特等流亡藏人定居點，採訪了十多位流亡老人，整理成《翻身亂世：流亡藏人口述錄》，由台灣雪域出版社於二〇一五年十月出版發行。

這本書，與其說收輯的是十一位藏人的故事，更應該說記錄的是十一位藏人的證言。

因為是證言，所以需要這樣的說明——

時間：分兩種，記錄時間為二〇一〇年，但人物講述的是上世紀一九五〇年代及前後。

地點：分兩種，記錄地點位於印度流亡藏人社區，但人物講述地點包括圖伯特（西藏）諸多地區，主要為康區、安多農區和果洛牧區及衛藏。

人物：採訪者是漢人作家唐丹鴻，我結識二十年的好友；以及流亡藏人作家桑傑嘉擔任翻譯。受訪者即十一位原籍為康、安多和衛藏的藏人，但如今身分都是流亡者，且已年邁，到現在已有兩人過世。

事件：是的，事件，卻不是簡單的事件。因為關涉家園的被占領與抗爭，關涉信仰的被踐踏與捍衛，關涉生命的被屠戮與反抗，關涉歷史的被改寫與修正，關涉真相的被代言與證言，等等。

二

前些日子，我讀了新近出版的中文譯著《誰，在我呼喊時──二十世紀的見證文學》[1]，作者是法國作家克洛德‧穆沙（Claude Mouchard）。而見證文學，如譯序介紹，指的是那些親身遭受過浩劫性歷史事件的人，作為倖存者，以自己的經歷為內核，寫出的日記、回憶錄、報告文學、自傳體小說、詩歌等作品。對照《翻身亂世：流亡藏人口述錄》，後者是口述錄（口述歷史）而非見證文學，卻具有同樣的意義。這是因為這本口述錄與其他口述錄不同，完全沒有記錄者的聲音，從頭至尾都是十一位親身遭受過浩劫性歷史事件的藏人聲音，如同十一份自傳，恰在於記錄者唐丹鴻與桑傑嘉忠實錄製，忠實再現，使得這本口述錄成為事實上的見證文學。

克洛德‧穆沙寫道：「這個世紀最重大慘烈的歷史事件，都與國家暴力有關。在這個背景下，所謂『見證』，就是將有組織、大規模的政治暴力如何發生這回事，從親歷者的角度訴說出來。

1　《誰，在我呼喊時 ── 二十世紀的見證文學》，（法）克洛德‧穆沙（Claude Mouchard）著，李金佳譯，華東師範大學出版社，2015 年。

從根柢上說，『見證者』是一個『餘生者』，因為他經歷的那場暴力本應將他吞沒，或起碼是剝奪他的話語，使他悄無聲息地自消自滅。而見證的語言，也自然就是一種劫後的語言，本應不存在，然而存在著。」可是，「群體性歷史事件的集體記憶，無論其群體性有多高，總面臨著一種危險：被遺忘，就像它們根本沒有發生過一樣。」而權力，尤其是極權或殖民極權，使得這種遺忘「有組織、有目的地進行，而且在事發時就已開始⋯⋯這是一種由國家機器維持著的消失。對於它，社會只能緘口不語，用一種默認甚至默契加以包裹」。因此，「過去的重現，必須靠鬥爭才能獲得。憑藉自己強大的『願望』，憑藉詞彙的力量，一個人可以抵消極權主義所組織的遺忘，對過去的事件做出真實而有效的見證。」

十一位藏人用藏語講述的證言，被翻譯為中文，來抵抗強權強迫下的遺忘，從而對這半個世紀以來在圖伯特發生的「世事反轉」或「世時反轉」，做出了真實而有效的見證。

三

關於《翻身亂世：流亡藏人口述錄》，丹鴻在給我的郵件中寫道：

之所以產生採訪這些流亡者的念頭，是因為想越過所有代言

者，無論是善意的還是假冒的代言人，直接聽聽藏人親歷者怎麼說。很慶幸我這麼做了，更慶幸有桑傑搭檔。我們尋找的標準很簡單：親歷了時世反轉的一代。在達蘭薩拉有幾位常常接受媒體採訪的親歷人士，因他們的故事已被「廣為所知」而被我迴避了，雖然這「廣為所知」其實不過是有一些不同語種的出版物或專題報導，而且在中文世界遠遠不是「廣為所知」。

　　這十一位受訪者散居在印度的幾個西藏流亡者社區，多數來自康區，有的有名，有的無聞。後者，桑傑費了些周折才找到他們。他們毫無準備，有的願意說，有的經桑傑央勸才開口。在整理訪談文字過程中我發現，除了我事先設計的模式化問題，桑傑還追加了一些關鍵問題，這些問題只有對具體歷史事件和相關事件很熟悉才會有的追問，而我是不會注意的。

　　在他們的敘述中，呈現了：另一個「自古以來」，從來不是中國一部分的自古以來；另一個「中央政府」，噶廈；他們的國家認同是博（西藏），從來不是中國，他們沒有一個人認為自己是中國的一支少數民族，這種認知不是基於政治立場，而是與生俱來。另一個西藏地理，一片在他們記憶裡清晰存在的山河，而在我的現實眼界裡卻是中文行政區劃名下的幻影……在見到他們之前，好多地方我都去過：理塘、鄉城、爐霍、甘孜、德格、扎溪卡、鄧柯、江達、玉樹……我所有關於雪峰、草原、野花、寺廟、人們……的記憶，都來到了注定顯現的另一層，攪雜了槍彈、炮火、奪命、家破人亡、人去樓空、客死他鄉……

在另一封郵件，丹鴻則說明：「我和桑傑共同認為，中文過去的某些習慣譯法既未能完整準確傳達藏語本來含義，而且還有故意矮化之傲慢，也包藏了政治用心。既然是藏人的述說，漢譯就應該盡量接近原意和本來面貌，而不是重新落入過去被處心積慮貶低了的中文翻譯裡。因此，把漢人統一改成了中國人，也把『部落』恢復到藏文音譯『雪巴』，『頭人』改用藏語音譯『賁』，『土司』改用藏語音譯『傑布』，等等，並做了相應的註釋。」

我回覆丹鴻：「你的話深深觸動我。你說得很準確。那些別有用心的代言者，受夠了。」

四

注意到丹鴻和桑傑向受訪者提出的二十多個問題。比如，請您談談您對家鄉的印象；您是否認識你們當地的頭人（地主、莊園主）？在您印象中，頭人是個什麼樣的人？您那時聽說了漢人、漢地嗎？您對到您家鄉來的那些中國軍人或幹部有什麼印象？您怎麼決定逃亡（或參加抵抗活動）的？您在逃亡（或抵抗）經歷中，記得最深的事情是一些什麼？中國政府稱你們為「叛匪」，您認為自己是「叛匪」嗎？等等。

丹鴻和桑傑實際上做了一件非常及時的事情。而這，更應該由被捲入翻身亂世的數百萬藏人的後代們去做；應該從每個村

子、每個部落、每個宗[2]、每個地區，以及每一座寺院做起。去
訪問，去錄音，去攝影，去錄像；共同回憶，共同重返已經喪失
的圖伯特，共同反思何以會走到今天這個地步，共同思考和努力
未來的道路。這樣，見證就不只是十一個人的，而是藏人習慣說
的「薩亞楚」（六百萬人）的，而是當年的犧牲者與餘生者，以
及重生再回來的無數同胞的。也因此，證言是如此迫切又重要。

　　丹鴻和桑傑採訪的十一位流亡藏人，包括康七人，安多三
人，衛藏一人，即來自確喀松──傳統西藏地理範圍的簡稱，意
為多衛康三區，當然西藏還包括嘉絨、羌塘、阿里等地區。所採
訪的康巴中，有三人是德格人，正是我父親的同鄉，這讓我在閱
讀時百感交集，感覺是替我這個德格後人補上了被空白的一課。
並且，我總是想起另一本重要的見證文學──藏人研究者跋熱・
達瓦才仁著述的《血祭雪域》[3]，於二〇一二年由雪域出版社再
版時，我在如今已關閉的香港《陽光時務周刊》撰寫了推薦語：

　　　　《血祭雪域》是一部關於西藏戰敗記錄之書。依據上百個戰
　　敗而流亡的藏人暮年口述，披露一九五〇年代席捲全藏地的屠殺
　　與抗爭，其真相殘酷又悲壯，反倒是奧威爾一句名言的佐證：歷
　　史就像不斷刮乾淨重寫的羊皮紙──對於從雪域佛土蛻變成動物

2　宗：藏語，縣。
3　《血祭雪域──西藏護教救國抗戰史》一書，最初於二〇〇三年在印度出版，被認為是
　　第一部以口述歷史的方式，以全鏡方式真實記錄上個世紀五〇年代發生在西藏的現代征
　　服戰爭巨著。

莊園的西藏，今天已被勝利者改寫為「解放」與「新生」之甜蜜蜜。作者跋熱‧達瓦才仁生長在紅旗下卻翻越雪山，成為新一代流亡者。此書是他在一九九○年代，深入流亡西藏各難民定居點所做的記錄，口述者多已抱憾離世，卻留下西藏當代史上的寶貴見證。

　　而《翻身亂世：流亡藏人口述錄》，是以個人的聲音，緩緩道來圖伯特悲壯戰敗之書。

五

　　這十一位口述者，除一位女性當時在逃亡中身為反抗戰士的妻子與女兒，其他都是男性，都是當年投身反抗的戰士。在他們的講述中，有對家鄉在未被占領前的美好回憶，更有不得不離開家園與親人後的悲傷懷念。比如，屬於安多昂拉地區的洛日甲老人說：「我二十九歲從家裡出來，就這樣到了印度，現在已經八十二歲。我看不到我們祖輩生活的家園，自己只能在異國他鄉生活。是誰搶占了我的土地，我的家園？是誰搶占了我們的博（西藏）？我們像小鳥被從巢中趕了出來，橫穿了時間中所有的痛苦，從家裡到拉薩，從拉薩再到印度，走過了所有的痛苦。」屬於安多果洛的卓洛老人說：「我小時候最喜歡念經祈禱，更喜歡和大人們一起聽經祈禱，朝拜神山聖地，還和小孩們一起唱情

歌等。如今我雖然這麼老了，但每當想起小時候的生活，我都會
禁不住流淚。從前受到父母百般疼愛、自由地生活在自己的土地
上，家鄉水淨、土淨。現在我住在印度德拉頓頓珠林藏人難民定
居點，寄居在別人的國家，找水找地，語言不通，食物不適⋯⋯
這就是命運吧。」

　　另一位口述者夏克‧頓雲令我難忘。因為他不但與我父親
同鄉、同齡──都是康區德格人，都生於一九三七年──更因為
我見到他的照片時很驚訝，他與我父親長相很像，猶如兄弟。我
反覆讀了幾遍他的口述。夏克‧頓雲作為德格公主的非婚生子，
十三歲第一次去德格城裡的德格王宮時，我十三歲的父親參加中
共軍隊離開德格，隨軍開拔昌都；夏克‧頓雲十八歲攜父母和妻
子逃離家鄉德格，以朝聖為名抵達拉薩，我父親也在拉薩，大概
當了解放軍少尉；而夏克‧頓雲作為 CIA 培訓的「四水六崗護
教軍」骨幹，帶領七人小組空降西藏境內組織和培訓抵抗之時，
我父親是西藏軍區聯絡部群工處的上尉軍官，如果他們當時狹路
相遇，同齡、同鄉且又容貌相似，卻是敵對雙方，必須相互為敵，
這會是多麼不可思議的場景，實在悲哀，無法想像會有怎樣的心
靈衝撞，卻又必須自相殘殺。夏克‧頓雲說過這段話：「解放軍
軍人曾經駐紮在我們德格的家，我和他們相處得很好。後來他們
成為了我們的敵人。如果在加拉班巴，那些我認識的解放軍站在
我對面的話，我肯定很難向他們開槍，但那時我已經明白我們有
我們藏人的立場和目的，他們已經是我們的敵人。如果你不向他

們開槍，他們就會殺死你，所以戰場上若遇到他們，我一定會設法殺他們。」

還有一位口述者，老噶倫居欽·圖登朗傑，他也是德格人。他其實是我表姑的親戚，而我表姑是我父親的表妹。而居欽·圖登朗傑是我表姑的父親那邊的親戚，與我父親好像沒有親戚關係。然而這一點，我從來就沒有弄清楚過，多年前我問過當時在世的父親，但他不願意多說，我也就不甚了了。然而到底有沒有親戚關係並不重要，我想說的是，讀居欽·圖登朗傑的口述，尤覺感受複雜。從年齡講，他比我父親年長六歲。從經歷看，他脫下袈裟，成為反抗戰士，離開德格去往拉薩及其他藏地戰鬥時，我父親作為解放軍的一名軍官，實際上也在拉薩或其他藏地，雖然他沒有上過戰場而是當翻譯或做文職工作，但他們相互之間已然是彼此為敵的關係。

另外還注意到居欽·圖登朗傑講述第一次去拉薩，是一九五五年底，德格開始搞所謂的「民主改革」，天天開批鬥大會，詆毀宗教信仰，他被德格王室派到拉薩，請求噶廈政府支援武器。但他抵達拉薩時發現：「在布達拉宮和大小昭寺都供有上千盞酥油燈，而那些貴族官員們正在大興土木蓋房子，到處都有打夯的歌聲。我是專門去拉薩想告訴噶廈：中國人要民主改革了，要消滅農奴主了，可是沒人聽。相反，噶廈的貴族官員們大做買賣，蓋新房子，唱歌跳舞，一片歌舞昇平。」這讓我想起藏學家、

歷史學者茨仁夏加在《龍在雪域：一九四七之後的西藏》[4] 一書中所描述的，當中共軍隊進入拉薩，為「爭取愛國上層階級」，用專為西藏重新製造的「袁大頭」銀元極其慷慨地購置所需東西，拉薩不少大貴族和商人見錢眼開，「認為這是一個大撈一票的好機會」，欣欣然又是賣自家大屋，又是賣土地，又是賣存糧，又是賣羊毛，並且很快樂地參加解放軍舉辦的豪華宴會、交誼舞會，每個月讓僕人去領工資，用馬馱回裝滿口袋的大洋，這樣的甜蜜時光實在令人作嘔。說實話，西藏的這些古扎（貴族）們很多都是出賣靈魂、貪得無厭的敗家子，當然最後的結局也就活該了。也因此，當時流行拉薩街頭的歌謠這樣唱：

> 我們寧可要嘉瓦仁波切[5]，也不要毛主席；
> 我們寧可要噶廈，也不要雍勒康[6]；
> 我們寧可要佛教，也不要共產主義；
> 我們寧可要丹松瑪米[7]，也不要金珠瑪米[8]；
> 我們寧可要我們的木碗，也不要中國的瓷杯。

4　《龍在雪域：一九四七之後的西藏》（ *The Dragon in the Land of Snows: A History of Modern Tibet Since 1947* ），（英）茨仁夏加（Tsering Shakya）著，謝惟敏譯，台灣左岸文化出版社，2011 年 3 月 10 日。

5　嘉瓦仁波切：藏語，對達賴喇嘛的敬稱之一，意為至尊之寶。

6　雍勒康：藏語，指西藏自治區籌委會。

7　丹松瑪米：藏語，指藏軍。

8　金珠瑪米：藏語，指中國軍隊，即漢語的解放軍。

六

藏學家艾利亞特・史伯嶺在二〇一二年秋天撰文〈The Body
Count〉（死亡統計）。我在我的博客轉載中文譯文[9]時，推介說
這是「一篇相當重要的文章。對於歷史；對於圖伯特（西藏）；
也對於中國。當然，更對於人性（這話尤其要對某些刻意罔顧事
實、被大屠殺凶手改變人性的所謂學者大聲強調）。」

這篇文章寫道：「在大約一九五〇年到一九七五年期間，圖
伯特是否存在群體死亡事件是一個無需爭論的問題……發生大屠
殺的事實應該是毋庸置疑的。」但是，「發生在圖伯特的集體死
亡事件在中華人民共和國境內極少被提及，至少在官方層面一直
如此，而且即使提到也只是為了否認曾經發生過這樣的事件。」

史伯嶺先生之所以撰文，是因為幾張拍攝於該年五月的照
片，記錄了在康囊謙（今青海省玉樹藏族自治州囊謙縣）發現的
亂葬坑：白骨成堆，怵目驚心。當地藏人揭露是在一九五八年被
屠殺的僧俗人士的遺骸。於是，過往的一切用這樣的亂葬坑發出
自己的吶喊，過往的一切不會在乎中國政府是否感覺難堪。而不
只一處的亂葬坑，佐證了《翻身亂世：流亡藏人口述錄》的見證
意義。

史伯嶺先生指出：「被查禁的大屠殺歷史還會通過其他一些
渠道突破中國當局強行設置的障礙與緘默。」為此列舉的事例，

9　中文譯文即〈死亡統計〉，見唯色博客「看不見的西藏」：http://woeser.middle-way.net/
2012/09/blog-post_28.html。

2013 年，五星紅旗插在布達拉宮頂上。

包括一九八二年的中國第一份人口調查數據圖，「在整個圖伯特高原普遍存在男女比例失衡，而事實上，唯一能解釋這種不平衡的原因只能是暴力鬥爭。在整個中華人民共和國，圖伯特高原是範圍最大的一片突出地呈現為紅色的區域，在這個地區女性人口數量一直高於男性。而玉樹地區正處在這片紅色區域⋯⋯」《翻身亂世：流亡藏人口述錄》中就有兩位藏人是這片紅色區域的餘生者。

　　史伯嶺先生還說：「歸根到柢，中國方面掌握的檔案記錄必須公諸於眾。若想瞭解發生在圖伯特的恐怖和殘暴行徑，僅僅通過直接的個人記述和其他渠道的間接資料是不足夠的。」但在今天，當局的檔案記錄依然封存於黑幕背後，餘生者的口述及更多

的見證文學尤其迫切而重要。正如屬於康理塘的熱珠阿旺老人所說：「共產中國人沒有信仰，逼迫藏人摧毀寺院。以頭人、活佛、僧人剝削人民為名，屠殺頭人、活佛和僧人。他們動用國家軍隊對康和安多的藏人進行鎮壓。國家軍隊有槍炮、飛機、炸彈等，而我們除了私人買的槍枝外，沒有別的武器。他們對這樣的民眾進行無情的屠殺，這件事我們藏人會一代又一代講述下去，永遠不會忘記。直到我嚥下最後一口氣時也不會忘記。」

七

我與丹鴻，最早結識於她在成都開的卡夫卡書店。她是個典型的成都美人。她的書店開在當時的古樸巷子，而今的仿古景點。我被書店裡的西藏專櫃吸引，而她就走到了我面前。這之後，是長達二十年的友誼日益深厚，不論彼此天各一方。

我們都有著與生俱來的寫詩熱情與天賦。也寫散文，而她寫的好幾篇西藏散文以我為原型，只是把我寫成了男性僧侶。她還拍攝電影，拍的第一部抒情風格的專題片，是依據我的虛構且浪漫的散文〈你在何方行吟〉，只是她找來的演員都是康區牧民而不是我所寫的衛藏貴族。而她拍的紀錄片很寶貴，記錄了楚布寺的天葬與法會、少年噶瑪巴仁波切的風采，還有康扎溪卡（今稱石渠縣）的生態與民俗。她多次來拉薩，有時與我住在一起，我們去寺院朝佛，我們到處遊逛，吃川菜或藏餐。

　　我倆的相似之處，不僅在於年齡、寫詩、文藝；不僅在於都說四川話；不僅在於對西藏深切的愛，而我的愛因為來自骨血更多親密——正如丹鴻在郵件中對我說：「他們是你所愛的鄉親，也是因神祕的因緣而為我所愛的人們……」更在於我們都懷有深深的恥感：她的恥感，緣於她是漢人；我的恥感，緣於我有四分之一的漢人血統，緣於我的解放軍父親。因為恥感，我們心靈不安，甚至感到羞恥和罪惡；因為恥感，我們希望以寫作者的身分來補過甚至贖罪，也為此，丹鴻在二〇〇八年三月的西藏抗暴事件爆發之後，寫了〈西藏：她的痛楚，我的恥辱〉[10]等文章，其中這樣寫道：「十八年前，在我第一次踏上西藏的土地之前，我不能想像我將對那裡，對那裡的人，抱有愈來愈深的、無以排解的歉意；我也不知道，我的生命將因與她相遇而蒙獲終身享用不盡的恩澤；我也不知道在蒙獲她的撫慰與悲憫的同時，一種與我個人毫無關係，而是與藏人、漢人兩個民族有關的痛苦，將在我這個個體的生命中彌散綿延……」

　　正因為恥感，丹鴻和我都共同走上了見證文學之路。我們希望破除的是，包括了國家與國家主義者、強權與強權授權的殖民者的「除憶詛咒」。罪惡存在過，而且還在不斷累積，正如苦難存在過，而且也在不斷累積。而這所有的一切，並不是不曾存在過，更不是「除憶詛咒」就能夠銷毀或塗改。喬治・奧威爾

10　〈西藏：她的痛楚，我的恥辱〉：http://map.woeser.com/?action=show&id=408。

（George Orwell）在《一九八四》中所寫的非人（unperson），
是被肉體消滅且似乎從未存在過的人；而《翻身亂世：流亡藏人
口述錄》中，十一位流亡藏人所講述的無數被屠殺的藏人，肉體
在當時被消滅，曾有過的存在也被消失在有形或無形的無數亂葬
坑中，就像是他們從來沒有存在過。然而，證言終究讓同胞的存
在不被消滅。

　　最後要提到桑傑嘉[11]，他老家在安多，七〇年代生人，注定
是新一代的流亡藏人，先是從境內藏地流亡至達蘭薩拉，而今旅
居歐洲，雖然我們未曾謀面，但也友情深厚，在此我要感謝他多
次幫我翻譯藏文文章。

　　　　　　　　　　寫於二〇一五年八月二十日，北京

---

11 二〇一六年四月，桑傑嘉的新書《天葬台》由台灣雪域出版社出版，我寫的推薦詞是：「桑
　傑嘉，半生在被占領的家鄉刻骨銘心地度過，半生在至少兩個異國他鄉銘心刻骨地度過。
　倘若家鄉不被占領，他就不會在異國他鄉流亡。然而這樣的因果卻成就了一位穿行於不
　同的地域與文化，更懂得所屬文明之無比珍貴的作家。桑傑嘉以侵略者排斥的母語及侵
　略者的語言同時寫作，更獲得沉痛的經驗和深刻的領悟來闡釋圖伯特文明的種種，尤其
　對真相與記憶的書寫具有力量和深度，而成為人類史上諸多遭受摧殘的偉大文明內部的
　發言者之一。如果你想聽聞今日圖伯特人的發聲，而不是他者的代言，請閱讀這本完成
　於流亡光陰之中不可缺少的著述，你將會看到，正如桑傑嘉所譯的另一位流亡者——偉
　大的噶瑪巴仁波切所寫的詩句：『心中流淌的鮮血／都是為了正義／說一聲：／失敗過，
　但沒有流過淚。』」

被塵封的往事

遮蔽？是的，就是這個詞：遮蔽。並且不是一點，也不是一部分，而是太多，太多，幾乎全部，都被遮蔽了。我說的是那一段歷史，發生在整個圖伯特大地上，長達十年甚至、更長時間的歷史──幾乎都被遮蔽了。

每當如此言說，眼前總有一種揮之不去的感覺，這個感覺是形象的，就像是隱約看見了一隻巨大的巴掌懸浮於頭頂，用漢語的一個成語來描述，即一手遮天。那麼，是誰的手呢？為什麼那手想要遮住天呢？

有「天」就有「地」。於是又想起漢語的一個成語：遮天蔽地。──這裡面「遮」和「蔽」都有了，但顯然不再被動，似有一種主動的因素驅使著。

是不是，所謂的「被動」和「主動」其實都為一體？施予者與受之者都是其本身？找一個比喻來說，就像是我扔出去的亂棒，卻都紛紛打在了自己的頭上；我站在風中吐出去的唾沫，卻都濺在了自己的臉上。

不過這比喻還是不確切。這比喻太明顯了，毫無「遮蔽」一詞所具有的那種隱祕、蒙昧，甚至幾分陰謀的意味。而且，「遮蔽」還含有特意、有意或故意如此的意味。

　　是誰要「遮蔽」？是誰在「遮蔽」？又是誰被「遮蔽」了？

＊　＊　＊

　　我父親拍攝的三百多張西藏文革照片中，有一張在內容上具有震撼力、形式上具有衝擊力。是熊熊燃燒的烈火，大肆漫捲著、吞沒著正在燒成灰燼的無數書頁——在這之前都是存放於寺院不知多少歲月的佛教經典。分不清楚誰是縱火者，誰是圍觀者，因為他們相互混雜，表情皆都興奮莫名。而且，與中國各地的同類文革照片中出現的人群，無論裝束還是相貌都十分相似，只有作為背景的藏式建築提醒我們：這是圖伯特，這是拉薩，這是大昭寺的講經場「松卻繞瓦」。

　　能搶的就搶，能砸的就砸，能燒的就燒。然而，「四舊」太多，搶不完、砸不完、燒不完的就扔，扔在大街上，扔在廁所裡。我母親回憶道：「有一件事情給我的印象很深。有一天我去妳澤仁叔叔家送東西，那是我生了妳以後第一次出門。從軍區後門的堯西朗頓家到帕廓街東邊的魯固汽車站，一直到攝影站的一路上，不知道是不是又在砸大昭寺還是砸附近的幾個佛殿，過去放在寺院裡的經書被扔得滿街都是，地上撒滿了經書，一頁頁，比樹葉還多，走在上面發出『嚓、嚓』的聲響。我心裡還是有點害怕，覺得踩經書是有罪孽的，可是沒辦法呀，地上全是經書沒法不踩上，躲也躲不過。我的心裡很不舒服，想著人們怎麼連經

書都敢踩呀，車也從經書上面輾過，那些經書已經又髒又破。那時候是秋天，風一吹，破碎的經書就和樹葉一起漫天亂飛。這件事情給我的印象實在太深了。」

如今住在加德滿都的表姑也心有餘悸地對我說：「把砸碎了的佛像裝在背兜裡，倒在路上和街道上，還把經書一張張地撒在路上。心裡面害怕得很。每次去扔佛像的時候，每次踩著經書和佛像走路的時候，心裡面的那個害怕啊，實在是說不出來。但是沒有辦法呀。天哪，那時候還把夾經書的木板拿去蓋廁所。那木板上面還刻的有經文。貢覺欽[1]！在上面拉屎撒尿，罪孽太大了。這樣的廁所在木如寺那裡蓋了一個，在小昭寺那裡蓋了一個，在木如居委會那裡也蓋了一個。人們都害怕去那裡解手，可是不去的話，居委會的幹部要罵。」

當時滿大街都扔著破碎的佛像和撕碎的經書，許多信教的老年人都很難過，悄悄地說，人活這麼大年紀有什麼意思？活的年紀太大了，連菩薩的死都看見了，還有比這更不幸的事情嗎？小時候帶過我的保母阿佳益西搖著白髮蒼蒼的頭說：「難道不是這樣嗎？文化大革命的時候，連菩薩也被整死了……」

* * *

1　貢覺欽：藏語，佛法僧三寶瞭知。

　　我父親還拍了兩張耐人尋味的照片。在大昭寺過去的講經場而此時批鬥「牛鬼蛇神」的現場──「松卻繞瓦」，一個幹部架式的漢人滿面笑容，他顯然是這場批鬥會的主持者。兩張照片並不是一個連續的過程，但他的動作卻是連續性的：微微後仰著身子，笑容不變，那不屑地指點著胸前掛著一摞經書正垂首挨鬥的喇嘛的手指，即使放下來也像是隨時準備伸出去。

　　他的笑容是這兩張照片唯一的笑容。而在其他人──即使是屬於同一個戰壕的「翻身農奴」──的臉上，卻不見如此輕鬆、暢快的笑容。他們的臉上更多的是激動、激昂和激憤，但又略帶緊張，和一種似是不敢相信眼前突變的迷惑。那個把手搭在喇嘛肩上的藏人紅衛兵，其姿勢和神情不但不凶悍，竟奇怪地又吐舌又彎腰，好似帶點不自覺的誠惶誠恐。只有他在笑。只有這個漢人幹部開懷地笑著。這是一個占領者的笑容，是一個權力在握者的笑容，是一個新主人的笑容。

　　他是誰呢？有人說他像曾當過「三教工作團」團長和城關區書記的李方（音）。據說此人不但霸道而且貪婪，後來在調回漢地時私自帶走不少珍貴文物，但車在半路上翻了，他受了重傷，拿走的東西滾落一地，這才暴露無遺。不過照片上的這個人，究竟是不是有一臉落腮鬍的「書記加烏啦」[2]？儘管我們無從確鑿地得知，但不能忽略他以及他的笑容。這個人滿面得意的笑容其

──────────
2　加烏：藏語，大鬍子。

實具有象徵性。

　　而那位頭戴高帽的喇嘛同樣具有象徵性。包括垂掛在他胸前的一摞珍貴的經書。包括他面前的那輛堆滿了法器、唐卡等等宗教物品卻被視作「四舊」的木板車。有人說他是大昭寺管理釋迦牟尼佛殿的規尼本拉，有人說他是哲蚌寺的四大堪布之一──格巴喇嘛，也有人說他是色拉寺或甘丹寺的高僧。其實我們又何嘗不可以把他看作是被勒令穿上護法法衣遊街的德木仁波切，或者是被紅衛兵用金剛杵打死的拉尊仁波切？

　　至於那麼多圍成幾圈的看客裡面，有多少人是出於被解放的歡欣鼓舞，有多少人是出於恐懼和惶惑，有多少人是出於為己盤

1966年，大昭寺的講經場在文革中成了批鬥「牛鬼蛇神」的現場及各種政治大會的會場。（攝影：澤仁多吉）

算的心計，我們也一樣無從知道。但我們知道一點，那就是，實際上，奴隸依然是奴隸。當面帶如此笑容的新主人出現時，當昔日用以傳播佛法的地點變成不公正的法庭時，當一個人被莫須有的罪名加以羞辱性的審判時，那些老老少少、男男女女的圍觀者們，或許還夠不上幫凶的角色，但至少在表面上顯得那麼馴服的他們其實還是奴隸。他們其實從來也沒有被真正地解放過。

「松卻繞瓦」在這個時刻喪失了它原本滲透的宗教精神。這個時刻，不，這個時代，這個被藏人稱為「人類殺劫」（藏語諧音，文化大革命）的時代，把太多的恥辱深深地刻在了鋪滿講經場的每一塊石頭上面。「松卻繞瓦」從此成為一九六六年席捲圖伯特的那場革命的見證。

* * *

帕廓，在漢語裡經常被稱為「八角街」（漢語發音為「Ba Jiao Jie」），而這個容易產生歧義的錯誤發音，傳說源於一九五〇年進入拉薩的解放軍隊伍中的四川士兵，或許更早，可以追溯至清朝駐藏大臣時代，但肯定與四川人有關，因為在四川話裡，「角」被念作「Guo」，於是帕廓街變成「八角街」也就不足為怪，但它的含義絕非指這條街有八個角，它原本的發音也不是「Ba Jiao Jie」。然而一九六六年八月二十八日這天，帕廓，不，被漢人叫成「八角街」的這條老街，以一個充滿革命意味的新名字取

代了宗教含義的舊名字。破舊立新，大破大立，那種改天換地的豪邁勁兒濃縮在一塊曾經矗立在舊式石牆旁邊的新牌子上，更名為「立新大街」，藏語發音為「薩珠朗欽」。儘管時光流轉，如今又是藏人口中的「帕廓」了，又是漢人口中的「八角街」了，又是轉經的街和商業的街了，還是遊客觀賞異域景觀的街，也是祕密警察最多的街，那是因為後來在一九八七、一九八九以及二〇〇八年，在這條街上都發生過所謂的「騷亂」。

　　不過要把這「立新」翻譯成藏文並不容易，就像「革命」、「階級敵人」、「無產階級專政」等意識形態化的概念，在藏文中並不能找到相應的定義。我們無法想像當時的革命者是如何絞盡腦汁，才在語言的汪洋大海之中抓住了勉強可以解釋「立新」的兩個詞彙，繼而拼湊起來，在飽含「舊文化」的藏文中生造出、硬插入又一個嶄新的詞彙。我們也無法知道當時的廣大人民群眾是如何艱難地念誦並牢記諸如此類的一個個生澀詞彙，以至於有時會鬧出把「方向性」說成藏語發音的「豬肉」、把「路線性」說成藏語發音的「羊肉」這樣的笑話。那時候，從未有過的新詞一個個不斷地湧現出來，天性愛作樂的藏人為了加強記憶力而編造的笑話也一個個不斷地湧現出來。新生事物層出不窮。

　　其實在這個世界上不只是藏人要面臨「立新」的問題，埃利‧威塞爾（Elie Wiesel）說：「在二〇年代與三〇年代有過許多關於革命的談論──幾乎像今天一樣多，多得甚至讓一哈西德教派的拉比，儘管他生活在國際時事的邊緣，也決定去打聽一下。但

當時他在他虔誠的信徒中詢問『一場革命，那是什麼呢？』時，
卻沒有一個人能夠給它下個定義，因為這一概念並未在《塔木德
經》文學中出現過。從沒有這麼好奇過，這位拉比要求見一下
某位猶太人，一個職業教授，享有開明的盛譽。『好像你對我們
哈西德教徒不理解的事情有興趣：告訴我，一場革命是什麼？』
『你真想知道嗎？』教授懷疑：『好吧，是這麼回事。當無產階
級開始與腐朽的統治階級展開了一場鬥爭，一個辯證形勢就發展
起來，它使群眾政黨化並引發了一種社會經濟的變化⋯⋯』『我
真不幸，』拉比打斷道：『以前我有一個詞不認識。現在，因為
你，我有五個詞不認識了。』」[3]

　　改名字也是屬於「破舊立新」的重要標誌之一，摒棄舊的
名字，更換新的名字，這是建立一個新世界所需要的必要形式，
改名成為風尚。不但街道改名，商店改名，鄉村改名，甚至人人
都要改名。我母親回憶說：「當時要求人人改名字，說藏族人的
名字屬於『四舊』，有封建迷信的色彩，必須改名換姓。我們是
由公安廳統一改名字的，每個人的新名字都要上報政治部批准，
不是姓毛就是姓林，有的就叫高原紅。我先選了一個名字叫毛衛
華，但公安廳裡已經有人叫毛衛華，我想漢族的名字裡也有叫玉
珍的，乾脆我就叫林玉珍吧，跟林副統帥一個姓。可是，雖說要
求新名字都得用，但除了軍代表點名，平時都沒人喊，好多人都

3　引述自《論文化與藝術中的革命》，見《一個猶太人在今天》一書，（美）威塞爾（Elie Wiesel）著，陳東飆譯，作家出版社，1998年。

忘記了。我的一個同事小達娃叫高原紅，但每次點她的新名字她
都沒反應，我們就趕緊捅她『達娃啦，在叫妳呢』，她才慌不迭
地連聲說『到、到、到』。想起來簡直好笑。那時候的人都跟瘋
了一樣。真的，文革時候人都瘋了，半夜三更說要去遊行，『噌』
就走了，全都跑去遊行，敲鑼打鼓，使勁喊口號，精神還好得不
得了。」

* * *

　　在拉薩西郊，有一大片墓地與哲蚌寺遙遙相對，官方介紹
稱：「拉薩烈士陵園始建於一九五五年，重修於一九九一年」，
「安葬著為和平解放西藏、修築川藏青藏公路、平叛改革、中印
自衛反擊戰、平息拉薩騷亂和為西藏發展與建設英勇獻身的八百
多位烈士，被命名為自治區級國防教育基地、民政部愛國主義教
育基地」。實際上其中還有一處十分特殊，那是文革期間兩大造
反派爭奪權力，由「文鬥」變成「武鬥」，而被解放軍開槍打死
的十二個紅衛兵的墓地，被一圈圍牆隔離，如同被打入另類。
　　我第一次走入這片墓地是二〇〇〇年，看得出這片墓地最初
是受重視的，有高大的牆，十二座圍成圓圈的墳墓簇擁著一個小
小的水泥廣場，廣場的中央設置有花台和路燈，而且，每一座墓
都工整、小巧，墓碑上還留有鑲嵌死者照片的位置。但我見到時，
這裡已經長滿了萋萋荒草，破裂的廣場堆積著牲畜的飼料，墓體

裂縫，碑文不清，竭力辨認才依稀可見——第一行是「一九六八年『六・七』大昭寺事件死難烈士」；其次是死難者的名字，籍貫和年齡，如果是女性有特別註明；然後是「西藏自治區革命委員會，西藏軍區，一九六八年八月立」。

這十二名死於非命的紅衛兵，他們的名字、籍貫、年齡及性別是——

普布次仁：日喀則人，二十二歲；

卓嘎：女，拉薩人，二十八歲；

平措堅增：日喀則人，十八歲；

索朗次仁：拉薩人，二十六歲；

赤列旺傑：拉薩人，二十六歲；

扎西：查雅人，二十八歲；

巴蘇：那曲人，二十六歲；

蒼姆：女，拉薩人，十九歲；

索朗卓嘎：女，拉薩人，十七歲；

格桑群培：墨竹工卡人，二十七歲；

江白：墨竹工卡人，三十六歲；

頓珠多吉：拉薩人，二十歲。

站在這十二座墓前，王力雄鼓勵我依據我父親拍攝的西藏文革照片，寫一部關於西藏文革的記憶之書，來竭力復原歷史的真

實面貌。經過七年的調查與寫作，我瞭解到這是西藏文革史上最
震驚的血案之一，發生於神聖的大昭寺內，當然彼時的大昭寺已
是一座既無僧侶也無佛像的空寺，而且還是被紅衛兵占據的宣講
革命暴力的廣播站，並在一九六八年的六月七日這天成為屠戮之
地。然而當局出版的《中共西藏黨史大事記》對此只有簡單的一
句：「六‧七，拉薩警備區部隊進駐群眾組織控制的……大昭寺
時，受到阻撓，發生衝突，造成傷亡。」

迄今為止，我幾乎每年都會來這裡，看見每座墓愈發地殘
破，看見刻在墓碑上的字跡日漸模糊，我每次都要逐個拍照，權
當某種記錄。我曾寫過，就像整個事件的來龍去脈從不見於任何
公開文本，如今連「一九六八年拉薩『六‧七大昭寺事件』」這
一說法也都絕口不提，以至於事件本身幾近湮沒。

然而蒼姆，那個十九歲的花季女孩，當我們在她的墓前談論
著當年讓他們喪命的往事，這又有著什麼樣的意義呢？

從事人類學研究的友人在給我的郵件中寫道：「歷史實際上
存在於民間的記憶中，而在官方的記錄裡是缺失的。」

*　*　*

印度女學者布塔利亞‧烏瓦什（Butalia Urvashi）在有關印
巴分治的著作[4]中說，不僅要透過「歷史」來瞭解事件，「而且
還要透過它的文學的、虛構的、歷史的、政治的描述，透過它的

個人的、證明性的陳述來瞭解它，因為對任何事件來說，重要的不僅是『事實』，同樣重要的還有人們如何回憶這些事實，以及如何陳述它們。」而人們的陳述，卻因揭示並不願意直視的黑暗，必然會重返黑暗並將記錄者也不可避免地帶入黑暗。

我至今記得採訪時，經常會為對方突然吐露的一、兩句嘆息——「瘋了，那時候都瘋了，就像吃了迷魂藥」；「可憐啊，我們這個民族太可憐了」——而心痛，會暗暗指責那些以革命的名義製造毀滅的人。但當我坐在電腦前逐字逐句整理錄音，一個個感嘆號開始為問號代替。這麼多人的心結，之糾纏，之壅塞，之沉重，察覺得到他們的精神世界其實布滿某種可怕的烙印，而這烙印主要體現在語言上，只要開口，屬於某個時代或者某段歷史的特殊語言就會源源不絕地湧現，彷彿從來都具有如此單調卻強悍的生命力。又因為，那些語言是外來的，入侵性質的，並不屬於他們原本從屬的民族，反而顯得彆扭、生硬。似乎是，當他們使用本族語言時，母語會自然消除那些醜陋的烙印，但他們用漢語學舌時，似乎只會重複那些烙印似的語言，如「解放」、「叛亂」、「破四舊」、「牛鬼蛇神」、「人民公社」之類。

事實上，那些話語的效果概括地說，就是「借助一個句子，它們能夠展現一種輝煌，一種暴力」[5]，甚而至於，僅僅借助一

4　《沉默的另一面》（*The Other Side of Silence*），（印）布塔利亞・烏瓦什（Butalia Urvashi）著，馬愛農譯，人民文學出版社，2001 年。

5　引自傅科（Michel Foucault）的文章〈無名者的生活〉：https://www.douban.com/group/topic/39287343/。

個詞語，比如「打倒」、「砸爛」、「揪出」這樣的動作趨向強烈的動詞，或者說，比如「萬惡的」、「熱烈的」、「堅決的」這樣的感情傾向強烈的形容詞，都「能夠展現一種輝煌，一種暴力」。而「輝煌」和「暴力」構成了這種話語效果的兩面，以致對於個體生命而言既「觸及皮肉」，也「觸及靈魂深處」，對於由無數的個體生命所組成的社會群體而言，同樣具有生理的與心理的雙重顛覆性和強大的衝擊波。這種話語效果是催化劑，更是難解的毒藥，所發生的綿綿不盡的化學作用迄今可見，遍布周遭，深入生活，猶如遺傳因子一般無法絕除，又令人驚訝。

許多年過去了，我們只要開口說話，提筆寫字，仍然難以擺脫這種話語效果的影響或陰影，最多不過與當初相比稍遜風騷。也就是說，在今天，「輝煌」已顯得不那麼刺目，而「暴力」也變得不那麼劇烈，但我們還是會感到痛，哪怕是隱隱作痛，因為在每一次這種話語效果的化學作用下，首當其衝的從來都是人在世上的立身之本——生命的尊嚴。

作為用中文寫作的我來說，有段時間，不太願意再次翻看記錄這些烙印的老照片，也不太願意重溫當時的採訪錄音或文字，似乎是進入了對黑暗的西藏文革的厭倦期。

*　*　*

是的，幾乎無一例外，每每在回憶那被塵封的往事時，很多

人常用這樣一個詞來形容當時人們的狀態——「瘋狂」。

「瘋狂」肯定是一種生理狀態，也是一種心理狀態。在這種狀態下的生活無疑充滿了種種暴烈，具有駭人的力量。但若要分析卻相當不易。因為單是幾個人的瘋狂尚能按照病理學去診斷和治療，偏偏是那麼多人都瘋狂，且前所未有地集體發作，這是為什麼呢？

人若瘋狂總是有原因的。自身的生理與心理素質不必說，誘發瘋狂的契機顯然來自於外界。而在那外界彌漫著的或激盪著的，究竟是什麼，竟使人陷於非人的狀態之中？

難道是「權力」嗎？確切地說，是「絕對權力」嗎？在文革、甚至更長的時間裡，絕對權力的網絡無所不在，疏而不漏，其中的控制與被控制、監督與被監督、服從與被服從等等關係，即使兩個人相處也有可能存在，更不用說數十人、數百人，乃至千千萬萬人的集體之中。

傅科（Michel Foucault）說：「人們想要這種權力，而人們也在同等程度上畏懼這種權力。這樣，一種無限制的政治權力對日常關係的干預就不僅成為可以接受的，人們習以為常的，而且是人們迫切渴望的，並同時也變成了一種普遍流傳的恐懼的主題……在日常生活層面開始運作的權力將不再是那個既身臨其境又遙不可及的君主，他無所不能但又反覆無常，是一切正義的來源，也是所有誘騙的目標，一身兼具政治的原則與巫術的效能。」[6]

6　同5。

於是，人即使有對權力淡漠的，甚至無視的，但沒有一個人能夠從生活中完全地剔除那恐懼的因素。恐懼正是基於千千萬萬種權力而產生的，因此，一個人，你可以不去理睬權力，招惹權力，但無所不在的權力卻偏偏要來理睬和招惹你，怎麼躲避也是躲避不過的。

為什麼會瘋狂？為什麼要瘋狂？為什麼不瘋狂？——這就是問題和答案嗎？

* * *

對於如何認識和解釋席捲西藏的文化大革命，困難的並不是記錄和陳述外力施加的重重災難，而是如何看待內部做出的反應。比如，為什麼會有那麼多藏人成為毛澤東的追隨者，並在文革期間鬥喇嘛、砸寺院、燒經書？雖然也有不少藏人以生命捍衛本民族寶貴的精神財富，然而在祖祖輩輩恪守佛教信仰的民眾之間，出現如此嚴重的分化，卻不是用一句「那時人都瘋了」就可以解脫的，也不是從此不再提起就可以忘懷的。

是的，多數人，那些在各種場合出現的人群，用這樣一個詞即可以指代他們：圍觀者。

圍觀者是隨大流的，這是趨勢。然而在隨大流的趨勢下面湧動著怎樣的暗流，這卻是不容易洞悉和明瞭的。毫無疑問，在恐懼和毀滅的魔咒下，許多人面臨著兩難——在兩難中如何抉擇自

己的立場？在兩難中如何堅持自己的立場？不過，實際上，這樣
的疑問只能是一閃而逝，往往是，在兩難中只能選擇的是：隨大
流以保全自己。

那麼，就實質而言，圍觀者扮演的是不是「合謀」的角色？

──「合謀」，這是一個沉重不堪的詞。

什麼樣的角色才算是「合謀」？──忍耐？沉默？順從？遷
就？或者推卸？

當然也有合作者。有的合作者是真誠而愚蠢的。有的合作者
是貪婪而狡詐的。有的合作者是克制而為著明哲保身的。有的合
作者是過猶不及以至於作惡多端的。等等，等等。這裡從來都不
是只有神仙的淨土，或只有魔鬼的地獄。芸芸眾生的六道輪迴，
都在每一個當下發生著。

多年前，聽說時任中共西藏自治區的最高當權者郭金龍（現
任北京市委書記）曾在一次會議上發脾氣：國外總說我們破壞了
西藏文化，砸了多少寺廟，可是，難道是我們嗎？是解放軍去砸
的嗎？是漢族去砸的嗎？

說出這種話真夠無恥！但更令人堪憂的是，當事實僅僅存在
於人們的記憶之中，當人們至今依然習慣不得不沉默的生活，事
實本身必將面目全非。若無清醒的認識、勇敢的懺悔和真實的回
憶，西藏或者說圖伯特將永遠揹著這個沉重的包袱難以解脫。文
革既是西藏和藏人的災難，也是西藏和藏人的羯磨[7]。

7　羯磨：梵語 karma，佛教術語，意為業力。

　　其實我真希望我能夠完成的是這樣一份調查報告。關於無數
生活在西藏這塊土地上（這是一個特殊的空間，一個具有別樣意
義的地理範圍）的生命，在十年文革（這則是一個特殊的時間）
中的經歷或者故事。這些生命本來都是處於生活常態的尋常生
命，卻因為某種突然的遭遇而各自呈現出非常態的形貌。

＊　＊　＊

　　假如……不，我當然不可能目擊當時。除非時光倒流，而我
須得保持如今的狀態和心態，我並不願意成為其中一員。在那些
支離破碎、斷斷續續的敘述中，有過那個當年的他們漸漸面目模
糊。雖然很多時候，他們的語調和神情亦如往常，但總會有突然
失控的一瞬，某一扇記憶之門突然開啟，通向一個埋葬在記憶深
處的世界，而在那劇變中的世界的中心或角落，孤單地佇立著他
或她的青春時節的身影：驚詫，興奮，昏了頭，甚至迷狂間形影
混亂。這身影如此突兀的顯現使他們無法持守如今已知天命之年
的矜持和穩重，終於難以控制而突然語不成句，突然淚光閃爍，
但都是瞬間即逝。

　　他們有的是足夠的嘆息、遮遮掩掩的悔恨，以及將殘留的恐
懼蔓延到今天的時局，用一句「不敢說」，就為那一段歷史綰上
一個不易解開的結。但說實話，我很少從他們中的哪個人身上，
看到誰擁有比較完整的良心。是不是，透過對那一段歷史的回顧

和總結，我們所要尋找的僅僅只有一個目的：那就是尋找一個人的良心，進而擴大到尋找一個民族的良心？然而，這個「良心」何以鑑別？它是否僅僅是一種對於「是非善惡的評判」？有時候，似乎只能從一個小人物的行為上看到這一點。比如，洛旺叔叔這個「當權派」（文革中對官員的通稱）在挨批鬥時，一個不知名的炊事員會悄悄地給他送上一缸子盛滿糌粑和酥油、熱乎乎的茶。

不過，尋找良心就是我們探究那一段歷史的目的嗎？何況我們又有什麼資格來進行這種審判性的工作？假如……我們生逢其時，毫無疑問地，肯定也是其中一員，肯定誰也逃脫不過、洗刷不掉，肯定誰都是那被當然選擇的，而不是自己就可以做主選擇的。或者說，我們在工作中應該記住的，只是這樣一句話：「道德主義者必讚揚英勇，譴責殘酷，可是不能解釋事故。」[8] 換言之，假如我們能夠做到這一點，也即努力地「解釋事故」，那已經是極其難得。而這顯然困難重重，所需依憑的外在和內在的條件甚多。

8　這句話出現在黃仁宇所著的《從大歷史的角度讀蔣介石日記》這本書裡，其中寫道：「……我們習寫歷史，警惕著自己不要被感情支配，但是這種趨向極難避免，即我自己的文字在內。有時縱不加評論，在材料取捨之間已使讀者思潮起伏……這也就是說：如果被當時人的情緒牽制，我們極易將一個範圍龐大的技術問題，視作多數規模狹小的道德問題。或否或臧，我們對當時人之褒貶是否公正不說，總之，就使我們因著大時代所產生之歷史觀失去了應有之縱深。流弊所及，使我們對自己今日所站在的立足點惶惑。」他還寫道：「……以道德名義做最後結語所寫之歷史，常以小評大，有如法國歷史家勒費爾所述：『（道德主義者必讚揚英勇，譴責殘暴，可是）不能解釋事故。』」

　　是不是，唯有記錄，記錄，愈來愈多的記錄，方方面面的記錄，那一個個「事故」才會從那些支離破碎、斷斷續續的敘述中，以無數個「偏」，漸漸地概括出一個比較真實的「全」來？

寫於二〇〇二年，拉薩

修改於二〇一六年，北京

第五部 歌詞及詩

{ ……詩歌是一份擦去原文後重寫的羊皮紙文獻,如果適
當破譯,將提供有關其時代的證詞。* }

* 引自《詩的見證》,(波蘭)切斯瓦夫·米沃什(Czesław Miłosz)著,黃燦然譯,
廣西師範大學出版社,2011 年。

2014 年，雪中聖殿——頗章布達拉。

拉薩愈來愈遠……[1]

我的喇嘛

今夜很冷

想起三月的那夜

像今夜的冷

走到吉曲[2]河邊

傾聽流水聲音

是不是像那夜的流水

其實在哭泣

隨波逐流啊

我們隨波逐流

拉薩愈來愈遠

拉薩愈來愈遠

我的喇嘛

今生真短

想起多少人的一生

1　這是一首歌詞，已由中國獨立音樂人白丁（秀場寡頭）譜曲並演唱，目前即將完成。

2　吉曲：藏語，快樂之河。即今拉薩河。

比今生更短

佇立喜德[3]廢墟

目睹盛景幻滅

是不是如生命的盛景

其實在消逝

隨波逐流啊

我們隨波逐流

拉薩愈來愈遠

拉薩愈來愈遠

寫於二〇一六年二月十七日，北京

3　喜德：位於拉薩老城，原為喜德寺（經學院），毀於一九五九年、文化大革命及之後，
　　成了廢墟。目前正在被中國當局拆除、重蓋，改造成改寫歷史的「愛國主義」博物館。

無措

拿起一本書，
看了幾行又放下。
而窗外的北京，
彌漫著末日氣象，
霧霾中，看不見
稍遠處的高樓。
其實我啊，
牽掛著更遠的遠處，
無所畏懼的族人啊，
火焰中，會不會
被紅色的子彈擊中？

寫於二〇一二年一月十七日，北京

如果在路邊……

如果在路邊
偶遇大嗓門的一個異國女子
數落著那年風暴的緣由
似乎無所不知
請為我掩飾
若無其事
不然
所有的悲痛都會洩漏無遺

如果在路口
注意到人群中一張異性的臉
變幻著從喜到悲的表情
最後卻猙獰
請為我掩飾
若無其事
不然
所有的悲痛都會洩漏無遺

如果在路上
反而離厭憎的異鄉愈來愈近
散發著讓胃口大開的味道
入迷即失憶
請為我掩飾
若無其事
不然
所有的悲痛都會洩漏無遺

　　　　　　寫於二〇一四年三月九日，成都
　　　　　　修改於二〇一五年八月二十八日，北京

凌遲 [1]

在鬧市，在光天化日之下
劊子手正將一個人慢慢剜割
卻不讓他快快去死
先給他服下鴉片
再千刀萬剮，這不是形容

挨刀的人啊，什麼樣的罪業
既活不成，也求死不得？
鴉片是多麼大的恩賜
讓他如痴如醉，恍兮惚兮
受苦變成了享樂

聞訊而來的眾生擁擠著
圍觀這法治景象如看戲
有人擊掌叫好，大聲記數
有人怯怯，睜隻眼閉隻眼

1　這首詩因台灣藝術家陳界仁的作品《本生圖》而寫。

有人悄悄掏出盛血的碗

刀鋒不能太尖銳
殺手不能太冷
如同走在坡勢漸起的山路上
風景這邊獨好
這是凌遲本義，恰如中庸之道

　　　　　　　　寫於二○一六年六月五日，北京

色拉烏孜

那是一個春天的黃昏

我們從色拉烏孜下來

它是一座山

在色拉寺背後

高而陡峭，長滿荊棘

再過些日子就會開花結果

山上有一些阿尼 [1] 修行的洞窟

我們來不及一一拜訪

但也奉上了由衷的尊敬

站在洞口，拉薩幾乎盡收眼底

有過牢獄之災的阿尼淡淡地說：

「夜裡燈火通明的拉薩

眾生是那麼地不安⋯⋯」

寫於二〇一六年六月二十二日，北京

1　阿尼：藏語，出家尼師。

革命的火

此世出生，恰遇文化大革命如颶風

從北京，一路狂飆，席捲拉薩

我只可能記住紅旗下的變異或異化

我只可能成為其中一個，而在分裂中成長

我既不記得颶風點燃的烈火如何有序地焚燒

也不記得更早時日的革命之火

焚燒的不是一處，而是每一處

透過熊熊火焰的縫隙，彷彿瞬間的空白

我看到了一九五九年三月十七日的羅布林卡

看到了一九五九年三月十日的頗章布達拉

看到了那麼多的淚水奔湧

在哀號親人與族人的斃命

在哀傷至尊喇嘛一夜之間的出逃

在哀痛日甚一日的失去卻無力挽回

連那非世俗的鷹鷲也掩面而去

色拉寺高高的天葬台上

數年間堆滿的屍骸成了「四舊」[1]

必須移風易俗

立即就地消失……

寫於二〇一六年七月九日，北京

1　「四舊」，指的是舊思想、舊文化、舊風俗、舊習慣。毛澤東把所有非共產主義的種種
　　都當作「四舊」而加以清除，叫作「破四舊」。

吉曲¹ 河畔的「蓮花」

我的八瓣蓮花圍繞的聖地

被人插進了一朵大蓮花

頓時就花非花了

有人說這是高仿

做得亂真才叫高仿

而它只有亂，並沒有真

你可以理解為某種高潮

我們最幸福的那種高潮

你也可以把它視為某種對境

某種能讓物質主義者淨化的對象

每天去看一眼

每天也就很幸福了

寫於二〇一六年七月七日，北京

1　吉曲：藏語，幸福河，即指拉薩河。為了所謂「城市景觀」，流淌幾千年的拉薩河被「改造」。截留，改道，裹上水泥，並在河邊樹立「城市雕塑」——一朵醜陋的「大蓮花」。與友人聊起拉薩河畔的這朵「大蓮花」，然後寫了這首詩。詩中的一些詩句來自聊天。

執迷輪迴

多年來，我對耳環與戒指的
熱愛，使我不停地丟失
一個又一個，那偏愛的
別致的，都是來之不易的
緣分，卻不知丟失何處
但的確是不可知的地點：
喧嘩大街或市井小巷
擁擠的地鐵或塵土飛揚的小路
飯館，商店，博物館，寺院
以及老大哥的動物莊園……
總之從我身上接踵消失
無聲無息，毫無預兆
我無可奈何
卻也順從，認可
就像是接受每一個或大或小
或好或壞的因果，但也遐想
意外撿到它們的，是怎樣的人兒
是否會視作天賜的禮物

常常佩戴，如我一般地愛著
但願如此，祝你快樂

　　　　　　　寫於二○一六年十一月十七日，北京

唯有這無用的詩，獻給洛桑次巴[1]……

1

這已是第二十三天了。

而在某個日子，讀到一首名為〈被失蹤〉的詩，

當即想到的是你。

你是上個月二十五日的下午，被失蹤的。

我唯有落淚、寫詩，別無他法。

2

就像電影需要空鏡頭，

我的思緒，有時候會在最紛亂的時候，

閃現一些夢幻般的畫面：

漫過馬蹄的花朵，草原上的黑帳篷，

經幡被微風吹拂，家禽與野獸得以放生，

---

1 洛桑次巴：安多阿壩（今四川省阿壩藏族羌族自治州阿壩縣）格爾登寺僧人，二十六歲。
於二〇一一年三月二十五日，在北京民族大學被國家安全人員抓走，至今下落不明。

全都是我在故鄉見過的美景，

事實上，此時正值最困難的時候，

比如你，彷彿人間蒸發。

3

荒謬等於現實，

我成了自身難保的毒藥，

而你，竟成了飲鴆蒙難的祭品。

閉眼全是你，

那一年的三月，烽火燃遍雪域，

同胞們把鮮血流盡的抗議者抬回寺院，

供奉於內心的聖殿。

4

「三月是最殘酷的月份。」

說這話的，是位風度儒雅的外媒記者，

有兩個三月，他來到藏地，似乎看見了什麼。

又似乎，什麼也沒看見。

但他顯然落入那三十六計的圈套之中。

「你說過，『藏人發出了狼一樣的嚎叫』嗎？」

尷尬的他，露出了有損驕傲的神情。

5

阿克[2]次巴，你在哪裡？

你是被他們，野蠻地，押回了阿壩老家？

還是被關在黑房間，受盡令人髮指的折磨？

我聽一位阿克講述過刑訊逼供的經歷，

他被倒吊著，打斷了三根肋骨，

天氣變化，就痛得蜷成一團……

唉，我忘記問他，近日藏東下雪，他是否安好？

但我又能向誰打聽，阿克次巴的下落？

6

「我們活著，感受不到腳下的國家，

十步之外便聽不到我們的談話……」

這詩句，來自死於斯大林之手的一位良心詩人[3]，

2　阿克：安多藏語，指僧人。

3　詩句來自俄羅斯詩人曼德斯塔姆的詩〈我們活著，感受不到腳下的國家〉。他是俄羅斯

卻也是盛世華夏之寫照。

深夜，我語無倫次地吐露：
「我不知道有沒有用，但我還是說了。
我其實知道，說了也沒有用……」

來自「讓旺隆巴」[4]的友人，語調鏗鏘：
「他們總是要讓人以為說話沒用。
但我們必須不停止地說！」

7

我兩手空空，
但右手執筆，左手攥著記憶。
此刻，記憶雖願付諸於筆下，
但字裡行間，全是為遭到踐踏的尊嚴
流不盡的淚。

白銀時代（十九世紀末至二十世紀初）最卓越的天才詩人。被蘇共指控犯有反革命罪，
兩次被捕，長年流放，多次自殺未遂，一九三七年十二月二十七日死於集中營。

4　讓旺隆巴：藏語，自由世界。

8

凝視地獄太久，

很有可能會被地獄一點點吃掉。

願意開條件嗎？

如果有條件，說出來聽聽，

假若換來他的安然無恙。

可我突然想起，一個陰森森的下午，

一個陰森森的鷹犬，惡狠狠地開腔：

「你，能不能，不寫西藏？」

9

不寫西藏，那就沒有詩了。

正如同，不為西藏，阿克次巴，

就不會被失蹤了。

不為西藏，阿克扎白 [5] 和阿克平措 [6]，
就不會自焚了。

而這個名單，可以很長，很長……

而這西藏——
當然，完整的名字是，圖伯特。

　　　　　　　　　　寫於二〇一一年四月四日，北京
　　　　　　　　　　修改於二〇一一年四月十七日，北京

---

[5] 二〇〇八年三月十六日，在阿壩縣，僧侶與民眾走上街頭發出抗議之聲，被軍警血腥鎮壓。由此三月十六日成為鎮壓藏人的紀念日。二〇〇九年二月二十七日，格爾登寺二十四歲僧人扎白在阿壩街頭，以自焚的方式抗議，遭軍警槍擊，腿與右臂致殘，至今仍被禁閉在軍隊醫院中。

[6] 二〇一一年三月十六日，格爾登寺二十歲僧人平措在阿壩街頭自焚，呼喊「讓嘉瓦仁波切回來！」「西藏需要自由！」「達賴喇嘛萬歲！」的口號，結果被全副武裝的特警、武警、警察、便衣毒打。三月十七日凌晨三點多，平措犧牲。藏人僧俗為此和平抗議，卻遭逾千軍警圍困搜查、大肆抓捕，格爾登寺及其兩千五百多名僧侶面臨滅頂之災。

獻給死於非命的雲丹 [1]

若沒看到這張照片，

你的名字：雲丹

不過是幾十年來，

被各種手段消失的族人之一。

且是常見的圖伯特的名字，

因與色拉貢巴 [2] 叫我阿佳 [3] 的僧人同名，

才不致，被我遺落在逐日疊加的死者名單當中。

那個叫雲丹的熱貢 [4] 僧人，在土鼠年 [5] 的深夜，

與不計其數的同修，被金珠瑪米 [6] 的槍，

趕出了依託今生的寺院，

不得不遊蕩於險象環生的塵世

---

1 雲丹：藏語，意為學問、文化。通常用作人名。詩中的「雲丹」，指二〇一二年一月
  二十三日，在四川省甘孜藏族自治州爐霍縣，爆發藏人抗議，軍警開槍，打死打傷許多
  藏人，現已知死者之一名為雲丹，牧人，四十九歲。照片來自國際聲援西藏運動網站：
  http://www.savetibet.org/。

2 色拉貢巴：藏語，色拉寺，位於拉薩，著名的拉薩三大寺（哲蚌寺、色拉寺、甘丹寺）
  之一。

3 阿佳：藏語，姊姊。

4 熱貢：藏語，位於安多，即今青海省黃南藏族自治州同仁縣。

5 土鼠年：屬於西藏藏曆演算法，即公曆二〇〇八年。

6 金珠瑪米：藏語，指中國軍隊，即漢語的解放軍。

可是面對這張照片，

你的名字：雲丹，

化作滔滔的淚水，

也填不滿淪陷的故鄉山河。

鬈曲的黑髮、赭色的面頰，

因與我有著同為糌粑養育的因緣，

剎那間，讓我回到往世今生的祖先與手足之中。

這個叫雲丹的章戈[7]牧人，在龍年[8]春節初一，

與更多無名的族人，被金珠瑪米的子彈，

擊中了繫在胸前的嘎烏[9]，

是不是已被白駿馬送往雪山之巔？

寫於二〇一二年一月二十六日，北京

修改於二〇一二年一月三十一日，北京

7　章戈：藏語，地名，位於藏東康地，今四川省甘孜藏族自治州爐霍縣。

8　龍年：屬於中國農曆演算法，指二〇一二年。

9　嘎烏：藏語，裝有佛像等聖物的護身盒。

獻給阿尼[1]丹眞曲宗[2]的詩

像絮絮叨叨的婦人，我總是反覆說起在故鄉燃燒的

火焰。一個個生命，成為一代人、兩代人的象徵；

在瞬間凶猛而莊嚴的儀式中，失去的，是肉體；當即轉化的，

卻是年輕的袞布[3]、年輕的班旦拉姆[4]，等等若干松瑪[5]。

我彷彿目睹這一切，又彷彿從彌漫著犧牲的空氣中聞到，最
　　後吃過的

食物的味道；那是糌粑的味道，可能剛磨好，非常香。

但願已放入碗裡，用酥油和茶水攪拌，最後的享用。

而不是，艱難地吞嚥下乾的粉末[6]，那太難受。

與此同時，從阿壩，祕密地傳出一張照片：一個小女孩，

1　阿尼：藏語，出家尼師。

2　丹真曲宗：安多阿壩（今四川省阿壩藏族羌族自治州阿壩縣）瑪米覺姆貢巴（即四窪尼姑寺）尼師，十九歲，阿壩縣賈洛鄉日阿羅村人。二〇一二年二月十一日下午在寺院下方三岔路橋邊自焚，重傷，被軍警強行帶走，後犧牲。她的父親名叫洛白，母親名叫才寶。她的親弟弟旦木曲，十七歲，二〇一二年八月二十七日在阿壩縣格爾登寺東門外被藏人稱為「英雄街」的洽唐街自焚犧牲。

3　袞布：藏語。梵語為瑪哈嘎拉。漢語譯為大黑天。為佛教護法，也為藏傳佛教眾護法神之首。

4　班丹拉姆：藏語，漢語譯為吉祥天女，是藏傳佛教眾護法神之一，尤其是拉薩、圖伯特及尊者達賴喇嘛的護法神。

5　松瑪：藏語，意為護法神，包括出世間護法神、世間護法神等。

6　吞嚥乾糌粑，是表示一無所有，內心痛苦。

騎在一頭牛背上；一頂黑帳篷，像低矮的房屋，搭在草坡上。

那是自家養的牛，黑白的毛髮，結實的蹄子，脹鼓鼓的肚子
　　像是裝滿了奶。

而牠溫順的姿態，就像是小女孩的母親，用乳汁養大了她，

又揹著她，把她送到了那座有著許多阿尼的寺院；

牠如果還活著，會不會為小女孩的犧牲，哀傷欲絕？

但這照片上，她怎麼沒穿小小的藏袍，卻穿得像縣城裡正在
　　漢化的孩子？

頭髮也短，舉起的小手比畫的「V」是誰教的？

再過幾年，她就得去鄉里的中心小學，努力地學習漢語拼
　　音。

不過，她那笑吟吟的臉上灑滿雪域的陽光，她是漂亮的小寶
　　貝。

豎立在黑帳篷外面的經幡，正被風吹起。

遠處，十來頭黑犛牛在埋頭吃草。

阿爸和阿媽呢？兄弟和姊妹呢？其實她並不孤獨。

她像是預見了十九歲，將裹著絳紅色的袈裟，化作火光而去；

她知道當那一天來臨，有了法名是丹真曲宗的自己需要什
　　麼。

而廣大的草原，將重新誕生，那是她和四十位同胞[7]

7　她和四十位同胞：從二〇〇九年二月二十七日，在安多阿壩（今四川省阿壩藏族羌族自
　　治州阿壩縣）發生第一起自焚，至寫這首詩之前的二〇一二年五月二十八日，在安多阿

用此生換來的：崗日辛康[8]。

　　　　　　　　　寫於二〇一二年六月九日，北京

　　修改於二〇一五年十月十五日，結塘（今雲南香格里拉）

　　壩（今四川省阿壩藏族羌族自治州壤塘縣）發生的自焚，已有四十一位境內外藏人連續
　　自焚抗議（包括境內三十八位、境外三位）。截至目前，即二〇一五年八月二十七日之
　　前，在境內藏地有一百四十二位藏人自焚，在境外有五位流亡藏人自焚，共一百四十七
　　位藏人自焚，包括二十五位女性。其中，我們所知道的，已有一百二十六人犧牲，包括
　　境內藏地一百二十三人，境外三人。

8　崗日辛康：藏語，雪山淨土。既源自於至尊達賴喇嘛祈請文的首句「崗日熱瓦廓維辛康
　　索」（意為「雪山綿延環繞的淨土」），也源自於一七四五年由圖伯特世俗統治者頗羅
　　鼐創作的國歌首句「崗日熱瓦廓維辛康索」，在二百六十七年間從未中斷過唱誦與祈禱。
　　而這也是自焚抗議藏人們在火焰中發出的呼聲。

藏曆土鼠年¹的痕跡

接下來的紀念日，似乎都能做到若無其事
而那年，看似變局乍現，他衝出去，她尖嘯著
更有那麼多平日藏在陰影中的無名人氏
拋棄了比誰都逼真的幸福面具
瞬間即永恆：被消滅的，成為國家機密

……清晨，我悄然推開家門
這天，將有多少偶遇，屬於藏曆土鼠年的痕跡？
我相信，我會看見祕密

一路上：修鞋的，配鑰匙的，上山開礦的，下河築壩的……
多麼勤勞的移民啊，早早地
開始了日常生活的煙火，就像滿大街的杭州小籠包子²
在等候一群群饑餓的淘金者

每個路口，又添了幾名穿黑衣的特警

---

1 藏曆土鼠年，即公曆二〇〇八年。這年三月，在拉薩發生之後遍及全藏的和平抗暴運動。
2 杭州小籠包子：來自中國南方今已遍布拉薩的小吃店。

背抵背，綁著硬邦邦的護膝，握著盾牌和槍
至於不計其數的據點、攝像頭和告密者，猶如天羅地網
一旁吸菸、斜視的幾個男子，將尾隨拒絕合作的人

我被兩個靠在小店門口的塑料模特吸引住了
各穿一套玫紅翠綠的劣質內衣，曲線畢露
脖子上套根細繩，像淒慘的吊死鬼拴在捲簾門上
難道會被誰一把搶走，逃之夭夭？

關於宗角魯康 [3]，依然用母語口耳相傳軼事趣聞
我素來沉醉。但今日的此處卻讓我緊閉雙目
一線光明，徑直射向作為背景的頗章布達拉 [4]
卻使插在頂上的五星紅旗，洩漏凶器的本質
這一線猶如照耀中陰之路的光明啊
希冀的並非來世，反而是無數個前世

於是，早被砍光的一棵棵左旋柳 [5] 在復活
往昔垂掛湖面的大片連綿的經幡重又飄動

3　宗角魯康：藏語，意為堡壘背後供奉魯神之屋。簡稱魯康。是三層建築的佛殿，位於布
　　達拉宮後面的小島上。自六世達賴喇嘛起，短期隱修之處。如今宗角魯康被改成包括佛
　　殿、人工湖、樹木花草、廣場在內的公園。漢語稱龍王潭。
4　頗章：藏語，宮殿。頗章布達拉，即建於七世紀，屬於圖伯特君主松贊干布及以後屬於
　　歷代達賴喇嘛的布達拉宮。布達拉宮的另一尊稱是「孜頗章」，意為至高無上的宮殿。
5　左旋柳：拉薩特有的一種左向盤旋生長的柳樹。

而那湖，當然，必須是蔥蘢環繞的過去之湖
僅僅容納幾條狹窄的牛皮船[6]划來划去
身穿綾羅、掛滿珠寶的男女佳人，就像從地獄歸來
湖心中的小寺，猶如金瓶似的小山
袒裎著一幅幅如夢幻泡影的壁畫卻徒留刀痕

是否所有的傷口都被授意癒合？
是否所有的印跡都可以被仔細抹平？
是否在不安中度日的你我仍如從前，一無所求？

黑夜卻是倏忽而至，來不及做好心理準備
分明聽見一輛輛裝甲車輾壓地面如悶雷滾動
夾雜著時斷時續的警笛和各地口音的漢語令人慌亂
他們似乎是永遠的勝利者，明天搖身一變
年長的是不要臉的恩人，年少的是被寵壞的遊客
以及曠野上，活割藏野驢生殖器的礦老闆[7]得意洋洋

狗也在湊熱鬧，一個比一個更能狂吠

6　牛皮船：用犛牛皮縫製成的、呈梯型的一種皮船。藏語發音為「廓」。
7　二〇一四年八月某日，一漢人男子在西藏自治區阿里地區的曠野虐殺一級保護動物藏野
　驢，活割其生殖器的照片披露網路後引發關注和報導。之後，中國官媒新華社稱該男子
　及同伴已被公安部門拘捕，但身分與早前網友搜索及一些媒體報導不符，當地相關部門
　負責人對外說詞也不一樣，從之前所說的開礦包鐵路的浙江老闆，變成了陝西某電力公
　司的電工，引發對虐殺者真實身分的質疑。

我不用抬頭，也能看見近在咫尺的頗章布達拉

在喪失中保持沉默，在沉默中抗拒喪失

我不必細數，也能銘記從阿壩燃起的第一朵火焰[8]

它不是火焰，而是一百四十一位連續誕生的松瑪[9]

我將掉落在地的淚珠拾起，輕輕地，放在佛龕上

寫於二〇一〇年三月十四日，拉薩

完成於二〇一四年六月十二日，北京

修訂於二〇一五年三月十日，北京

8　指的是始於二〇〇九年二月二十七日，在阿壩縣，年輕的格爾登寺僧人扎白以自焚表達
　　抗議。從二〇〇九年二月二十七日至二〇一五年三月五日修訂此詩之前，在境內全藏地
　　有一百三十六位藏人自焚，在境外有五位流亡藏人自焚，共一百四十一位藏人以身浴火。

9　松瑪：藏語，意為護法神，包括出世間護法神、世間護法神等，具有宗教的意義。

輪迴中的獻辭

那是黃昏將至時分，已是二十年前；
依然記得湧出那些詩句的個體——
年輕的女子，日益不安於體制的詩人，
卻還是順從單位的安排。幸虧美妙，
因為是去拉薩東邊山谷中的溫泉洗浴，
各種傳說比水池裡倏忽而逝的細蛇更稀罕，
更親切。鄰近的小寺，幾個阿尼微笑著，
說起古汝仁波切[1]與堪卓瑪[2]的語氣很尋常。
我再喜歡不過，就像是剛剛遇見。
我活在自己的內心，無視周圍的人際關係，
這樣很好，有利於我在命運的途中抓住靈感，
無所謂顛簸與喧嘩，匆忙寫下[3]：

⋯⋯在路上，一個供奉的

手印並不複雜

1　古汝仁波切：藏語，蓮花生大士，藏傳佛教密宗宗師。

2　堪卓瑪：藏語，空行母。

3　這首詩題為〈在路上〉，寫於一九九五年五月的一天，從拉薩近郊墨竹工卡縣德仲溫泉
　　返回途中。

如何結在蒙塵的額上？

一串特別的真言

並不生澀

如何悄悄地湧出

早已玷污的嘴唇？

我懷抱人世間從不生長的花朵

趕在凋零之前

熱淚盈眶，四處尋覓

只為獻給一位絳紅色的老人

一塊如意瑰寶[4]

一縷微笑，將生生世世

繫得很緊

其實一路上的風景布滿隱喻：

比如掩蔽在某座山上的修行洞過於靜謐，

容許打擾的話，又會與誰重逢？

比如不遠處三三兩兩的馬匹中，渾身漆黑的

那匹，為何不停地甩動四蹄卻不吃草？

比如揹著大捆枯枝的少女過早繫上邦典[5]，

卻不抱怨，而是婉轉如歌地讚美度母。

4　如意瑰寶：藏語的發音是「益西諾布」，是對尊者達賴喇嘛或佛教領袖的尊稱。

5　邦典：藏語，西藏女子所繫圍裙，一般為已婚女子標誌。

但從拉薩傳來禁令：與往年一樣，

「沖拉亞歲」[6]，不准煨桑，不准拋撒糌粑……

我活在自己的內心，無視周圍的人際關係，

這樣很好，有利於我在命運的途中抓住靈感，

無所謂顛簸與喧嘩，匆忙寫下：

……在路上，一個供奉的

手印並不複雜

如何結在蒙塵的額上？

一串特別的真言

並不生澀

如何悄悄地湧出

早已玷污的嘴唇？

我懷抱人世間從不生長的花朵

趕在凋零之前

熱淚盈眶，四處尋覓

只為獻給一位絳紅色的老人

6　「沖拉亞歲」：「沖拉」（ ᠪᠠᠷᠠᠭ᠎ᠠ ）的藏語意為出生之神。始於七世達賴喇嘛時期，拉薩東郊的沖拉村（今城關區納金鄉塔瑪村）建供奉達賴喇嘛出生之神的小寺廟「沖拉神殿」，而神殿所在的村於是得名「沖拉」。傳統上，在達賴喇嘛誕辰之日，政府與民間將在此處隆重舉行慶典：煨桑、燃香、頌歌、祈禱，並向空中拋撒糌粑，以示吉祥如意，而拉薩市民傾城而出，相互撒糌粑，誦祝福，喜氣洋洋，這一習俗稱之為「沖拉亞歲」，已有近三百年的歷史。一九九九年，當局強令取消「沖拉亞歲」，並將沖拉村更名為塔瑪村，意即紅旗村。

一塊如意瑰寶

一縷微笑，將生生世世

繫得很緊

又是黃昏將至，這轉瞬即逝的二十年，

我從故鄉挪到帝國的首府，異鄉中的異鄉——

安於少數和邊緣的身分，獲得有限的自由，

卻難以突破從天而降的黑暗愈來愈濃密。好吧，

就像曼德斯塔姆，徹夜等待著客人和鐵鍊的響聲[7]，

然而願望還未實現，這一世的生命正趨衰老，

再也經不起他各一方的痛苦，

不知疲倦的孩子們紛紛夭折，

天地可鑒，恰如其分的業報必須及時兌現。

我活在自己的內心，無視周圍的人際關係，

這樣很好，有利於我在命運的途中抓住靈感，

無所謂顛簸與喧嘩，匆忙寫下：

……在路上，一個供奉的

手印並不複雜

如何結在蒙塵的額上？

---

7 徹夜等待著客人和鐵鍊的響聲：來自前蘇聯被共產政權迫害致死的偉大詩人曼德斯塔姆的詩〈列寧格勒〉。

一串特別的真言

並不生澀

如何悄悄地湧出

早已玷污的嘴唇？

我懷抱人世間從不生長的花朵

趕在凋零之前

熱淚盈眶，四處尋覓

只為獻給一位絳紅色的老人

一塊如意瑰寶

一縷微笑，將生生世世

繫得很緊

　　　　　寫於二〇一五年六月二十八日至七月六日，北京

國家圖書館出版品預行編目資料

絳紅廢墟 / 唯色著. -- 初版. -- 臺北市 : 大塊文
化, 2017.01
　　面；　公分. --（mark ; 127）
　　ISBN 978-986-213-767-3（平裝）

1. 文集　2. 西藏自治區

676.68　　　　　　　　　　　　105023624

LOCUS

LOCUS